敦煌五代时期供养人像服饰图案及应用研究

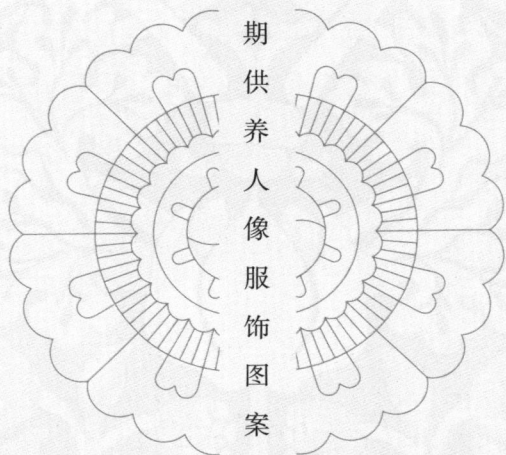

教育部服务国家特殊需求博士人才培养项目『中国传统服饰文化的抢救传承与设计创新人才培养项目』
国家社科基金艺术学重大项目『中华民族服饰文化研究』

中国传统服饰文化系列丛书

刘元风 主编

崔 岩 著

敦煌五代时期
供养人像服饰图案及应用研究

中国纺织出版社有限公司

内 容 提 要

本书探讨了在五代时期这一特定时代背景下，敦煌石窟壁画中供养人像服饰图案的题材、造型、色彩和构图，以及服饰图案风格随之产生的由宏大转向自由、由华美转向自然的变化趋势。同时围绕着供养人的身份还原，结合同时期或相近时期的文献、图像、实物等资料，探讨服饰图案所反映出的物质资料与精神空间的双重意义，以及对现代服饰设计及装饰艺术的应用启示。

本书适合于服装专业师生以及敦煌服饰文化研究者、爱好者们参考、学习。

图书在版编目（CIP）数据

敦煌五代时期供养人像服饰图案及应用研究／崔岩著 . -- 北京：中国纺织出版社有限公司，2020.6
 （中国传统服饰文化系列丛书／刘元风主编）
 ISBN 978-7-5180-6548-6

Ⅰ.①敦… Ⅱ.①崔… Ⅲ.①敦煌壁画—服饰图案—研究—中国—五代（907-960）②敦煌石窟—彩塑—服饰图案—研究—中国—五代（907-960） Ⅳ.① K879.414 ② K879.34

中国版本图书馆 CIP 数据核字（2019）第 214432 号

策划编辑：孙成成　责任编辑：杨　勇
责任校对：王花妮　责任印制：王艳丽

中国纺织出版社有限公司出版发行
地址：北京市朝阳区百子湾东里 A407 号楼　邮政编码：100124
销售电话：010 — 67004422　传真：010 — 87155801
http: //www.c-textilep.com
中国纺织出版社天猫旗舰店
官方微博 http: //weibo.com/2119887771
北京华联印刷有限公司印刷　各地新华书店经销
2020 年 6 月第 1 版第 1 次印刷
开本：889×1194　1/16　印张：13.5
字数：250 千字　定价：198.00 元

《左传》："中国有礼仪之大，故称夏；有章服之美，谓之华。"

习近平总书记2014年在《在文艺工作座谈会上的讲话》中提到："没有中华文化繁荣兴盛，就没有中华民族伟大复兴。一个民族的复兴需要强大的物质力量，也需要强大的精神力量。"中国自古就被誉为"礼仪之邦"。"礼"，在整个民族文化中，占据着极重要的地位。我们的先人，推行以礼治国，用礼来处理天、地、人、事、文之间的关系。

教育部服务国家特殊需求博士人才培养项目"中国传统服饰文化的抢救传承与设计创新人才培养项目"，响应国家文化战略倡导，探索中国传统服饰文化创新设计的当代化路径，构建博士人才培养项目的创新性研究体系，在进行人才培养方面进行了多年有效尝试，目前，推出这套"中国传统服饰文化系列丛书"，希望能够以严谨并具相当学术高度的创新性研究成果和研究理念，为进行相关研究的硕士和博士以及相关行业的研究人员提供一定的学术参考和借鉴。

"一带一路"是我国新时期的国家战略，本丛书中部分内容是从传统丝绸之路的文化汇聚地"敦煌"出发，从莫高窟等石窟遗迹中提取与服装服饰相关的典型内容，从壁画和彩塑服饰色彩、纹样和结构形式等不同方面进行研究，分析他们在特定时期的不同艺术形式，挖掘其背后的内涵和价值。并通过不同的实践方法将这些传统艺术中的经典并具代表性元素与当代设计结合，进行传统服饰的当代化探讨——力图以符合当代语境的表述方式对传统进行重新解读，并将其转达和呈现给社会大众。在通识意义上的传统文化活化传承方面进行了有效的探索，这也是本系列丛书占比较大的内容，除了敦煌服饰文化方面的探索，本系列丛书中还有对传统服装工艺观念方面的探究，也就是以传统旗袍制板工艺为例探讨传统的制衣理念，也就是在衣与人体之间建立起的空间关系——这种关系又展现了怎样的礼仪和社会观念。衣是社会生活的重要载体，从不同角度切入，深入分析这些艺术形式和工艺表达背后所蕴含的一系列历史文化以及社会观念，并将这些观念性和方法性的内容应用在传统文化的当代化表达上，力图向大众揭示我国丰美多姿的文化艺术传统并增强大众于服饰文化方面的民族文化自信。

丛书中各位青年学者对中华传统服饰文化中的典型案例进行系统研究，并以此为原点进行设计拓展，从理论和实践互证的角度尝试拓展传承中国传统服饰文化的新路径。我们推出的本套丛书是教育部服务国家特殊需求博士人才培养项目"中国传统服饰文化的抢救传承与设计创新人才培养项目"和国家社科基金艺术学重大项目"中华民族服饰文化研究"的重要学术成果。

刘元风

2019年4月

目
录

CONTENTS

第一章

导论

敦煌位于中国甘肃省河西走廊西端，是古代丝绸之路上的重镇和中外文化、经济、宗教的交流荟萃之地。自前111年汉武帝设立敦煌郡以来，敦煌便是一个多民族并存、多种文化交流、多种宗教信仰传播的地区。随着公历纪元前后佛教由古印度传入中国，中国的新疆和敦煌成为其北传路线中首当其冲的要地，并在其传播沿线开凿了众多佛教石窟，366年起始开凿的敦煌石窟便是其中杰出的代表。

敦煌当地世代信仰佛教的统治者和民众热衷开窟造像，形成了延续十个朝代的规模宏大的石窟建筑群。其中，907～960年被称为五代时期，在此期间敦煌的石窟营建仍然继续它的艺术辉煌。此时的敦煌石窟艺术呈现出造窟宏伟、绘制统一、细节程式化的特点，为了彰显曹氏家族对佛教的虔诚信仰和政权的联系巩固，洞窟中尤其以规模宏大的供养人像以及描绘精美的服饰图案著称。本书将以此为选题，将五代时期所对应的敦煌石窟壁画和绢画中所绘供养人像按照女性供养人像、男性供养人像、僧尼供养人像等三类人群进行分类，探讨图像中所绘服饰图案的形式分类、色彩构成、制作方法和艺术风格，同时结合史籍资料、同时期绘画作品和工艺品所反映的同主题图案进行比较，分析其形成原因。在此基础上，还将进行此类服饰图案应用于设计实践的分析和研究。

第一节　选题原因

一、历史背景

五代时期是按照中原王朝政权更替的历史进行划分的历史时期，具体指从后梁建立（907年）至后周显德七年（960年），包括后梁、后唐、后晋、后汉、后周五个朝代，为期54年。此外，加上割据西蜀、江南、岭南和河东的十个政权——前蜀、后蜀、吴、南唐、吴越、闽、楚、南汉、南平（荆南）、北汉，合称五代十国❶。就敦煌历史而言，此时段跨越西汉金山汉国和五代两个时期，掌握以沙州为中心领地的政权主要为曹氏归义军，所以此阶段也常被称为曹氏归义军时期。

中晚唐时期，吐蕃曾占据包括敦煌在内的沙州地区❷，废除唐代实行的行政制度，设立新的统治机构。吐蕃统治者要求沙州的汉人改变原有习俗，实行胡服辫发，推行吐蕃语，禁用唐朝年号，同时大力扶持佛教发展。大中二年（848年），趁吐蕃内讧，

---

❶ 张泽咸.五代十国史[M].北京:中国大百科全书出版社,2012:2-3.
❷ 沙州城陷吐蕃的年代尚有781年、785年、787年等几种说法。今从《敦煌大辞典》词条"吐蕃管辖沙州时期"之说.季羡林.敦煌学大辞典[M].上海:上海辞书出版社,1998:369.

张议潮率沙州各地人民起义，收复敦煌、晋昌。大中四年（850年），攻克甘、肃二州及伊州，并遣使往长安献表归唐。大中五年（851年），朝廷在沙州设置归义军节度，任命张议潮为节度使，至天祐三年（906年）❶，张承奉建立西汉金山国，张氏家族掌握归义军政权共五十余年。在这段时期内，张氏归义军曾多次派出使者向唐廷归降，其官职也尽量求得唐廷的正式任命，并在管辖范围内尽力回复唐制，政治、经济相对稳定，同时积极从事修建洞窟和礼拜佛教的活动。

张氏归义军末期，节度使张承奉建立的金山国曾昙花一现，最终败于甘州回鹘手下。至后梁乾化四年（914年），沙州曹氏接替张承奉政权，恢复归义军称号，史称曹氏归义军时期，对应中原的五代时期及宋初。曹氏归义军历任节度使的卒立世系为曹议金（914～935年）、曹元德（935～939年）、曹元深（939～944年）、曹元忠（944～974年）、曹延恭（974～976年）、曹延禄（976～1002年）❷。就五代时期而言，敦煌共经历四任节度使统治，正是曹氏归义军政权发展壮大的鼎盛时期。曹议金掌握政权后，总结张承奉的失败教训，一方面通过通婚联姻等方式与回鹘、于阗等周边少数民族政权达成和睦友好的关系。另一方面积极谋求恢复与中原政权的统属地位，遣使向中原政权朝贡，并接受封赠。曹元德任节度使时，还与辽国建立了供使关系。此外，曹议金及其继任者皆热衷佛教，崇尚开窟造像和抄经施舍，使得佛教的影响力不断扩大。

总体来说，敦煌五代时期具有不同于中原政权体系的显著特点，由于偏处一隅，相对于中原频繁的王朝更替和连绵战乱，敦煌在这个时段反而异常安定，政治、经济、文化都取得了稳步的发展。敦煌五代时期处于曹氏归义军政权的兴盛期，在政治和经济上相对独立，可以倾注较多的人力、物力和财力进行大型工程的实施。此外，归义军节度使及其家族对于辖区的绝对领导力，使其宗教信仰和审美水平对于敦煌石窟艺术的影响占有主体地位。同时，敦煌特殊的地理位置和曹氏归义军政权采取的多民族和平政策，使得多种地域文化和民族文化对敦煌石窟艺术的发展带来不可忽视的渗透和影响，本书研究对象便置于此独特的历史背景之下。

二、地缘政治面貌

敦煌自汉代起就是中原王朝的边陲重镇，特别是中央政府经营西域的重地。前111年，汉朝在河西走廊设置四个行政区，分别是张掖、武威、酒泉和敦煌，史称"河西四郡"，并在敦煌城西设立了阳关和玉门关。这里虽然地处偏远，但是因特殊的地理位

---

❶ 金山国的建国年代尚有 905 年、908 年、910 年等几种说法。今从《敦煌大辞典》词条"张氏归义军"之说。季羡林. 敦煌学大辞典 [M]. 上海：上海辞书出版社，1998：370-371.
❷ 荣新江. 归义军史研究：唐宋时代敦煌历史考索 [M]. 上海：上海古籍出版社，2015.

置，扼着东西方贸易来往和文化交流的交通要道，所以是中国文化输出和西方文化输入的前沿阵地。至西汉末年，敦煌所辖六县人口已达2.9万人，社会稳定，经济富庶，成为名副其实的"华戎所交，一都会也"❶。敦煌一方面是东西方经济和贸易的中转站，同时又是各种宗教思想传播、融合、碰撞的地方。唐代的和平开放政策和繁荣经济局面，为敦煌的佛教兴盛和石窟营建创造了重要条件。据敦煌研究院统计，唐代敦煌莫高窟共开窟269龛❷，位于历代数目之首，反映了当时敦煌地区佛教发展和石窟开凿的繁荣面貌。

唐天宝十四年（755年）爆发安史之乱，这场内乱给大唐帝国的政治经济以沉重的打击。为了平定叛乱的军队，朝廷从西北地区调拨军队内援，因而造成了西北边防的空虚。而此时崛起于青藏高原的吐蕃乘虚而入，极力扩张，吞并了河陇和西域地区。唐贞元二年（786年），敦煌在经历了长期的抵抗之后也最终沦陷，成为吐蕃控制的西域重镇。所幸吐蕃政权亦信仰和提倡佛教，对于敦煌石窟的开凿仍是不遗余力，特别是密宗题材的突出，使得敦煌壁画呈现显密杂陈的特点，因此学界统称此时的敦煌艺术为敦煌晚唐时期或吐蕃时期。

吐蕃统治敦煌时期，当地的民族矛盾十分尖锐，曾多次爆发汉人抵抗吐蕃统治的起义，而吐蕃政权内部的明争暗斗一直不断。838年，信奉佛教的吐蕃赤祖德赞被反对派贵族刺杀，其弟达磨继位。《文献通考》记载"达磨嗜酒，好畋猎，喜内，且凶愎少恩，政益乱"❸，而且他大肆毁灭佛教，致使842年在大昭寺唐蕃会盟碑前被高僧拉隆·贝吉多刺杀身亡。之后吐蕃政权内部分崩离析，派系混战，国内大乱。趁此时机，河西张议潮与陇右嗢末纷纷起义，与收复河湟失地的唐军相呼应，陆续光复河西诸州和西域东部地区。唐大中五年（851年）唐宣宗接见了献表归顺的敦煌使节，正式任命张议潮为沙州防御使，后加升为节度使、观察使，正式开启了敦煌的归义军时期，其领地成为晚唐时期的一个地方藩镇。

随着唐朝的灭亡和五代十国割据局面的出现，归义军政权逐渐脱离中央政权的控制，成为事实上的独立王国。据两《五代史》记载："沙州，梁开平中，有节度使张奉，自号'金山白衣天子'。"❹这里提到的"张奉"也就是归义军节度使"张承奉"，为张怀鼎之子，根据题记可知敦煌莫高窟第9窟甬道北壁第一身供养人就是张承奉本人。他创立的西汉金山国，后改名为西汉敦煌国，是独立于五代十国之外的一个独立国家，由于受到甘州回鹘的连续攻击而在911年导致覆灭❺。914年曹议金取代张氏政权，重建归

❶ 范晔. 后汉书·志第二十三·郡国五 [M]. 李贤，等注. 北京：中华书局，1965：3521.
❷ 季羡林. 敦煌学大辞典 [M]. 上海：上海辞书出版社，1998：9-10.
❸ 马端临. 文献通考·卷三百三十四 [M]. 北京：中华书局，2010：9238.
❹ 欧阳修. 新五代史 [M]. 北京：中华书局，2015：914.
　薛居正等. 旧五代史 [M]. 北京：中华书局，1976：1839.
　关于金山国的建国年代，学界有 905 年（王重民）、908 年（王冀青）、909 年（冯培红）、910 年（荣新江）等不同看法.
❺ 杨秀清. 敦煌西汉金山国史 [M]. 兰州：甘肃人民出版社，1999：154.

义军，开启了曹氏归义军时代。

割据瓜沙地区的归义军政权所用军号为晚唐朝廷所赐，后来曹氏归义军一直沿用，表明了归义军政权奉中原王朝为正朔的一贯传统。史料表明，自后唐起，后晋、后汉、后周、北宋诸朝均对曹氏归义军进行册封，任命曹氏家族世袭归义军节度使称号。据两《五代史》记载："乙丑，以权知归义军留后曹义金为归义军节度使、沙州刺史、检校司空。"❶此后，曹元德、曹元深、曹元忠、曹元禄、曹宗寿、曹贤顺等几任后继者也分别获得中央政府的册封❷。以中央政府授予的节度使身份进行地方统治，一直是归义军政权所奉的首要主旨，也是其屹立于河西地区的立足之本和进行集权统治的政治命脉。

此时，在中国北方地区发展并壮大起来的契丹国日益强大，即历史上的辽朝。曹氏政权在这样的政治形势之下，积极与辽朝保持联系。特别是在归义军晚期，实行同时宗奉宋、辽两个政权的外交政策。与辽朝进行外交活动时，曹氏政权不便使用"归义军"这个由唐末五代中原王朝颁赐的藩镇名号，而是以"敦煌""沙州"等地名自称。其遣使供辽的史实记载于《辽史·太宗纪》和《辽史·属国表》等史料中，可见在辽朝统治者看来曹氏政权是归属于辽朝的独立属国。除了政治上的依附，敦煌与辽朝在佛教传播方面亦有密切的交流。

P.3911❸《望江南》中唱道："敦煌郡，四面六藩围。"❹在曹氏归义军政权的周边地区，东有肃州、甘州回鹘、凉州嗢末、党项，西有伊州、西州回鹘、璨微、于阗，南有南山，北有达怛等诸族政权。所以归义军政权除了与中原政权保持正朔关系，以及依附于强大的辽朝之外，还需要展开多边外交手段。曹议金掌握政权初期，努力改善与周边少数民族政权的关系，一方面向甘州回鹘表示承认张承奉时形成的"父子之国"的依附关系，并娶甘州回鹘可汗之女为妻；待到势力壮大东征回鹘胜利之后，曹议金又将女儿嫁与甘州回鹘可汗为妻，奠定了曹氏归义军时期在河西走廊的政治格局。另一方面归义军政权与塔里木盆地的于阗国也结成姻亲关系，通过曹议金之女嫁与大宝于阗国皇帝李圣天、曹元忠娶于阗皇帝之女为妻、曹延禄娶于阗金玉国天公主为妻等政治和亲，与于阗国保持着世代友好的关系。因此，在这时的敦煌壁画中也出现了这些少数民族政权代表人物的供养像，其服饰图案也彰显着各自的民族风格。同时，归义军政权与西州回鹘的关系也得到改善。虽然有时受到南山、达怛政权的侵扰，但是在曹氏归义军时期，特别是政权中期能够维持稳定的外交局面和政治统治，所以才能集中较大的人力、物力和财力进行石窟开凿和造像等活动。

❶ 欧阳修. 新五代史 [M]. 北京：中华书局，2015：914.
　薛居正等. 旧五代史 [M]. 北京：中华书局，1976：1839.
❷ 其中，仅曹延恭因在位时间较短（974～976年），未获朝廷正授.
❸ P. 3911：此为法国国立图书馆所藏敦煌藏经洞出土文献的标号，统一以伯希和（Pelliot）名字的首字母命名，简作 P.，中午简称"伯"。由于有些卷号由多件写本组成，故在编号后附有 A、B、C、D……以便区分.
❹ "国际敦煌项目：丝绸之路在线"网站 http://idp. nlc. cn/.

从另一个方面来看，这时归义军政权的辖区已缩小为以敦煌为中心的瓜、沙二州六镇，实力大为减弱，但由于曹氏政治举措得当，故而政治稳定，四邻和睦，经济繁荣，佛教文化与艺术形成地区性的繁荣景象。在五代、宋、辽政权林立的格局下，曹氏归义军政权已实际成为丝绸之路上的一个独立王国，因此曹氏归义军政权与吐蕃、突厥、回鹘、于阗、高丽、渤海（靺鞨）、新罗、黑水靺鞨、南诏蛮、牂牁蛮、昆明、占城等地方政权在《新五代史》中归入"四夷附录"❶，在《旧五代史》中归入"外国列传"❷。诚如荣新江先生所言："归义军在唐朝是一个边远的藩镇，五代、宋初则成为实际的外邦"❸。

总体来看，五代时期的敦煌处于地缘文化由盛转衰、日渐独立的转折点，虽然纷战不断，但是也通过通婚联姻等方式与回鹘、于阗等达成和睦友好的关系。这种多边、多元性质的地缘政治面貌，使得曹氏归义军政权的地方特色十分突出，为敦煌本地与周边国家和地区展开政治、经济、宗教、文化的交流提供了重要条件，同时反映到敦煌石窟供养人像的服饰图案上。

三、供养人像的概念与属性

"供养"一词在中国古代典籍中的记载和使用最早出现于《战国策》一书，记曰："臣有老母，家贫，客游以为狗屠，可旦夕得甘脆以养亲。亲供养备，义不敢当仲子之赐。"❹意思指代奉养的物品。在《左传》"外内倡和为忠，率事以信为共，供养三德为善"❺一句中有培养、滋养之义。《毛诗蓼莪笺》曰："供养日寡矣，而尚不得终养"❻，此词有赡养、侍奉的意思。可见"供养"的总体含义即为供奉安置，特别是为他人提供生活上所需要的物品。后来这个词语引申为佛教术语中的"供养"，特指信奉佛法的人对佛法僧三宝的尊敬和爱护的传统。依据《丁福保佛学大辞典》解释，佛教供养的形式有二种供养、三种供养、五种供养、六种供养、十种供养等区别。主要为财供养和法供养，前者指供养香、花、饮食、财物等，后者指按照教义进行利益众生的修行，乃至音乐、燃灯、合十、赞叹都属于供养的范畴❼。佛陀在世时已接受世人的供养，如给孤独长者曾施舍出祇园精舍，令佛陀久居说法，因此可将佛教中供养形式的来源追溯至古印度时期。

根据敦煌莫高窟现存唐代碑刻《李君莫高窟修佛龛碑》的记载，敦煌石窟最早由

❶ 欧阳修. 新五代史 [M]. 北京：中华书局，2015：913-914.
❷ 薛居正等. 旧五代史 [M]. 北京：中华书局，1976：1839-1840.
❸ 荣新江. 归义军史研究：唐宋时代敦煌历史考索 [M]. 上海：上海古籍出版社，2015：2.
❹ 战国策注释·卷二十七 [M]. 何建章注释，北京：中华书局，1990：1034.
❺ 赵彦卫. 云麓漫钞·卷第十一 [M]. 傅根清，点校. 北京：中华书局，1996：200.
❻ 马瑞辰. 毛诗传笺通释·卷二十一 [M]. 陈金生，点校. 北京：中华书局，1989：669.
❼ 中华电子佛典协会. 丁福保《佛学大辞典》电子档 [M/CD].

沙门乐僔开凿于366年，是修行僧人自己修建用于个人禅修的。到后来规模越来越大，石窟也越修越大，不再是单一的僧人本身可以完成，于是就有布施赞助修造石窟的举措。这些布施供养者为了表示对佛教虔诚的信念，也为了留名后世，便在窟内画上相关形象或写上姓名，这些画像便简称供养人像，画像旁边关于人物身份的标注或发愿的文字便称为榜题。供养人是出资或赞助敦煌洞窟开凿、佛教造像和壁画绘制的主体。从身份地位和职业性质等方面进行区分，敦煌石窟的供养人主要包括五类人群：一是寺院僧侣，如僧统、寺主、法师、比丘、比丘尼等宗教人士。二是豪门望族，他们不仅是出资或独资开凿石窟的主力，同时也是虔诚的佛教信徒。三是周边的少数民族政权的代表人物，因为他们与敦煌本地的政治、经济和姻亲关系，也常常成为石窟的供养人。四是敦煌本地政权领导人、官僚机构组成人员或戍边将士，如归义军节度使、军将、校尉、押衙等。五是敦煌当地的庶民百姓，包括身份低微的信徒、社人、奴婢、工匠等，因为势单力薄，所以往往共同出资来兴建石窟。

敦煌石窟前期的供养人像往往身形娇小，地位从属，10～20厘米高，代表洞窟有莫高窟西魏285窟、北周428窟、隋305窟、初唐375窟、中唐231窟等。晚唐时期，敦煌莫高窟共凿建71个洞窟，重修12个洞窟，壁画中出现了"河西节度使张议潮统军出行图""宋国河内郡夫人宋氏出行图"等歌颂归义军政权首领和夫人的写实性绘画，供养人像的绘制也趋于精致。发展到五代时期，执政者对佛法的推崇和家族的显赫令供养人像数量尤为丰富，人物形象也越来越威风，有时不仅画出供养人本身，还要画出他们的家眷和随从。这些供养人像身形多与真人等身或高于真人，有的甚至比洞窟内正壁佛像还要高大，描绘具体，形成了敦煌石窟中风格鲜明的肖像画派。

以敦煌五代时期的代表洞窟第98窟为例，此窟始建于五代后梁贞明至后唐同光年间（915～925年），天福五年至九年（940～944年）增绘壁画，窟主为归义军节度使曹议金，是归义军曹氏开凿的第一个大型功德窟（图1-1）。该窟通长6.8米，洞窟主室宽12.8米，深15.2米，甬道宽3.7米，从地面至窟顶高20米，面积为220平方米，是莫高窟最大的洞窟之一❶。此窟供养人像绘制年代清晰，窟内现存供养人像251身，现存供养人像题名163条，位居莫高窟之首，充分反映了曹氏家族之兴盛，势力之强大，不仅集中体现了政权的基础，还体现了当时以和亲政策为主的与当地豪族和周边政权的和睦关系。此窟的供养人像具有五代时期的典型性且绘制精美，是本书论述研究的重点洞窟之一（表1-1）。

❶ 段文杰. 敦煌石窟鉴赏丛书·第一辑·第九分册 [M]. 兰州：甘肃人民美术出版社，1990：1.

图1-1 敦煌莫高窟第98窟甬道南壁及主室东壁门南壁画

（图片来源：Roderick Whitfield, Anne Farrer. Caves of the Thousand Buddhas: Chinese Art From The Silk Route[M]. London: British Museum Publications Ltd, 1990: 115. ）

表1-1 敦煌莫高窟第98窟供养人像数据统计表

窟内位置		供养人身份	数量	备注
东壁	窟门北侧下部	回鹘公主、矩鹿索氏、广平宋氏	三身	增绘
		小娘子、侍从	四身	原画
	窟门南侧下部	于阗国王李圣天、皇后曹氏	二身	增绘
		家族供养人	九身	原画
南壁	下部东侧	曹氏家族女供养人	十七身	原画
	下部西侧	大德沙门与归义军节度押衙	五十一身	原画
西壁	下部	归义军节度押衙	五十六身	原画
北壁	下部东侧	曹氏家族女供养人	十七身	原画
	西侧	归义军节度押衙	五十八身	原画

窟内位置		供养人身份	数量	备注
甬道	北壁	张议潮、索勋等	六身	原画
	南壁	曹议金父子	八身	原画
		侍从	二身	原画
背屏	下部	归义军节度押衙	十八身	原画

敦煌石窟供养人像的真实性与时代的艺术趋向、供养人个人的审美趣味和绘制壁画的画师技能紧密相关。从中国古代绘画历史发展的总体脉络来看，五代时期人物画比起唐代缺少一些创造性，程式化的趋向越加明显，但是它继承唐人的余绪，更加注重描绘人物的精神世界。通览现存五代时期的卷轴画，除了宗教题材之外，主要包括肖像画、历史故事画、文人学士及仕女的生活画。其中仕女画特别丰富，这些贵族妇女悠闲的游春、扑蝶、奏乐的形象和状态，与同时期"花间体"词所描绘的内容是一致的。这种细腻、写实、内敛的绘画风格也对同时期敦煌石窟壁画的创作风格产生明显影响，特别是供养人像的面部表情、仪表体态和服饰细节的表现，都以真实人物为原型进行创作，更是以摹绘的真实性为第一要素。

凭借历史文献和石窟榜题的记载，我们可以对敦煌石窟中一些供养人像的真实身份进行确定和推测。但是在敦煌石窟绵延千年的历史中，那些实际进行洞窟开凿、壁画绘制、彩塑塑造等工作的画师和工匠却没有留下太多个人信息。关于敦煌石窟的画师与工匠身份背景的猜测，也一直是学术界致力钻研的课题。从有限的文献和各时代的艺术风格上分析，敦煌石窟的画师和工匠主要由以下几类人群组成：敦煌本地的画师工匠，他们传承着西北地区汉晋墓室壁画的艺术传统，是开凿和建设敦煌石窟的主体；从西域而来的画师工匠，带来了新鲜的佛教绘画样式和技法；随着到敦煌上任的官吏或其他中原移民而来的画师工匠，带来了中原地区艺术风格和技法的流行和变化，并携带着中原的画稿粉本；少数民族统治敦煌时期，有些到达本地的少数民族画师，为敦煌艺术注入新的题材和内涵。

五代时期，因为受到中原前蜀、后蜀的影响，曹氏归义军设立了画院。依据一些记载和歌颂供养人营造石窟的碑、铭、赞、记，可以看到有关劈岩凿窟的"良工"和绘制壁画的"巧匠"的零星描述。通过石窟中一些画家供养人的画像与题记，以及9~10世纪官府和寺院的收支账目中关于画师的役使和供给记录，可以了解在当时的画院中已经有了细致的分工，包括打窟人、石匠、木匠、泥匠、塑匠、画匠等不同的职业分类。此外，依据画师的技术水平，画院会对画师给予不同的等级评定，如生、匠、师、博士、都料等。

画院中的画家有各自的官衔和特长，如S.3929❶中写道："厥有节度押衙知画行都料董保德等……故得丹青巧妙粉墨稀奇手迹及于僧飈笔势邻于曹氏，画蝇如活，佛铺妙似于祇园，邈影如生，圣会雅通于鹫岭而又经文粗晓，礼乐兼精，实圣代之良工，乃明时之应世，时遇曹王累代道俗与平营善事而无停增福因而不绝……保德自己先依当府子城内北街西横巷东口弊居联壁形胜之地创建兰若一所……"❷由此可知董保德为五代时期曹氏画院中出类拔萃的画家，官衔为"知画行都料"。敦煌榆林窟第23、25窟题记中也曾提到"都画匠""都勾当知画院使""知画手""画师"等官衔和画师姓名。此外，从P.3716和W.P.7可知敦煌当地设有"伎术院"，为画工的训练之所，又称为"待诏"❸。可见当时专业画家已经成为莫高窟壁画绘制的主要人力，这也是供养人像在五代时期大为流行的基础。

供养人像在五代时期的敦煌壁画中非常流行，一方面因为统治者自身的信仰、权利和财力；另一方面还因为在当时画院内有一批水平高超的肖像画家，表现的对象上至佛祖、菩萨，下至权贵、僧侣，"标范奉祀"，进行颂扬和纪念，敦煌藏经洞曾出土大量的邈真赞与画像就是例证。

画家根据人物形象进行描摹与塑造的肖像作品称为"邈真像"，画史上又称为"写貌""写真""素影""真容"等。它的起源较早，可以追溯到晋谢安的对镜写容图、王羲之的临镜写真图，此外梁朝官本有袁蒨绘无名真貌一卷❹，《颜氏家训·杂艺》也曾写道："武烈太子，偏能写真，坐上宾客，随宜点染，即成数人。"❺唐代时开启为帝王写真的风气，朱景玄曾在《唐朝名画录·画录·神品下》中写道："阎立本……与兄立德齐名于当世，尝奉诏写太宗御容。后有佳手传写于玄都观东殿前间，以镇九岗之气，犹可仰神武之英威也。"❻这一风气带动和引导画家们对人物形象的神情、气质、姿态、着装的刻意表现。

这批技艺娴熟的专门人员对莫高窟的石窟营造、壁画绘制、彩塑塑造进行统一规划、集体创作，令此时期开凿的石窟和画风具有独特而统一的风格，因此在中国古代美术史上又称为曹氏画院时期。沈从文先生曾评价这个阶段的艺术成就是"上承唐代

❶ S. 3929：此为大英图书馆所藏敦煌藏经洞出土文献的标号，统一以斯坦因(Stein)名字的首字母命名，简作"S."，中文简称"斯"。由于有些卷号由多件写本组成，故在编号后附有A、B、C、D等以便区分。下同。

❷ JAO Tsong-yi, Pierre RYCKMANS, Paul DEMIéVILLE. Peintures Monochromes De Dunhuang(Dunhuang Baihua)[M]. Paris:éCOLE FRANÇAISE D'EXTRêME-ORIENT, 1978: 16.

❸ 古代官职，为随时听候皇帝召命的具有独特才技之人，唐代有"写真待诏李士昉"．
刘昫等. 旧唐书·卷一百七十四[M]. 北京:中华书局,1975:4518.

❹ JAO Tsong-yi, Pierre RYCKMANS, Paul DEMIéVILLE. Peintures Monochromes De Dunhuang(Dunhuang Baihua)[M]. Paris:éCOLE FRANÇAISE D'EXTRêME-ORIENT, 1978：22.

❺ 王利器. 颜氏家训集解:增补本·卷第六·书证第十七[M]. 北京:中华书局,1993:492.

❻ 刘俊文. 北京爱如生数字化技术研究中心研制. 中国基本古籍库[DB/OL]. 黄山书社出版.

阎立本、吴道子、陈闳等高度写实传统，下启北宋武宗元、高文进等制作壁画规模"❶，对于进一步理解中国壁画艺术发展史有重要意义。而且，这些对于供养人真实刻画和描绘的壁画，对于研究当时贵族、僧侣、官员等不同身份的人物服饰图案特征有着不可替代的作用。

四、供养人像所反映的服饰图案

从敦煌五代时期莫高窟供养人题记看，这些画像有些是生前画像，即供养人在世时请画家对照真实的人物形象绘制的；有些是身后画像，是供养人的亲属在其身故后请画家按照指示性描述进行绘制的。不论是哪种情况，肖像画家都以尽量接近或美化人物的真实形象为画像准则，因此从中可以对当时的服饰图案进行直观的图像化研究，正如英国学者彼得·伯克所言："图像如同文本和口述证词一样，也是历史证据的一种重要形式。"❷

所以作为供养人像，秉承宣扬窟主功绩的主旨，其绘制尤为精美，描摹真实可信，足以作为研究当时服装服饰的图像资料。敦煌五代时期的供养人分属汉族、回鹘、于阗等不同的民族，人物身份有国王、皇后、公主、节度使、官吏、姻亲眷属、侍从、侍女等，服饰包括衮冕、回鹘装、官服、花钗礼服等，服饰图案承袭晚唐风格，并有新的创造，向着简洁、规范、程式化演变，呈现出"华戎所交"的独特风貌，具有宝贵的研究价值。

正如沈从文先生所写："壁画中保存反映社会生活部分也具有承先启后作用，可以证明文献，并丰富充实文献所不足。例如唐《舆服志》叙述社会上层妇女冠服制度，衣裙锦绣的应用，及头上大量花钗、步摇的安排，在传世画迹中多不具体。墓葬壁画和陶俑，照习惯又多只是婢仆、乐舞伎，少见官服盛装全貌。即在敦煌，盛唐时期壁画也还限于习惯，一般供养人多画得比较简单，所得知识也就不够全面。而到中晚唐、五代时，却由于统治者的权威感，留下大量完整无缺的图像材料，既可窥盛唐官服面貌，也可明白宋代这民服来源。"❸可以说在敦煌五代时期特定的历史背景下，石窟所绘供养人像所反映出来的服饰面貌既有唐代服饰图案的遗留，又有新时期的发展，既有敦煌地区汉族礼服图案的传统，又有周边少数民族服饰图案的影响，是多元立体、形象具体的时代范例。

❶ 沈从文.中国古代服饰研究[M].上海：上海书店出版社，2011：393.
❷ 伯克.图像证史[M].杨豫，译.北京：北京大学出版社，2008：14.
❸ 沈从文.中国古代服饰研究[M].上海：上海书店出版社，2011：393.

第二节　研究现状

一、敦煌学中外研究现状

敦煌学研究的基本资料可以大体分为文献类、图像类和实物类三大部分，文献类资料主要为1900年敦煌藏经洞出土的文书，包括佛经、史书、敦煌遗书、地方志、诗歌、笔记、变文等；图像类资料主要指敦煌石窟的建筑、壁画和彩塑，以及藏经洞出土绘画；实物类资料主要指敦煌石窟和藏经洞发掘出土的纺织品、法器、钱币、塑像等。这些基本资料的获得除了在敦煌石窟进行实地考察，以及对收藏相关文物的国内外博物馆进行访问之外，掌握相关文献、图像、实物的经典出版物和数据资源，是开展研究的前提条件。

例如，1982～1995年，由日本讲谈社陆续出版的《西域美术》（5套本），是研究大英博物馆斯坦因收集品和集美博物馆伯希和收集品的大型图录。1987年，由文物出版社出版的《敦煌莫高窟》（5套本）以图片和论文反映了敦煌石窟艺术全貌。2002年，由上海古籍出版社出版的《俄藏敦煌艺术品》（6套本），收录了俄罗斯现藏敦煌艺术品及当年俄国考察队所摄照片、测绘图和临摹品。2005年由北京图书馆出版社出版的《国家图书馆藏敦煌遗书》（146套本），将馆藏遗珍全部编目影印，是敦煌学研究、中古史研究的第一手资料。2005年，由香港商务印书馆出版的《敦煌石窟全集》（26套本），将壁画和彩塑按照内容分门别类，展现了敦煌学者对分类课题的研究成果。此外，由敦煌研究院主办的《敦煌研究》、兰州大学主办的《敦煌学辑刊》一直是反映最新研究动态的专业学术期刊。

除了出版印刷品之外，利用现代技术手段，进行大数据环境下的数字图书馆和世界文化遗产的保存与使用已成为敦煌学界共识，逐步开放的敦煌石窟资源数据库成为本书的重要研究条件之一。目前敦煌研究院正在分别与大英图书馆、法国吉美博物馆进行"数字敦煌"的国际合作项目，一些敦煌藏经洞被盗走文物也在酝酿通过数字化方式实现"共享"。例如，同类项目中最大的国际敦煌项目（International Dunhuang Project，简称IDP）于1994年成立，秘书处设在大英图书馆，在中国、俄罗斯、日本、德国设有中心。现有大英图书馆、大英博物馆、法国国家图书馆、吉美博物馆、印度国家博物馆、中国国家图书馆、敦煌研究院等19家合作机构。收藏机构通过高质量的数字图像将这些艺术品重新拼合在一起，通过管理、编目与研究团队的国际协调来确保藏品的保存与编目，并通过新的没有限制的网页技术使这些资料能被任何人获得。它可以提供目录与上下文信息，以及数万册件绘画、艺术品、纺织品、抄本、历史照片与地图。此外，敦煌研究院自2016年5月1日起，向全球发布敦煌石窟中30个经典洞窟的高清数字化内容及全景漫游，其中包括莫高窟五代时期代表洞窟第61窟。这些开放的数字学术资源可以弥补实物观摩或研究的不足，并且与出版物相互补充和对应。

近年来，一些院校和研究机构积极推动和参与敦煌服饰艺术的研究，如2005年东华大学主办的"中国服饰史研究与敦煌学论坛"、2013年中国丝绸博物馆主办"敦煌与丝绸之路学术研讨会"、2013年北京服装学院主办的"敦煌服饰暨中国古代服饰文化学术论坛"、2018年和2019年敦煌服饰文化研究暨创新设计中心主办的"敦煌服饰文化论坛"等，发表了一批以敦煌服饰研究为主的高质量论文或讲座，显示了服饰史研究与敦煌供养人服饰图像资料的密切联系，体现了现今敦煌服饰研究方面的最近学术动向和成果。

但是，通观目前敦煌学中外研究的现状，目前仍然多集中于历史学、考古学、宗教学、世界史、民族学、语言学、艺术学等学科，涉及图像领域尤其是服饰图案的专门化、系列化、系统化研究仍属欠缺。因此，利用现代便利的出版条件和数据库资源，深入挖掘敦煌宝库中的服饰图案资源，进行有效的理论梳理和创作实践是目前敦煌学研究所迫切要求和急需的。本书旨在针对目前敦煌学研究的短板，在敦煌学中外研究的现状和基础上，重点关注敦煌图像资料中的服饰图案领域，以五代时期供养人像服饰图案为主要研究对象，对其进行科学分类和系统化对比研究，弥补此研究领域的不足和欠缺。

二、敦煌供养人像研究现状

在敦煌学成为世界显学的学术背景下，对敦煌石窟壁画或藏经洞绢画中的供养人像研究越来越受到学界的重视。依据研究内容，可分为两大类：一类是对历史上真实存在过的敦煌供养人主体的研究，另一类是对敦煌壁画或绢画中所绘制的供养人像客体的研究。前者多属于历史研究范畴，后者更注重艺术表达，二者相互补充和融合。其中，对供养人像客体的研究又可以分为图像研究和文字研究两大方向，图像研究重视对供养人像绘制形象的分析，而文字研究主要是针对对应供养人像的题记。

对敦煌供养人主体的研究多基于1900年发现于敦煌藏经洞的大量关于归义军政权的文书，结合中原正史记载，着重探讨供养人的真实身份以及在历史上的地位和作用。代表性著作有张广达《文书、典籍与西域史地》、荣新江《归义军史研究：唐宋时代敦煌历史考索》、冯培红《敦煌的归义军时代》、陈大为《唐后期五代宋初敦煌僧寺研究》、刘金宝《唐宋之际归义军经济史研究》、赵贞《归义军史事考论》等专著。专注此领域研究的代表性论文有苏莹辉《论索勋、张承奉节度沙州归义军之起讫年》《试论张议潮收复河陇后遣使献表长安之年代》《曹元忠卒年考》《略论沙州归义军节度使领州沿革》，荣新江《归义军及其与周边民族的关系初探》《敦煌归义军曹氏统治者为粟特后裔说》，郑炳林《晚唐五代归义军政权与佛教教团关系研究》，郑炳林、徐晓丽《晚唐五代敦煌归义军节度使多妻制研究》，冯培红《敦煌曹氏族属与曹氏归义军政权》《汉宋间敦煌家族史研究回顾与述评》，徐晓丽《敦煌石窟所见天公主考辨》，杨宝玉、吴丽娱《梁唐之际敦煌地方政权与中央关系研究：以归义军入贡活动为中心》，李军《晚唐五代归义军与凉州节度关系考论》，孔令梅博士学位论文《敦煌大族与佛教》，祁晓庆博士学位论文《敦煌归义军社会教育研究》，张景峰博士学位论文《敦煌阴氏家族与莫高窟阴家窟研究》，陈菊霞博士学位论文《敦煌翟氏研究》等。以上研究不仅有助于了解五代时期敦煌本土的历史发展，而且对于全面了解中国西北边疆地区的整体历史面貌具有重要的更新和补充。

对敦煌供养人像客体的研究重点在于将石窟壁画中的供养人画像进行分类和整理，探讨供养人画像在石窟壁画中的地位和意义，以及对整体形象或个人形象作出历史性或艺术性分析。此领域的代表性论文有苏莹辉《敦煌壁画供养者像举隅》，段文杰《供养人画像与石窟》，关友惠《敦煌壁画中的供养人画像》，沙武田《敦煌石窟于阗国王画像研究》《敦煌石窟归义军曹氏供养人画像与其族属之判别》，郑炳林《敦煌写本相书理论与敦煌石窟供养人画像》，张小刚、郭俊叶《敦煌所见于阗公主画像及其相关问题》，魏茨玛（Edith Wiercimod）《敦煌佛教壁画的供养人像》等。他们分别从图像学的角度对敦煌壁画中所绘供养人像的起源、部位、表现手法、造型特征等方面进行了详尽分析，为进行供养人画像的专项研究提供了重要的基础。

供养人像题记是指壁画或绢画中伴随着供养人画像而出现的发愿文、功德记、题名、题梁、榜书、杂书等，内容一般为开窟造像的忠实记述。对于敦煌供养人像题记的抄录、整理和研究，除了《伯希和笔记》外，主要有两本著作：一是1985年台湾新文丰出版公司印行的史岩《敦煌石室画像题识》，是作者20世纪40年代在敦煌遗书研究所工作期间的成果之一；二是1986年文物出版社出版的《敦煌莫高窟供养人题记》，此书是敦煌研究院研究人员几十年抄录的总结，具有不可替代的重要性和权威性。供养人像题记内容对于辅助研究石窟开凿的时代背景、窟主及供养人身份、开窟意图等方面均具有重要的历史价值，如马德《敦煌莫高窟史研究》，就是在利用敦煌供养人题记和敦煌文书等资料的基础上，对莫高窟营造史进行梳理的代表著作。此外，对敦煌供养人像榜题进行重点研究的代表性论文有苏莹辉《莫高窟造像及功德题名石刻》《论莫高、榆林二窟供养人题名之有裨考史》《从莫高、榆林二窟供养者像看瓜、沙曹氏的联姻外族》，万庚育《珍贵的历史资料：莫高窟供养人画像题记》，贺世哲《从供养人题记看莫高窟部分洞窟的营建年代》，李军《从供养人题记看莫高窟第9窟的建成时间》，石松日奈子、筱原典生、于春《敦煌莫高窟第285窟北壁供养人像和供养人题记》，陈光文《敦煌莫高窟清代游人题记研究》，王力平《莫高窟汉文游人题记史料价值探析》。结合敦煌供养人的形象和榜题进行重点研究的代表性论文有张培君《唐宋时期敦煌社人修建莫高窟的活动：以供养人图像和题记为中心》，范泉《莫高窟第12窟供养人题记、图像新探》等，这些研究成果从不同角度揭示了敦煌供养人题记在敦煌学研究中的重要地位和学术价值。

通过上述敦煌供养人像研究现状的分析可知，目前在主体和客体的研究范畴内，虽然分别取得了不少的研究成果，但是凸显出主客体研究的分割和沟壑，特别是在供养人像绘制背景和图像表现的内在联系研究方面存在不足，对于图像、文献、实物三者之间相互印证的研究较为缺乏，特别是供养人像主客体研究对于服饰图案研究的重要性还未得到充分体现。因此，本书将供养人像的主客体研究纳入服饰图案研究的范畴，对画像中所绘服饰图案进行历史学、民族学和宗教学等多个维度的全面考量，以图物证史、史料补图、物史反证的多重研究方法，使图像、文献和实物研究形成完整的证据链条，改变目前三者相互脱节的现状。

三、敦煌服饰图案研究现状

除了上述研究成果，有学者着重从图像学和文字学的角度整理、分析和研究敦煌壁画、绢画、彩塑中所表现佛陀、菩萨和供养人像的服装、佩饰、妆容等，特别是对于供养人像服饰的研究，不仅帮助加深理解供养人的多重身份和族群归属，而且从很大程度上丰富了中国古代服装和服饰的演变历史。对敦煌供养人像服饰研究的代表性著作成果有常沙娜《中国敦煌历代服饰图案》《中国敦煌历代装饰图案》《中国敦煌历代装饰图案（续编）》，潘絜兹《敦煌壁画服饰资料》，赵丰《敦煌丝绸艺术全集》（英藏卷）（法藏卷）（俄藏卷），谭蝉雪《敦煌石窟全集·24·服饰画卷》，叶娇《敦煌文献服饰词研究》，扬之水《曾有西风半点香：敦煌艺术名物丛考》等，均是反映敦煌服饰图案、纺织品工艺、名物考证的代表性成果。

相关的代表性论文有苏莹辉《敦煌壁画供养者举隅：北朝早期人物、服饰史料简介》，段文杰《敦煌壁画中的衣冠服饰》《敦煌唐代艺术中的服饰》，向达《莫高窟唐代艺术的服饰》，张先堂《敦煌石窟供养人服饰艺术图像资料的特色和价值》，沙武田《敦煌石窟于阗国王画像研究》《吐蕃统治时期敦煌石窟供养人画像考察》，卢秀文《敦煌石窟中的女供养人首饰：发簪》《供养人服饰图案与中西文化交流》，谢静《敦煌石窟中回鹘天公主服饰研究》《敦煌石窟中西夏供养人服饰研究》，李波《莫高窟唐五代壁画供养人服饰领型研究》，陈归常《敦煌壁画中曹氏家族联姻形式下人物的妆饰体现》，于倩、卢秀文《敦煌壁画中的妇女花钿妆：妆饰文化研究之五》，张培君《敦煌藏经洞出土遗画中供养人图像初探》等文。此外，在沈从文、周锡保、周汛、高春明、黄能馥、陈娟娟、袁仄、华梅、孙机等多位学者关于中国古代服装或服饰史的研究论著中，都部分利用和征引了敦煌供养人像的服饰资料，如沈从文先生在《中国古代服饰研究》一书中使用敦煌资料78处，其中使用莫高窟壁画服饰资料45处，周锡保先生所著《中国古代服饰史》中使用敦煌壁画资料41处，这充分说明敦煌供养人服饰研究是中国服装和服饰史研究中不可或缺的重要部分。但是，这些对于敦煌供养人像服饰资料的绘制和整理明显体现出文献和图像对应不足的问题，或仅限于服饰的历史考证，或仅为服饰图像的再现描绘，而缺乏深入的历史探索和图像解读的双重统一。另外，由于敦煌服饰实物资料大多存于国外博物馆和研究机构，将其与相关文献和图像进行对比研究的环节更加薄弱。

通过以上研究现状的整理和分析可以看出，目前世界敦煌学发展和研究的整体形势在于利用出版社、互联网等传统和新兴的信息载体，整合散布于各国的关于敦煌研究的资源，弥补敦煌石窟建筑和敦煌文书因历史原因而造成分离和分散的状态，为敦煌学人全面把握和审视研究对象的整体样貌提供更加便利的条件。传统的敦煌学研究是国内学者注重敦煌石窟的实体研究，而国外学者利用文书、绢画收藏等便利条件，进行文本和实物研究。目前，由于互联网工具的发展和普及，敦煌学研究可以不分国籍、地域、时间的限制，朝往更加全面和细致的方向发展。除了传统的文书研究之外，敦煌学中的图像研究一直是国内外学者关注的重点。诚如彼得·伯克所说："图像提供的证明，就物质文化史而言，似乎在细节上更为可信一些，特别是把画像用作证据来证明物品如何安排以及物品有什么社会用途时，有着特殊的价值。"❶尤其是将敦煌图像中重要的供养人画像放置到它们原来的时代背景之下，去研究图像中的人物身份和服饰图案，以及与当时历史、经济、文化的关系，将是敦煌学未来发展的新趋势之一。本书将依据敦煌学发展的新动向和研究趋势，利用新兴的科技手段和共享技术，掌握和调动更多、更全面、更客观的敦煌资源，在全面了解和分析敦煌发展历史、石窟开凿沿革和供养人像之间内在联系的基础上，聚焦图像中的供养人像服饰图案，为其寻找历史文化脉络和在当代进行创新设计提供新的解读和路径。

第三节　研究内容

一、研究前提和范畴

本书研究的前提和基础为敦煌石窟和绢画中的图像资料，同时结合敦煌学文献

❶ 伯克.图像证史 [M]. 杨豫，译. 北京：北京大学出版社，2008：132.

（佛经、史书、敦煌遗书、地方志、诗歌、笔记、变文）、图像（其他石窟寺壁画及造像、藏经洞绘画、同时期绘画及雕塑）和实物（藏经洞出土纺织品、同时期出土服饰及纺织品、纺织工具和材料、工艺品）资料。本书将以敦煌所处地理位置和政权生态为出发点，从政治、文化、宗教等几个方面分析并阐述在这个特殊的地理位置，在敦煌归义军政权统治下所形成的典型服饰图案，以及在敦煌石窟壁画或绢画中的具体呈现和规律性变化。

本书研究的时间范畴为五代时期，具体指907～960年。这段时间内中原地区政权更迭，但是曹氏归义军政权偏安一隅，在政权纷立的时代背景和地缘政治环境中，保持相对平稳的发展状态。基于稳定的政治局面和繁荣的经济发展，归义军统治者及其眷属、官员等对于佛教发展持积极推动的态度，投入众多人力、物力和财力进行开窟造像活动，所以此时的敦煌出现了较大规模的石窟和绘制精美的壁画形象，与同时期敦煌藏经洞中出土的绢画和纸本绘画中的供养人像相互对应和补充，体现出服饰图案的时代性和特殊性。

本书研究的地理范畴是以中国甘肃敦煌为中心的石窟建筑群，所涉猎的主要为敦煌莫高窟和安西榆林窟。同时，本书作者还对收藏于大英博物馆、维多利亚与阿尔伯特博物馆、法国吉美博物馆的敦煌藏经洞出土绢画和纺织品实物进行了全面调研和分析，并利用日本正仓院藏品进行对比研究。因此本书在时间维度上以上承唐代、下启宋代的五代时期即曹氏归义军时期为主，在地理维度上以中国甘肃敦煌为研究起点和中心，随着服饰文化的传播和影响力扩展到丝绸之路沿线以及世界范围，为后续展开供养人像服饰图案的研究奠定具体的前提和范畴。

二、研究对象

本书的研究对象主要是敦煌石窟壁画和绢画中出现的供养人像，具体为女供养人像、男供养人像、比丘和比丘尼供养像，结合榜题文字，明确说明相关人物身份。按照层级递减的关系和表现着力程度，对比文献记载、图像资料和现存纺织品实物，重点研究归义军节度使、于阗国王李圣天、归义军官吏及世族男供养人、侍从、归义军节度使夫人、于阗皇后、归义军眷属及世族女供养人、侍女以及比丘、比丘尼等重点供养画像。从研究对象的具体图像表现和造像历史背景出发，对其服饰图案进行分析和研究。

服饰指的是人物的"衣着和装饰"❶，《辞海》中关于"服饰"词条的解释亦为"衣服和装饰。"可见服饰可包括衣服和装饰等两个较大的范畴，类似词义也经常出现在古籍中，如《唐六典》所载："中尚署令掌供郊祀之圭璧及岁时乘舆器玩，中宫服饰，雕

❶ 中国社会科学院语言研究所词典编辑室. 现代汉语词典 [M]. 北京：商务印书馆，2002：386.

文错彩，珍丽之制，皆供焉。"❶ "服饰"一词常与乘舆并列，在历代史籍中称为"车服志"或"舆服志"，详细记载着历代关于车旗服饰制度的规定，特别是参加朝觐、祭祀、出行等重大仪礼活动时的服饰规则。本书所研究的服饰具体指的就是供养人像中所绘冠帽、衣裳、履、饰品等可视化图像，其使用和穿着的规格较高，是佛教供养法会或仪式中的礼仪性正装。

关于图案的定义，作者赞同图案学前辈学者雷圭元先生的研究和论述："图案是实用美术、装饰美术、建筑美术方面，关于形式、色彩、结构的预先设计，在工艺材料、用途、经济、生产等条件制约下，制成图样、装饰纹样等方面的通称。"❷需要加以说明的是，"图案"一词是在20世纪初从日本传入中国且在汉语中正式出现并指代社会中的一种艺术分工。1936年版的《辞海》对其的定义是："美术工艺品及建筑物等，在工作之前，须预先考察其形状、构造、色彩、装饰等应如何配置，表示此种考案之图样，称为图案。"❸经过张道一、陈之佛、庞薰琹、雷圭元、诸葛铠等老一辈艺术理论家和实践家们的分析、思考和完善，"图案"的定义日趋完善与丰富。本书所研究的服饰图案不仅仅指装饰纹样，而是属于广义范畴，具体包括服装面料、服饰佩件、妆容首饰的造型、色彩和结构等。因为这些方面在现实中是制作者和使用者预先设计和配置的，而在图像表现上又经过画师的艺术处理，具有广义图案概念的关键要素，因此同为本书的研究对象。

三、研究应用

研究应用指的是在整理、分析和研究敦煌五代时期供养人像服饰图案的基础上，对其应用于现代设计元素的造型、构图、色彩和装饰风格的分析。应用范畴不仅限于服饰，而且可以扩展到其他艺术和工艺美术品类。应用或设计的过程中，可使用直接和间接的应用方法进行再加工和再创作，体现提取元素的独特性和适应度，并且对市场具有积极影响和导引作用。

总之，本书的研究内容主要是分析五代时期的历史文化背景，找到敦煌及周边地区服饰图案形成与发展的交错点，特别是丝绸之路上以敦煌地区为代表的各民族服饰图案的交流历史及具体表现，并综合同时期其他类别工艺美术品图案和宗教、文化交流等多方面影响因素，开展纵向和横向的研究，深入探究敦煌五代供养人服饰图案的特点和全貌。在此基础上，提取适当的具有审美普遍性的设计元素，应用于现代艺术及工艺美术作品的创作中。

❶ 李林甫等.唐六典·少府军器监卷·第二十二 [M].陈仲夫，点校.北京:中华书局,1992:573.
❷ 雷圭元.图案基础 [M].香港:中华书局香港分局,1974:7.
❸ 诸葛铠.图案设计原理 [M].南京:江苏美术出版社,1991:12.

第四节　研究方法及创新性

一、主要研究方法

本书的主要研究方法为实地考察和类比分析法。

本书撰写期间，作者共三次赴敦煌实地考察，实地考察洞窟数量为105个，几乎涵盖所有现存五代时期供养人像的新建洞窟和重修洞窟，以及部分存有画像的唐、宋、西夏时期的新建和重修洞窟。其中包括莫高窟晚唐时期新建洞窟1个（窟号：156），莫高窟五代时期新建洞窟27个（窟号：4、5、6、22、35、36、40、61、72、86、90、98、99、100、108、137、146、187、189、261、325、346、351、362、385、409、476），莫高窟五代时期重修洞窟43个（窟号：12、23、39、44、45、46、53、79、85、91、121、138、144、166、188、204、205、217、220、244、251、277、292、311、323、328、329、331、332、334、337、341、346、360、384、386、387、390、397、401、428、445、468），莫高窟宋代新建洞窟4个（窟号：234、256、443、454），莫高窟宋代重修洞窟14个（窟号：7、9、55、94、152、171、192、231、380、407、427、437、444、449），莫高窟西夏重修洞窟2个（窟号：148、237），榆林窟五代时期新建洞窟9个（窟号：12、13、16、18、19、31、32、33、40），榆林窟五代时期重修洞窟6个（窟号：17、20、25、34、35、36）❶。考察期间，作者对于以上洞窟中现存五代时期及相邻时期的一千五百余身供养人像的现状、尺寸、色彩、服饰搭配、纹样等信息进行了文字和图像记录，并撰写考察报告。

除了对敦煌石窟的实地考察，作者还对藏有敦煌文书、绢画及纺织品实物的大英图书馆、大英博物馆、维多利亚与阿尔伯特博物馆、法国吉美博物馆等国外博物馆进行考察，在上述场馆的藏品研究室近距离观察和记录研究对象。此外，还对新疆维吾尔自治区博物馆、西安法门寺地宫、苏州云岩寺塔和瑞光寺塔地宫、杭州雷峰塔地宫、日本正仓院、国家图书馆敦煌吐鲁番资料阅览室、敦煌研究院信息资料中心特藏室、英国剑桥大学李约瑟研究中心东亚科技史图书馆、英国伦敦大学亚非学院图书馆等国内外相关博物馆和研究机构进行考察，为后续展开研究对比收集一手资料。

本书采取类比分析的研究方法，主要体现在三个方面；第一方面是将实地考察洞窟和绢画中的五代时期供养人像按照女供养人像、男供养人像、比丘和比丘尼供养像等三大类别进行划分，结合供养人题记和敦煌文书记载，将每一大类中的人物按照身份、族属、地位的不同，进行分门别类的分析和研究。第二方面是将收集到的五代时

---

❶ 洞窟所注重修时代均为对本书而言有研究价值的供养人画像所绘的时代，并不代表此洞窟仅于此时代重修.

期供养人像服饰图案进行分类，如冠帽、衣裳、配饰等，再将每部分中所绘纹样类型、造型、色彩、构图进行对比分析。第三方面是从敦煌五代时期石窟壁画供养人像出发，对比研究同时期绘画中的相关图像、纺织品实物，结合敦煌学文献，对供养人服饰图案进行历史、形式、工艺、风格等多方面考证，以获得文献、图像、实物三者的统一。

二、研究方法的创新性

本书将在具有创新性的研究方法指导之下从以下四个方面展开：

首先，将运用史地学的研究方法，从历史层面进行文献分析，从地理层面进行实地考察，以时间和空间的维度构建研究背景。选取具有时代独特性和造像典型性的五代时期为研究的时代背景，重点挖掘在此时段内敦煌当地与周边政权和民族的宗教信仰、风俗文化和交流历史，以及折射在服饰图案表现方面的深层次影响。

其次，将选取具有多重统一性的供养人像群体作为本书主体。第一方面，兼顾世俗性和宗教性的统一，不光研究世俗社会中的供养人像，同时也研究佛弟子比丘和比丘尼供养像所表现的服饰图案；第二方面，兼顾研究对象的性别区分，不仅研究外表华丽的女供养人像的服饰图案，同时也研究装饰纹样较少的男供养人像服饰图案；第三方面，研究对象涵盖了当时敦煌社会中各种身份地位的供养人像，不仅包括尊贵的归义军节度使和夫人，也包括归义军政权官吏等中坚力量，不仅包括世族男女供养人像，也包括侍从、侍女等随侍人员的供养像服饰图案分析。所以，以此为标准和依据进行选择的研究对象，充分代表了五代时期供养人像服饰图案的全貌，具有相对的全面性。

再次，在全面考察和分类的基础上，将运用图案学的方法，对服饰图案的题材、造型、色彩、构图进行分析和研究。此时的敦煌石窟艺术表现由盛转衰、由个性化转向程式化，供养人像的服饰图案风格也随之发生变化。将重点分析和研究服饰图案艺术风格由宏大转向自由、由华美转向自然的主要趋势，关注图案题材、造型、构图和色彩的新变化。从承上启下的具有独特风貌的服饰图案出发，审视社会审美趣味由唐代的华美繁缛向宋代的清新淡雅逐渐转变的表现和原因。分析产生以上变化的政治和经济原因，以及少数民族装饰题材对于由繁入简的社会时尚新潮流的影响。延伸研究同时期敦煌服饰图案与中原画坛和文坛的关系，特别是花鸟画和花间词的兴起和流行对其艺术风格的影响。

最后，将运用比较学的研究方法，将敦煌五代供养人服饰图案与同时期丝织品图案、工艺品图案进行比较分析，相互印证，总结异同，获得结论。主体部分将运用图像学的研究方法，对敦煌五代时期代表性洞窟所对应的供养人像所着服饰图案及工艺进行汇总和梳理，明确研究主体和重点。按照类型学的研究方法对服饰图案使用的部位、尺寸、造型、色彩、含义、工艺进行整理和分类，厘清图案及工艺面貌和脉络。

2

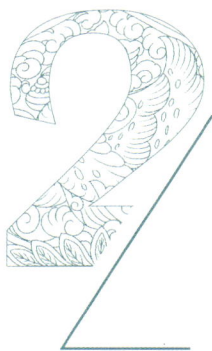

第二章
敦煌五代时期洞窟与供养人像

敦煌五代时期曹氏归义军政权的统治者和信众，在前代基础上继续进行着石窟开建和佛教造像的活动，并积极推动佛教思想和制度的发展。整体来看，五代时期新建洞窟数量不如唐代，但是在石窟开凿规模上有重要发展，出现了莫高窟第98、第61窟等空间巨大的大型石窟。除了延续莫高窟的营建，曹氏家族在安西榆林窟也新建了多个石窟，并绘制了供养人像。除此以外，此时还盛行在前代已开凿的洞窟内，将洞窟甬道、主室南北壁下部或主室东壁门南北侧的原绘壁画涂抹之后进行重绘。重绘内容主要为供养人像，所以此时的重修洞窟数量是除清代之外最多的时期。形成这种状况的原因除了因为经过五百余年石窟开凿而崖壁空间越来越有限之外，也体现出此时佛教思想在敦煌地区的流行程度和信众对于开窟造像的热情。

本章论述了敦煌五代时期佛家思想和制度的发展变化概况，阐述了佛教思想和制度的变化趋势对供养人像绘制的主导和影响。作为研究的基础，本书还以实地考察的方法详细记录了莫高窟和榆林窟的新建和重修洞窟中供养人像的数量和保存现状，并阐明了供养人题记对于后续研究的重要作用。

第一节　敦煌五代时期的佛教思想和制度

根据考古发掘资料来看，前1600多年以前火烧沟人便在敦煌绿洲繁衍和生活，我国古文献将古代活动于西部地区的居民统称氐羌、西羌❶。其时大致相当于中原的夏代，属于早期奴隶制社会。此后一千多年间，历史文献中缺乏对于敦煌历史的记载。直到前127年，卫青、霍去病出击匈奴，令河西走廊归入西汉版图，敦煌开始走上历史舞台。西汉元鼎六年（前111年），汉武帝为开拓疆域、抵御匈奴进攻而设立敦煌郡，敦煌正式成为中原通往西域的门户，并成为此后一千六百多年间中原王朝经营西域的前哨以及中原地区与西域各国交往的中转站。由于敦煌位于古代陆上丝绸之路的重要位置，是东西方文化交流与融合的前沿阵地。从佛教传入中国伊始，敦煌便成为最早接受和信奉佛教的地区之一。如晋代传法长安的竺法护、立寺延学的竺法乘、通晓典籍的于道邃等敦煌人，他们勤于教义传播与典籍翻译，对于佛教在东土的流传起到了十分重要的作用，同时也为敦煌本地佛教传统的树立奠定了基础。

前秦建元二年（366年），沙门乐僔云游到敦煌始建洞窟，开启了敦煌建造石窟的先声。此后在敦煌开凿石窟和传法译经的佛教活动绵延不断，其中有印度高僧昙无谶从鄯善来到敦煌译经弘法（413年），也有罽宾僧人昙摩蜜多到达敦煌建立精舍（422

❶ 敦煌博物馆陈列说明.

年），还有敦煌人宋云与比丘惠生前往西域取经（518年），玄奘法师经过敦煌出玉门关西去印度求法（629年）。在佛教传播过程中，敦煌逐渐成为西去和东来的佛教僧侣、信徒们汇聚与交流思想的阵地。发展至隋唐时期，敦煌与中原的佛教联系更加密切，不仅有出自唐朝长安宫廷的写经送至敦煌，敦煌也按照唐朝的诏令，建立龙兴、大云、开元等官方寺院，成为敦煌的佛教传播中心❶。

安史之乱后，敦煌被吐蕃王国攻占和统治，在此期间敦煌的佛教得到很好的保护和发展。吐蕃统治者不仅热衷于在敦煌开凿石窟、兴建寺院、发展僧尼，还组织和倡导高僧著述、译经、讲道，令佛教义理研究水平不断提高。更重要是在吐蕃统治时期，敦煌避过了唐武宗在中原地区推行的毁佛运动，即历史上著名的"会昌法难"，客观上保护了敦煌石窟以及早期写经。这些都是对敦煌五代时期佛教思想和制度产生重要影响的因素。

张议潮驱逐吐蕃建立归义军政权之后，逐渐恢复唐制，确立了以都僧统为敦煌佛教教团首领、增设都僧录等僧官的行政管理制度。归义军时期的首任都僧统为洪辩，他在吐蕃统治末期便已是敦煌的最高僧管都教授，敦煌莫高窟第17窟（藏经洞）即为纪念他的影窟。洪辩在张议潮率众起义时曾给予有力支持，令佛教僧团的地位和影响大增。同时，为了防止佛教势力过于膨胀，张议潮创建归义军政权初期还实行了释放部分寺户、调查和控制佛教资产、加强僧尼管理等措施，令敦煌佛教规模得到控制。914年取代张承奉任节度使的曹议金，是一位积极的佛教信仰者。在他统治期间（914~935年），在莫高窟修建了许多洞窟，其中包括莫高窟第98窟这样的大型洞窟。此外，信奉佛教的归义军政权统治者及其家族十分热衷于抄经施舍，从池田温编《中国古代写本识语集录》中所录曹氏归义军时期有确切年份的佛教文献列表可见一斑❷。

综合来看，敦煌五代时期的佛教思想与制度相比前代，世俗化现象十分明显。首先，佛教僧团的教权已逐渐处于政权之下，不再像吐蕃时期那样拥有极大的权力，甚至能够与地方统治者一同治理敦煌社会。从P.4638（18）《清泰四年（937）都僧统龙辩等上节度使曹元德牒》中都僧统、都僧录、都僧政自称是节度使的"释吏"来看，敦煌佛教教团的低落之势非常明显。相比起首任都僧统洪辩由唐宣宗敕赐告身的荣耀，五代时期敦煌的都僧统已不能得到中央政权的承认，而僧官的命名与升迁均掌握在节度使手中，必然令佛教与当地政权结合紧密，而不再是独立于政权之外的僧团。这种情况的出现与佛教僧团戒律松懈不无关系，甚至出现了佛教以酒为贡品、僧侣拥有私人财产等现象，背离了佛教教义的初衷。此外，从前述曹氏时期有确切年份的佛

❶ 王惠民. 敦煌佛教与石窟营建 [M]. 兰州：甘肃教育出版社,2010.
❷ 池田温. 中国古代籍帐研究 [M]. 东京：东京大学东洋文化研究所,1979:452-544.

教文献列表来看，疑伪经数量占多数，可见当时的佛教已越来越融入敦煌信众的传统思想、民间宗教和生活习俗中，成为世俗民众易于理解、方便接受和传播的宗教流行思想。

值得注意的是当时敦煌佛教僧团的管理层出身属性及对出身贵族信众的接纳程度，从侧面体现了敦煌佛教与当地豪族和士族阶层的勾连关系。例如，首任都僧统洪辩出身南阳望族，其后又有出身翟氏、阴氏、氾氏等名族的都僧统。同时，敦煌本地豪族中亦有不少信奉佛教的男性或女性在家或出家修行。根据莫高窟第61窟"故姨安国寺法律尼临坛大德沙门性真供养"，第108窟"故姊普光寺法律尼念定一心供养""故女普光寺法律尼最胜喜"，第144窟"妹灵修寺主比丘善……""大虫皮康公之女修行顿悟优婆姨如祥□（弟）一心供养""姑灵修寺法律尼妙明一心供养""亡妹灵修寺……性一心供养""妹尼普光寺律师丐相一心供养""妹尼普光寺都维证信一心供养"，第329窟"故兄……僧政□（知）□（三）□（窟）……阐扬三教大法师赐紫沙门善才供养"，第387窟"……释门都僧统兼门□□□京城□□临□供养大德阐扬三教大法师赐紫沙门□（香）□□（维）□（宥）供养俗姓康氏""……律师兼大众都□（维）□（那）应愿一心供养俗姓康氏"等供养人题记可知❶，这些出身豪门贵族的僧尼跻身成为敦煌佛教僧团中的僧官，同时也是敦煌石窟壁画中人物供养像的主体，地位显赫，不容置疑。这些僧团管理层的成员具有世俗与宗教的双重身份，是敦煌佛教走向世俗化的又一例证。

第二节　敦煌五代时期新建洞窟与供养人像

在唐代近三百年的大规模营建下，敦煌莫高窟已成为"上下云矗，构以飞阁，南北霞连"❷"悉有虚槛通连"❸的石窟建筑群。在鸣沙山和宕泉河映衬下的莫高窟，气势如虹，行至那里的信徒和旅人只见"目极远山，前流长河，波映重阁，风鸣道树"❷，景色壮观瑰丽。在此基础上，五代时期由归义军政权主导的石窟开凿和重修工程继续在莫高窟进行，未曾间断。在五代时期开凿和重修的众多洞窟中，不乏保留明确纪年题记的例子，这些题记为石窟断代和确定供养人身份提供了重要依据，现罗列为表2-1。为体现时代的连贯性，表内亦列出部分宋代代表洞窟。

❶ 敦煌研究院. 敦煌莫高窟供养人题记 [M]. 北京:文物出版社,1986.
❷ 六经堪丛书·沙州文录. 中国哲学书电子化计划 [DB/OL]. https://ctext.org/zhs.
❸ 敦煌录. CBETA[M/CD]. T51, no. 2091, P. 997, c5.

表2-1　敦煌莫高窟现存五代时期和宋代具有明确纪年的洞窟汇总

窟号	纪年	对应年代	窟主
98	后唐同光年间	923~925年	曹议金
100	后晋天福年间	936~940年	回鹘公主陇西李氏
256	后晋天福五年至开运二年	940~945年	曹元深
25	后晋开运二年至北宋开宝七年	945~974年	曹元忠
61	后晋天福十二年至后周显德四年	947~957年	曹元忠
469	后周广顺三年	953年	曹元忠
53	后周广顺三年	953年	曹元忠
5	后周显德四年	957年	杜彦弘
55	北宋建隆三年	962年	曹元忠
454	北宋开宝七年至太平兴国五年	974~980年	曹延恭
449	北宋太平兴国五年	984年	社人

根据《敦煌石窟内容总录》对五代时期窟号、开凿和重修时代、现状描述的记载，此时莫高窟新建26个洞窟，编号分别为4、5、6、22、35、36、40、61、72、86、90、98、99、100、108、137、146、187、189、261、325、346、351、362、385、476，另根据作者实地考察，补录第409窟。另外，五代时期榆林窟新建9个洞窟，编号分别为12、13、16、18、19、31、32、33、40。单从石窟开凿数量上来看，五代时期不如唐代，可此时也凿建了一些具有代表性的大型洞窟，如莫高窟第61、98、100窟等。这些洞窟不仅体量巨大，而且壁画丰富，更绘有许多具有典型意义的供养人画像。此外，此时开窟的范围明显延伸到安西榆林窟，洞窟规模和绘制水平也较突出，说明曹氏政权势力范围的扩大和信仰意识的增强。依据作者的实地考察，现将27个五代时期莫高窟新建洞窟和9个五代时期榆林窟新建洞窟内所绘供养人像的数量及现状罗列如下（表2-2、表2-3）：

表2-2　五代时期莫高窟新建洞窟内所绘供养人像数量及保存现状统计表

窟号	供养人像数量及现状	洞窟开放类型❶
4	未统计	洞窟封闭❷
5	甬道南壁：男供养人曹元忠像等三身（前两身尚好，后一身靠门模糊） 甬道北壁：女供养人，存凉国夫人翟氏像一身（模糊）；西壁：龛下画比丘尼二身（模糊） 西壁龛外南侧下：比丘一身、男供养人四身 西壁龛外北侧下：比丘尼三身、女供养人四身 南壁：下男供养人共二十身（第六身后跟一身形较小侍从；前十四身面朝门，后六身面朝龛） 北壁：下存女供养人二身 东壁：门南下男供养人四身（后二身后各跟一名身形较小的侍从）	不开放洞窟

---

❶ 依据敦煌研究院对洞窟管理的规定,将洞窟分为正常开放洞窟、调节洞窟、特窟和不开放洞窟.

❷ 在作者实地考察期间,因封锁储物或进行修复工作而封闭洞窟.

窟号	供养人像数量及现状	洞窟开放类型 ❶
6	无	不开放洞窟
22	东壁门北：下供养人一排（残） 东壁门南：下女供养人一排（残）	不开放洞窟
35	无	不开放洞窟
36	西壁：门南下存供养人一身（比丘）；门北下画供养人六身（比丘）	不开放洞窟
40	无	不开放洞窟
61	东壁门南下：回鹘公主等女供养人八身 东壁门北下：宋画供养比丘尼三身及于阗公主等女供养人四身，五代画女供养人四身 北壁下：曹氏女供养人十六身 南壁下：东起画曹氏家族女供养人十七身	正常开放洞窟
72	无	不开放洞窟
86	无	不开放洞窟
90	无	不开放洞窟
98	甬道南壁：曹议金父子供养像八身、侍从四身 甬道北壁：张议潮、索勋供养像六身（东端残） 背屏：背面下绘归义军节度使诸押衙供养像十四身 南壁：下曹氏家族女供养人十七身；屏风下绘供养比丘像二十九身，归义军节度诸押衙供养像十七身 西壁：屏风下绘归义军节度诸押衙供养像三十九身 北壁：屏风下绘归义军节度诸押衙供养像五十五身；屏风以东绘曹氏家族女供养人十七身 东壁：门南下于阗国王李圣天等男女供养人十一身；门北下回鹘公主等女供养人七身	不开放洞窟
99	无	不开放洞窟
100	前室南壁：曹议金父子供养像五身，侍从六身 前室北壁：回鹘公主等女供养人十身，侍女五身 西壁：龛外南侧下曹议金统军图（起首）；龛外北侧下回鹘公主出行图（起首） 南壁：下绘曹议金统军图 北壁：下绘回鹘公主出行图 东壁：南下绘曹议金统军图（结尾，残）；北下绘回鹘公主出行图（结尾）	调节洞窟
108	甬道南壁：曹议金、曹元德等供养像七身 甬道北壁：男供养人七身 南壁：西起下女供养人十身、侍女四身 北壁：以东绘女供养人九身、侍女四身（仅存头部） 东壁：门南下曹氏家族女供养人五身（下毁）；门北下供养比丘四身，女供养人三身（下毁）	不开放洞窟
137	北壁：禅定比丘彩塑一身（残） 西壁：绘一沙门、一近事女经行山间	不开放洞窟
146	无	调节洞窟
187	无	不开放洞窟
189	无	不开放洞窟
261	甬道南壁：存曹氏家族男供养人一身	不开放洞窟
325	无	不开放洞窟
346	前室南壁：射手一身（五代） 甬道顶南壁：五代画供养比丘三身	不开放洞窟
351	未统计	洞窟封闭
362	无	不开放洞窟
385	无	不开放洞窟
409	东壁：门北底层露出五代供养人一部（不可辨认）	正常开放洞窟
476	无	不开放洞窟

表2-3　五代时期榆林窟新建洞窟内所绘供养人像数量及保存现状统计表

窟号	供养人像数量及现状	洞窟开放类型
12	前甬道南壁：男供养人及侍从共十四身 北壁：女供养人及侍从共九身 甬道南壁：男供养人四身；北壁：女供养人五身 主室西壁门南下：慕容氏出行图；门北下：慕容夫人曹氏出行图	正常开放洞窟
13	西壁：门北下部存五代画男供养人一身（漫漶）；门南下部存供养人（漫漶）	正常开放洞窟
18	无	正常开放洞窟
19	前室南壁穿道口西侧：残存男侍二身；北壁门西：侍女四身；西壁门南下：男侍六身； 西壁门北下：男供养人一身、北端二侍女 甬道南壁：曹元忠与曹延禄供养像 甬道北壁：凉国夫人及长女曹延曭供养像 主室南壁下：男供养人十四身、女供养人七身 主室北壁下：女供养人十八身 主室西壁下：比丘供养像一身、男供养像八身（下漫漶）；门北下：男供养人七身、女供养人七身（下漫漶）	正常开放洞窟
31	甬道南壁：男供养人一身（漫漶） 甬道北壁：于阗国王、王后、童子供养像（残）	不开放洞窟
32	甬道南壁：男供养人一身 甬道北壁：女供养人一身（漫漶）	不开放洞窟
33	前室西壁门北：男供养人一身（漫漶） 甬道南壁：曹元忠父子供养像（下部漫漶） 甬道北壁：曹元忠夫人翟氏与长女供养像及三侍女（下部漫漶） 主室南壁西侧下：男供养人二十三身、优婆夷供养像五身、女供养人存二十一身（多磨损漫漶） 主室北壁西侧：下男供养人十八身、女供养人三十三身 主室东壁门南下：比丘供养像六身、男供养人六身；门北下：法师供养像三身、男供养人十一身	不开放洞窟
40	前甬道南壁穿道门西：男供养人一身、门东侍从三身（模糊） 前甬道北壁：女供养人像三身（漫漶）	不开放洞窟
41	无	不开放洞窟

通过表2-2、表2-3可以获知，五代时期莫高窟新建洞窟中女供养人像约153身、男供养人像约195身、比丘供养像约44身、比丘尼供养像约8身。同时期榆林窟新建洞窟中女供养人像约123身、男供养人像约129身、比丘供养像约10身。其中莫高窟第5、36、61、98、100、108、261、346窟和榆林窟第12、19、33窟内所绘供养人像较为集中和丰富，是本书研究的主要对象。其中莫高窟第98、100、108窟和榆林窟12、19、33窟中并存女供养人、男供养人、供养僧尼三类供养人像，服饰图案类型全面而多样，是进行综合研究和个案研究的主体。此外，莫高窟第36、261、346窟所绘或残存全部为比丘供养像，榆林窟无比丘尼供养像。莫高窟第137窟的彩塑与壁画内容严格意义上不属于供养人像范畴，但是可以作为供养人像研究的重要补充。除此之外，莫高窟第61窟壁画所绘全部为女供养人像，人数众多，榜题齐全，绘制水平较高，是本书重点研究的对象。

第三节　敦煌五代时期重修洞窟与供养人像

重修洞窟指的是后代在前代洞窟的壁画上重新抹泥涂粉后，将其全部或部分覆盖并重新绘制；也指后代对前代洞窟的某些部分（如甬道等）进行改修并重新绘制壁画。敦煌石窟中有不少洞窟为重修洞窟，情况也较为复杂。仅就五代时期来看，其重修洞窟存在以下两种情况：第一，如始建于初唐贞观十六年（642年）的第220窟，除西壁的佛龛外，其壁画均先后被中唐、晚唐、五代、宋代壁画所覆盖，唐代的塑像也被清代塑像所替代，是洞窟重修和壁画叠层较多的洞窟。1943年和1975年敦煌研究院曾两次对此窟进行整修，剥离表层壁画、迁移宋代甬道，使得初唐壁画、五代时期的甬道、佛龛、塑像和壁画显露出来，其中甬道南壁底层存翟奉达墨书题记一方、甬道北壁底层存新样文殊经变画和翟氏男供养人七身及题记，是五代时期重修洞窟中男供养人资料较为集中的一例。第二，五代时期曾对某些前代洞窟进行局部的重修、重绘、重塑，如在盛唐217窟东壁门北侧重绘了沙门洪认的供养像，并附有清晰的题记，对于研究此时壁画的风格特征和供养僧侣的社会地位具有重要意义。因此，对于五代时期重修洞窟内所绘供养人服饰图案的关注和分析，是本书研究不可或缺的重要内容。

五代时期，莫高窟崖壁上可开凿空间已经相对有限，所以大量利用前代已经建成的洞窟进行改建或重绘是相对容易和普遍的做法。因此，此时重修洞窟的数量在莫高窟是最多的，共计151个，编号如下：12、21、23、26、30、31、32、33、34、38、39、41、42、44、45、46、47、49、53、74、79、80、83、84、85、87、91、113、115、117、119、120、121、123、124、125、126、127、128、129、132、138、140、144、145、155、162、164、165、166、180、184、185、186、188、191、197、204、205、206、208、209、210、217、218、220、225、226、229、236、244、248、251、258、263、265、272、277、278、280、281、287、288、292、293、294、296、297、299、300、301、303、305、306、307、308、311、312、321、322、323、328、329、331、332、333、334、337、339、341、342、347、358、359、360、361、369、374、375、379、384、386、387、388、389、390、391、392、394、395、396、397、398、401、402、412、428、435、436、440、441、445、446、447、448、467、468、469、474、475、483，根据作者实地考察，补录第345窟。根据作者的实地调研，在五代时期莫高窟151个重修洞窟中，有81个（54%）洞窟无供养人画像，另有27个洞窟（18%）壁画损毁严重，此外有34个洞窟（23%）中保存着一定的五代供养人壁画，仅有9个洞窟（6%）中较好地保存了相关壁画。根据石窟中供养人像的保存现状，将其分为三个不同档位（表2-4），现将莫高窟五代时期43个重点重修洞窟内供养人像数量及保存现状统计如表2-5所示。

表2-4 五代时期莫高窟重修洞窟供养人像保存现状档位统计表

供养人像保存现状分档	窟号
I	39,121,138,144,205,220,387,390,468
II	31,32,33,53,79,84,123,124,127,129,132,191,197,208,209,263,265,277,288,334,339,341,347,358,359,360,374,375,379,384,386,392,402,447
III	91,119,125,126,128,165,180,185,225,236,244,272,281,292,293,297,299,305,333,342,361,397,401,428,445,448,475

表2-5 五代时期莫高窟重点重修洞窟内所绘供养人像数量及保存现状统计表

窟号	供养人像数量及现状	洞窟开放类型
12	前室西壁：门南下男供养人一排；门北下男供养人一排（模糊） 前室南壁：下供养比丘一身（模糊） 甬道南壁：男供养人二身 甬道北壁：女供养人三身（一身模糊） 主室西壁：龛下南侧女供养人十三身，北侧女供养人十六身 主室东壁：门上画男、女供养人各一身，侍从各二身，门北侧画女供养人二身	正常开放洞窟
23	无	调节洞窟
39	主室西壁龛下：五代画男女供养人，存九身 主室南壁龛外下：存五代画女供养人七身 主室北壁龛外下：存五代画男供养人十八身 主室东壁门南下：五代供养比丘残存二身；门北下五代供养比丘残存四身	不开放洞窟
44	主室中心龛柱东向面龛下：五代画供养比丘一排 主室南壁二龛之间下：五代画供养比丘一排 主室北壁二龛之间下：五代画供养比丘一排 主室东壁下：五代画供养比丘七身（残）	调节洞窟
45	无	特窟
46	无	正常开放洞窟
53	主室南壁下：五代画女供养人一排 主室北壁下：五代画女供养人一排 主室东壁门南北下：残存供养比丘各一排（残）	不开放洞窟
79	甬道南壁：存五代画男供养人一角（模糊） 甬道北壁：存五代画女供养人部分（模糊）	调节洞窟
85	甬道南壁：晚唐画男供养人三身、侍从七身（五代重描） 甬道北壁：晚唐画供养比丘一身（法荣）、男供养人三身、侍从一身（五代重描） 东壁门南下：供养比丘尼五身 东壁门北下：供养比丘三身、女供养人三身	不开放洞窟
91	前室西壁门北下：存五代画供养人一排痕迹	不开放洞窟
121	甬道南壁：五代画曹议金供养人像，侍从像二身（模糊） 甬道北壁：五代画回鹘公主等女供养人二身 主室南壁下：五代画男供养人十四身（模糊） 主室北壁下：五代画女供养人十二身 主室东壁门南下：男供养人五身，门北下女供养人四身，从女二身	不开放洞窟
138	主室南壁下：男供养人十身 主室北壁下：供养比丘七身、女供养人六身、从女三身 主室东壁门上：画安国寺尼智惠性等男女供养人共九身 主室东壁门南下：三身比丘尼，女供养人五身，从女九身 主室东壁门北下：女供养人七身、从女二身	调节洞窟

窟号	供养人像数量及现状	洞窟开放类型
144	主室西壁北侧：供养比丘尼四身，女供养人十七身，南侧供养比丘三身，男供养人十六身 主室东壁门上：画男（南侧）、女（北侧）供养人各一身，执炉胡跪于床上，身后男女侍从各二身；门南北侧供养天女一身，下女供养人四身、侍从五身；门北南侧供养天女一身，下女供养人四身（在后），供养比丘尼一身（在前） 甬道南壁：男供养人三身 甬道北壁：供养比丘一身，男供养人二身	不开放洞窟
166	西壁龛下南侧：男供养人三身；北侧：女供养人四身 龛外北侧台下：宋画女供养人三身；南侧台下：宋画男供养人三身 南壁下：宋画供养比丘尼一身、女供养人存十二身 北壁下：宋画女供养人四身 东壁门南：男供养人三身；门北：男供养人六身	不开放洞窟
188	前室西壁门北下：五代男供养人二身（仅剥出题记和部分头部） 主室龛下底层：五代男供养人画像、题记（从底层剥出） 东壁门南下：五代女供养人五身；门北下：五代女供养人六身	不开放洞窟
204	无	调节洞窟
205	甬道南壁：五代画曹议金供养像及侍从（模糊） 甬道北壁：五代回鹘公主李氏供养像及从女（模糊） 主室东壁门南：五代画曹氏家族男供养人三身，侍从两身 主室东壁门北：五代画曹氏家族男供养人四身，侍从两身	不开放洞窟
217	主室东壁门北：五代画沙门洪认供养像	特窟
220	甬道北壁：翟氏男供养人七身	特窟
244	甬道南壁：男供养人一身（曹议金）及侍从 甬道北壁：男供养人一身（曹元德）及侍从	正常开放洞窟
251	中心塔柱东向面下：五代画男供养人十身	正常开放洞窟
277	主室北壁：下五代画女供养人三身 主室东壁门南：存五代画女供养人六身 主室东壁门北：下五代画女供养人六身	不开放洞窟
292	前室南壁下：供养人模糊（全壁残存一半） 前室北壁下：供养人模糊（全壁残存一角） 甬道南、北壁下：画供养人一排（存残痕，模糊） 主室中心龛柱东向面壁两侧：各一供养比丘 主室中心龛柱西向面柱座座身：画供养比丘十一身	
311	甬道南、北壁：五代各画男供养人一身 主室西壁龛下：中间五代画供器（模糊），南侧一持幢天女，男供养人五身 主室西壁龛外北侧：一执幢天女，女供养人五身 主室东壁门南下：五代画男供养人存十五身（模糊） 主室东壁门北下：五代画女供养人存七身（模糊）	调节洞窟
323	无	调节洞窟
328	无	调节洞窟
329	甬道南壁：五代画供养比丘三身 甬道北壁：五代画供养人两身 主室南壁：下五代画比丘尼四身、女供养人二十三身 主室北壁：下五代画男供养人十七身	正常开放洞窟
331	无	调节洞窟
332	甬道南壁下：元画男供养人三身、侍从两身（底层露出五代画男供养人两身）、五代画男供养人四身 甬道北壁下：元画女供养人两身、侍从一身（底层有五代画男供养人两身）、五代画男供养人存三身	正常开放洞窟

窟号	供养人像数量及现状	洞窟开放类型
334	甬道南壁：五代画男供养人两身 甬道北壁：五代画女供养人两身	正常开放洞窟
337	无	不开放洞窟
341	主室东壁门南下：男供养人三身 主室东壁门北下：女供养人三身、侍女两身	正常开放洞窟
346	无	正常开放洞窟
360	甬道南北壁下：男供养人各存三身 主室西壁龛外南侧：男供养人八身 主室西壁龛外北侧：女供养人七身	不开放洞窟
384	前室西壁门北：男供养人两身 甬道南北壁：供养比丘 主室南壁下：供养比丘尼一身、女供养人九身 主室北壁下：女供养人九身	正常开放洞窟
386	主室西壁龛下：供养比丘十五身、侍从一身	正常开放洞窟
387	主室西壁龛：五代愿文题榜，两侧五代画男供养人、供养比丘各三身 主室南壁下：五代画男供养人存十二身 主室北壁下：五代画女供养人存两身 主室东壁门南下：五代画男供养人四身，门北下五代画女供养人十一身	不开放洞窟
390	前室西壁门南下：供养人一排（模糊） 前室西壁门北下：供养人痕迹 前室南壁：存五代画弟子、供养人（残） 甬道南壁下：存女供养人四身（模糊） 甬道北壁下：存女供养人五身（模糊） 主室西壁龛外南侧下：女供养人八身（隋），侍从存五身，下五代画比丘、比丘尼各六身 主室西壁龛外北侧下：画男供养人存四身（隋），后均有侍从，下五代画男供养人十身 主室南壁下：五代画女供养人九身，侍从八身 主室东壁门南下：五代画男供养人两身 主室东壁门北下：五代画男供养人三身	调节洞窟
397	甬道南北壁：五代各画男供养人像两身（模糊）	正常开放洞窟
401	甬道南壁：曹议金供养像（模糊） 甬道北壁：回鹘公主供养像（模糊）	不开放洞窟
428	甬道南壁：曹议金父子供养像、侍从一身、童子一身（模糊） 甬道北壁：回鹘公主等女供养人三身	正常开放洞窟
445	主室西壁龛下：存五代女供养人残痕	正常开放洞窟
468	前室南壁下：五代画男供养人两身，前供养有比丘一身 前室北壁下：五代画女供养人三身 主室西壁龛下：画女供养人十一身（中唐），中有五代回鹘文愿文题榜一方 主室东壁门上：五代画男女供养人各一身，侍从各一身	不开放洞窟

　　此外，作者对榆林窟五代时期的6个重修洞窟进行了实地考察，窟号为：17、20、25、34、35、36，现将窟内所绘供养人像数量及保存现状统计如表2-6所示。

表2-6　五代时期榆林窟重修洞窟内所绘供养人像数量及保存现状统计表

窟号	供养人像数量及现状	洞窟开放类型
17	无	正常开放洞窟

窟号	供养人像数量及现状	洞窟开放类型
20	主室南壁下：五代男供养人（存五身，漫漶） 主室北壁下：五代女供养人（十身） 主室西壁门南下：五代男供养人（存一身）；门北下：供养比丘尼一身、女供养人四身（残）	不开放洞窟
25	前甬道南壁西侧：曹元忠与子侄供养像三身、侍从四身（遭粉浆刷盖） 前甬道北壁西侧：曹元忠夫人翟氏与长女延萧供养像二身、侍女二身（遭粉浆刷盖） 主室南壁下：宋画男供养人六身 主室北壁下：宋画女供养人四身 主室西壁门南下：宋画男供养人八身；门北下：宋画女供养人九身（漫漶）	特窟
34	甬道南壁：曹元忠供养像与男侍从三身；北壁：曹元忠夫人翟氏供养像与侍女三身 主室东壁门南下：男供养人六身、男侍从一身；门北下：比丘尼供养像两身、优婆夷供养像三身、女供养人五身	不开放洞窟
35	前室西壁门南下：男供养人两身；门北下：供养人三身（残） 前室东壁门南下：五代男供养人一身 甬道南壁下：宋画曹延禄、曹延瑞供养像；北壁下：女供养人三身（漫漶） 主室南壁下：五代男供养人四身 主室北壁下：五代女供养人五身 主室东壁北侧：女供养人一身、一子两女；南侧：男供养人三身（漫漶）；门南北侧下：女供养人一身、侍女一身；南侧下：男供养人八身；门北南侧：女供养人一身、侍女一身；北侧下：比丘尼供养像二身、优婆夷供养像六身、女供养人一身	不开放洞窟
36	前室西壁门南：五代男侍从三身、男供养人一身；门北：侍女四身 甬道南壁：曹元忠与曹延禄供养像 甬道北壁：凉国夫人翟氏与女延萧供养像 主室东壁门南下：男供养人九身；门北下：比丘尼供养像两身、女供养人十一身	不开放洞窟

通过表2-6可以获知，五代时期莫高窟重修洞窟中女供养人像约313身、男供养人像约274身、比丘供养像约71身、比丘尼供养像约26身。同时期榆林窟重修洞窟中女供养人像约71身、男供养人像约59身、比丘尼供养像约7身，无比丘供养像。通过对敦煌五代时期重修洞窟与供养人像数量及保存现状的统计和整理可知，莫高窟第39、44、121、138、144、166、205、220、244、311、387、390、468窟和榆林窟第34、35、36窟内所绘供养人像较为集中和丰富，是本书研究的重要对象。特别是曹元忠执政时期对于榆林窟重修洞窟的重视，绘制了一批人物形象和色彩保存现状相对完好的供养人像，是本书重要的研究对象。

第四节　敦煌五代时期的供养人题记

一、供养人题记的概念

供养人题记亦名供养人题识，狭义上指的是对资助或主持石窟建设的佛教信徒姓名和身份的记录，广义上还包括解释供养人为何开窟造像以及祈愿目的的功德记、发愿文和窟檐题梁等。供养人题记在敦煌石窟中往往伴随着供养人画像或塑像出现，最常见的就是在供养人像身侧以不同于壁画底色的醒目色彩涂一长条形框，在其中墨书或朱笔题写关于供养人姓名和身份的文字。

中国石窟寺中现存最早的有确切纪年的供养人题记出现在甘肃炳灵寺第169窟，在西秦建弘元年（420年）题记下第一排供养人写有："□国大禅师昙摩毗之像""比丘道融之像"的字样。依据贺世哲先生的研究，敦煌莫高窟中现存汉文供养人题记1570条，"其中北魏八，西魏四十九，北周七十五，隋六十四，初唐三十一，盛唐六十三，中唐八十四，晚唐二百零五，五代六百六十，宋二百四十九，西夏三十八，元十二，清二十一，不明时代的十一"[1]。其中最早有确切开凿纪年的洞窟是莫高窟西魏第285窟，在其主室北壁供养人像发愿文（图2-1）中存有西魏"大统四年"（538年）、"大统五年"（539年）的记录。仅从数量上看，五代时期的供养人题记是莫高窟历代中最多的，这与此时大规模兴起的绘制供养人画像的潮流相辅相成。

二、供养人题记的内容

从供养人题记中，可以获得的最直接信息是新建或重修洞窟的纪年，这是进行洞窟断代的最重要的第一手资料，如表2-1中所列敦煌莫高窟现存五代时期和宋代具有明确纪年的洞窟情况，可以看出供养人题记对于判断洞窟开凿或重修时间的重要性，此处不再赘述。需要说明的是，此时洞窟中的供养人题记所书纪年，有时往往不合史书纪年。这是因为敦煌归义军政权虽然奉中原正朔，但是地处边远、交通不便、消息迟缓，如果遇到改朝换代，往往不能及时确知消息。例如，莫高窟第166窟东壁门北侧《发愿文》记载："时唐□亥年七月十三日，释门法律临坛大德胜明，奉为国界清平，郡主尚书曹公……"[2]结合伯希和1918年对同一洞窟的题记记录"时唐乙（？）辛（？）年七月十三（？）日"[3]，可知题记中年份应为"乙亥"。在后唐同光年间完工的第98窟题记中也有"胜明"的姓名，职称相同，可视为一人。由此可知，题记中的乙亥实际上后梁乾化三年（915年），但当时的僧人胜明尚不知有乾化年号，但知道唐朝已经灭亡，所以没有用天复年号，只好用甲子纪年，但又冠以"唐"字表明政权归属。因此在利用供养人题记作为石窟断代的参考时，需要仔细辨别，具体问题具体分析。

有些供养人题记特别是发愿文中，会详细叙述石窟开凿的来龙去脉，说明窟主的造窟意图和愿望。例如，敦煌文书S.4245《河西节度使司空曹元德造佛窟功德记》所述："……亦愿当今帝主，等北辰而永昌；将相百寮，应五星而顺化；故父大王神识，

❶ 季羡林. 敦煌学大辞典 [M]. 上海：上海辞书出版社, 1998: 181.
❷ 荣新江. 归义军史研究：唐宋时代敦煌历史考索 [M]. 上海：上海古籍出版社, 2015: 97.
❸ 伯希和. 伯希和敦煌石窟笔记 [M]. 耿昇, 译. 兰州：甘肃人民出版社, 2007: 75.

图2-1 敦煌莫高窟第285窟北壁供养人像及榜题、发愿文，西魏

（图片来源：段文杰. 敦煌石窟艺术·莫高窟第二八五窟（西魏）[M]. 南京：江苏美术出版社，1995：122.）

往生菡萏之官；司空宝位遐长，等乾坤而合运；天公主小娘子，誓播美于宫闱。两国皇后义安，比贞松而莫变；诸幼郎君昆，季福延万春；都衙等两班官寮，输忠尽节之福会也。"❶通过发愿文的详尽描述，可以帮助了解当时窟主的宗教信仰、政治地位、造窟意图等诸多信息。

供养人题记中必不可少的是供养人的姓名，这是历史人物曾经真实存在的证据。除了提供名字信息，有些题记还会在地位显赫的供养人姓名前加上各种定语，对其身份、官阶给予详尽的介绍。例如，莫高窟第196窟甬道北壁的索勋供养像题记："敕归义军节度沙瓜伊西等州管内观察处置押蕃落营田等使守定远将军检校吏部尚书兼御史大夫矩鹿郡开国公食邑贰仟户实封二百户赐紫金鱼袋上柱国索勋一心供养"❷，其中不乏炫耀之词，但是对研究索勋的出身、归义军的统辖区域、官阶设置和职责等提供了关键资料。

此外，通过供养人题记可以从侧面了解敦煌地区世族大家的姻亲关系，如南阳郡张氏，为敦煌世族之一，晋时有敦煌五龙之一的张魁，唐开元中张嵩奉诏都护北庭，后子孙世袭沙州刺史，号称为"龙舌张氏"。晚唐张议潮至张承奉三代相继为河西归义军节度使，从莫高窟第156、94等窟的供养人题记来看，张议潮妻"宋国河内郡太夫人广平宋氏"，其子淮□妻阴氏，生子张承奉；其十四女适李明振，生子弘益、弘谏、弘定、弘愿；其女适索勋，生某女适曹议金，生索承奉妻张氏。通过分析可知南阳郡张氏与广平郡宋氏、矩鹿郡索氏、陇西郡李氏、曹议金家族均有密切的姻亲关系。从莫高窟第98窟的供养人题记中也可得知，曹议金之妻回鹘公主陇西李氏、矩鹿索氏、武威阴氏、广平宋氏，她们均出身豪门，家族枝繁叶茂。通过供养人题记推测和判定人物之间的关系，对于了解服饰图案与人物身份的关系具有重要的意义。

此外，供养人题记也记录了当时部分负责石窟开凿和造像等劳动者和艺术家们的职业分工和个人信息，虽然这些记录有些分散和含糊，但是也弥补了画史资料对石窟艺术创造者缺少记录的遗憾。根据万庚育先生的研究❸，五代以前石窟中的题记和题名有些可能是作画工匠留下的，但语意不甚明确，如隋代第303窟中心柱东向龛下壁土红色题记曰："僧是大喜故书壹字画师平咄子"，可推测画师是一名平咄子的僧人。五代、宋时期，画家题名开始正式在石窟供养人题记中出现，如盛唐第444窟，后经宋代重修窟檐，檐外北壁题记："庆历六年丙戌岁十二月座□神写窟记也""太平兴国三年戊寅岁正月初三日和尚画窟三人壹氾定全"，讲明画窟的是僧人。又如敦煌榆林窟第23、25

❶ 郑怡楠,郑炳林.敦煌曹氏归义军时期修功德记文体的演变[J].《敦煌学辑刊》,2014(1)：1-11.
❷ 敦煌研究院.敦煌莫高窟供养人题记[M].北京：文物出版社,1986：87.
❸ 敦煌研究院.敦煌莫高窟供养人题记[M].北京：文物出版社,1986：191.

窟题记中提到的"都画匠""都勾堂（当）知画院使""知画手""画师"❶等名称，说明了画院中画师的劳动分工和职位设置。除了画师，还有塑匠、开窟工匠，如宋代重绘第370窟甬道西壁第一身供养人题名曰："社官知打窟都计料□银青……"，也都在供养人题记中留下了历史的印记。

本研究将结合石窟中供养人像的题记文字，对人物身份和所着服饰图案的关系进行深入探讨。通过图像和文字的联系和对比：第一，明确洞窟的新建或重修时间，以此判断画像中服饰图案出现和流行的时段，从时间脉络上对服饰图案的特征进行把握。第二，通过研究题记内容，从侧面获知供养像人物的身份、地位、族属、官阶等信息，进而论述人物身份与服饰图案的对应关系。第三，题记中还包含着所绘人物之间姻亲关系的称谓，利于进一步研究人物身份的区别与所着服饰图案之间的内在联系。

❶ JAO Tsong-yi, Pierre RYCKMANS, Paul DEMIéVILLE. Peintures Monochromes De Dunhuang(Dunhuang Baihua)[M]. Paris: éCOLE FRANÇAISE D'EXTRêME-ORIENT, 1978:17.

3

第三章
敦煌五代时期男供养人像服饰图案

敦煌五代时期男供养人像在此时的石窟壁画中占有主导地位，其中莫高窟和榆林窟新建洞窟中男供养人像的数量多于同时期的女供养人像❶；从身份地位上看，男供养人有历代归义军节度使代表人物、于阗国王、节度使押衙和随侍等，大多是敦煌地区政治权利中心的实力人物。在石窟中绘于显要位置，进行着重表现的男供养人像，往往身形巨大、色彩鲜艳，除了体现出他们对佛教的虔诚信仰以及对财力的调度与控制，更加暗含了此时盘根错节的政治生态。从服饰图案中可以看到唐代官服制度的遗留，但是也具有明显的时代和地域变化，某些方面也可视为宋代官服形制的先声。其中于阗国王李圣天的供养像绘制精美、服饰细节具体而真实，对研究当时少数民族服饰图案的独特性具有重要意义。除了供养人像服装上所绘的纹样，男供养人像所显示的幞头样式、腰间佩饰都可以视作广义图案的范畴，加以考察和研究。

第一节　敦煌五代时期男供养人题记及身份

男供养人在敦煌五代时期的石窟造像中处于举足轻重的地位，大多是实际意义上石窟开凿和建设的倡导者、组织者和领导者，是所需物资和人力的出资人，同时还是尊享佛教造像功德的最高代表。这些高大而逼真的男供养人像在石窟壁画中往往处于甬道、主室四围等醒目的部位，有些形象的尺寸甚至超过了同窟的佛像，彰显了权利的至高无上，此外还带有祭祀和追封等家庙性质。依据本书第二章的叙述可知，供养人像的题记为明确人物身份及服饰图案的关系提供了重要而可靠的依据，因此分析此时男供养人题记及身份可为进一步研究他们的服饰图案奠定基础。

从现存敦煌壁画中男供养人题记来看，人物身份可分为四种类型：

第一类是归义军节度使，他们是敦煌五代时期本地政权的建立者和统治者，是本地政治权利的实际掌控者，因此是画家们着力表现的对象。他们往往身着官服，手持佛教供养的柄香炉或象征政治权利的笏板，在高僧大德的导引下，位于世俗供养人像行列的前端。除了固定模式的行列供养人像，呈现窟主及随从大规模的出行图或仪仗图也属于供养人像的范畴，如莫高窟第138窟归义军节度使张议潮及宋国河内郡夫人宋氏出行图、第100窟的归义军节度使曹议金及回鹘公主陇西李氏出行图等。下面列出归义军节度使世系、在位时间❷及对应的敦煌洞窟与题记❸（表3-1）。

❶ 见本书表2-2、表2-3.

❷ 荣新江.归义军史研究:唐宋时代敦煌历史考索[M].上海:上海古籍出版社,2015.

❸ 依据《敦煌莫高窟供养人题记》《敦煌学大辞典》《归义军研究:唐宋时代敦煌历史考索》《安西榆林窟的壁画》辑录.

表3-1　敦煌归义军世系与石窟题记统计表

归义军节度使世系	在位时间	对应的敦煌洞窟与题记
张议潮	851～867年	莫高窟第156窟："窟主□（河）西节度使金紫光禄大夫……尚书……"；"河西节度使检校司空兼御史大夫张议潮统军□除吐蕃收复河西一道行图"
		莫高窟第94窟："叔前河西一十一州节度管内观察处置等使金紫光禄大夫检校吏部尚书兼御史大夫河西万户侯赐紫金鱼袋右神武将军南阳郡开国公食邑二千户实封二百户司徒议□（潮）"
		莫高窟第98窟："故外王父前河西一十一州节度管内观察处置押蕃落支度营田等使金紫光禄大夫检校司□（空）食邑□（二）□户，实□伍伯户……节授右神□（武）将军太保河西万户侯赐紫金鱼袋上柱国南阳郡张议潮一心供养"
张淮深	867～890年	莫高窟第156窟："姪男银青光禄大夫检校大子宾客上柱国……大将军使持节诸军……赐紫金鱼袋淮深一心供养"
张淮鼎	890～892年	莫高窟第148窟："妻弟前沙瓜伊西□（等）河（州）节度使检校□部尚书兼御史大夫张淮鼎"
索勋	892～894年	莫高窟第196窟："勑归义军节度沙瓜伊西等州管内观察处置押蕃落营田等使守定远将军检校吏部尚书兼御史大夫矩鹿郡开国公食邑仟户实封二百户赐紫金鱼袋上柱国索勋一心供养"
		莫高窟第98窟："勑归义军……节度管内观察处置押蕃落支度营田等使……金紫光禄大夫检校刑部……兼御史大夫守定远将军上柱国矩鹿郡索勋一心供养"
		莫高窟第9窟："勑归义军节度管内观察处置押蕃落等使银青光禄大夫□□□检校右散骑常侍兼□（御）史大夫索勋供□（养）"
张承奉	894～910年	莫高窟第9窟："……光禄大夫检校司徒同中书门下平章事食……实……万户侯赐紫金鱼袋南阳郡开国公张承奉一心供养"
		莫高窟第196窟："……二千户实封二百户兼……"
曹议金	914～935年	莫高窟第55窟："故勑河西陇右伊西庭楼兰金满等州节度使检校太尉兼中书令托西大王讳议金供养"
		莫高窟第98窟："河西陇右伊西庭楼兰金满等州□□□□观察□（处）……授太保邑□（一）□□（千）户……万户侯赐紫金……"
		莫高窟第100窟："故勑授河西陇右伊西庭楼兰金满等州节度使检校中书令……大……讳议金"
		莫高窟第108窟："勑河西陇右伊西庭楼兰金满等州节度使□□□□□□西大王讳议金供养"
		莫高窟第121窟："……勑归义军节度……"
		莫高窟第205窟："归义军节度……押蕃落等使金紫光禄大夫检校……"
		莫高窟第244窟："……伊西……节度使检校中书令……曹□□"
		莫高窟第401窟："勑……拓西大王谯□（郡）……□（曹）议金一心供养"
		莫高窟第454窟："皇祖勑河西陇右伊西庭楼兰金满等州节度使检校侍中兼中书令□□□（托）西□（大）□（王）讳议金"
		榆林窟第16窟："勑归义军节度使检校太师兼托西大王谯郡开国公曹议金一心供养"
曹元德	935～939年	莫高窟第100窟："勑河西归义军节度押蕃落等使检校司空谯郡开国公曹元德一心供养"
		莫高窟第108窟："勑河西归义等军节度押蕃落等使检校司空谯郡开国公曹元德一心供养"
		莫高窟第244窟："男勑河西归义军节度押……国……曹元德一心供养"
曹元深	939～944年	莫高窟第205窟："归义军节度……押蕃落等使金紫光禄大夫检校……"
曹元忠	944～974年	莫高窟第25窟："窟主归义军节度使……"
		莫高窟第55窟："窟主勑推诚奉国保塞功臣归义军……"
		莫高窟第79窟："勑□□奉国保塞……进检校太……"
		莫高窟第203窟："勑□诚奉□河西……"
		莫高窟第437窟："……归义军节……西平王曹元忠供养"
		莫高窟第454窟："叔父勑推诚奉国保塞功臣归义军节度□（使）□（特）进□（检）□（校）□（太）□（师）□（兼）□（中）书令天册□（西）□（平）□（王）□（讳）元□（忠）□（供）□（养）"
		榆林窟第19窟："推诚奉国保塞功臣勑归义军节度特进检校太师兼中书令谯郡开国公曹元忠□□□□"
		榆林窟第25窟："推诚奉国保塞功臣勑归义军瓜沙等州节度使特进检校太师兼中书令谯郡开国公食邑一千五百户食实封七百户曹元忠一心供养"
		榆林窟第33窟："推诚奉国保塞功臣勑归义军节度使检校……"
		榆林窟第34窟："推诚奉国保塞功臣勑归义军节度使特进检校太师兼中书令谯郡开国公食邑一千户"
		榆林窟第36窟："推诚奉国保塞功臣勑归义军节度使……七百户曹元忠一心供养"

归义军节度使世系	在位时间	对应的敦煌洞窟与题记
曹延恭	974～976年	莫高窟第454窟："窟主勅归义军节度瓜沙等州观察处置□（管）□（内）营□（田）□（押）□（蕃）□（落）等□□□中书令谯郡开国公食邑□（一）□（千）□（五）□（百）□（户）□（食）□（实）□（封）□（五）□（百）□（户）□（延）□（恭）□（一）□（心）□（供）□（养）"
曹延禄	976～1002年	莫高窟第205窟："姪男延禄……" 莫高窟第454窟："弟新受勅归义军节度使□（光）禄大□（夫）□（检）□（校）□（太）□（保）□（谯）□（郡）□（开）□（国）□（公）□（食）□（邑）□（五）□（百）□（户）□（食）□（实）□（封）□（三）□（百）□（户）□（延）□（禄）" 榆林窟第19窟："男将仕郎延禄" 榆林窟第25窟："……姪……检校司空兼……曹延……" 榆林窟第33窟："男司马……" 榆林窟第35窟："敕（立昌）诚奉化功臣归义军节度瓜沙等州观察处置营田押蕃落等使特进检校太师兼中书令敦煌王谯郡开□□食邑一千七百□曹延禄一心供养" 榆林窟第36窟："男司马延禄"

　　第二类是敦煌周边少数民族政权代表人物，如于阗国国王李圣天。他是五代时期于阗国的国王，与曹氏归义军政权联姻，娶曹议金长女为皇后，并通过与归义军政权的交好实现了与五代后晋王朝的邦交。李圣天不仅是归义军政权重要的政治联盟首领，而且是曹氏家族的家庭成员，因此他也出现在敦煌石窟的供养人像群体中。

　　第三类是敦煌本地的世族豪门成员，他们有的是归义军家族同姓叔、兄、子、姪，如莫高窟第94窟甬道南壁底层供养人像列第一身题记为："金紫光禄大夫检校户部尚书直左□（金）吾卫大将军兼□（御）史大□（夫）赐紫金鱼袋南阳郡开国公讳议潭"，此人为张氏归义军首任节度使张议潮的兄长。也有保障归义军执政基础的氏族同盟，特别是本地世代豪门成员，如张、李、索、翟、阴、吴、杜、氾家等大族成员，他们均在政府中担当要职，掌握着敦煌本地的政治命脉。如莫高窟第5窟主室西壁龛下南侧供养人像列北向第六身，题记为："窟主□（都）头□（知）版筑使银青光禄大夫检校国子祭酒兼□（御）史大夫上柱国□北郡杜彦弘一心供养"，同窟还有窟主已故兄长杜彦思。此外还有归义军政权下属机构的管理层，也是政权的支持者与辅佐者，如押衙等，他们同样出身于世族，如第98窟北壁贤愚经变下端供养人像列东向第一身，题记为："节度押□银青光禄大夫检校国子祭酒兼御史□（中）丞上柱国阴又名一心供养"❶。这类人物的供养像在绘画表现和规格上不如前两类，但是数量上却远远胜之。

　　第四类是侍从，即上述三类人物的仪仗队列或近身侍者，他们往往尾随在高大的贵族供养人像身后，手持香炉、花盘、箭囊等物品，在供养人群像中列于从属地位。这类供养人像身形较小，姿态灵活，服饰色彩鲜艳，而且通常没有题记。

　　分析敦煌五代时期男供养人像的题记和身份，可以了解和研究人物身份地位与服装服饰的关系，特别是对比研究图案在不同身份供养人像服饰中的应用异同。此外，

---

❶ 敦煌研究院. 敦煌莫高窟供养人题记 [M]. 北京：文物出版社，1986.

依据供养人像的特殊属性，可以较为全面而客观地反映敦煌五代时期归义军政权及少数民族的官服制度与面貌。

第二节　归义军节度使供养像与服饰图案

根据《敦煌大辞典》"归义军"条目的解释：归义军是"唐晚期至北宋前期以沙州为中心的汉人地方政权"[1]，实际上"归义军"称号的出现和使用与晚唐时期吐蕃在敦煌的统治以及汉人领袖张议潮领导下的反抗历史是分不开的。关于这段历史背景，本书第一章第一节已有所叙述。为了统领军队摆脱吐蕃的统治，张议潮起事之初曾自封沙州刺史，后遣使入京，归附唐朝，被封为沙州防御使。851年，唐朝于沙州设归义军，以张议潮为节度使、十一州观察使、检校吏部尚书。从历史上看，"归义"一词常赐给慕义归化和纳款投诚的少数民族，如会昌二年（842年）唐武宗为表彰南迁回鹘的归附而诏嗢末斯部改建为归义军[2]。如今用作藩镇的军号，应该与唐前期沙洲城内设置豆卢军有关。"豆卢"是鲜卑语，"北人谓归义为'豆卢'"[3]。因此唐宣宗所赐"归义军"的称号，不仅是延续旧名、起到怀柔之意，而且也透露出唐王朝对边陲藩镇的审慎态度。在唐宣宗的心目中，沙州归义军张议潮是蕃族出身的首领，或者是能纠合蕃、汉民众的汉族军事长官。至《新五代史》将曹氏归义军政权（瓜州、沙州）列入"四夷附录"，视其为外邦也就顺理成章了[4]。

在二百余年间，归义军统领的称号曾屡次变化，在不同时期有"瓜沙伊等州节度使""河、沙等十一州观察、营田、处置等使""归义军节度使""瓜沙节度使""沙州节度使""沙州观察处置使""义勇军节度使"等，还有张议潮和张淮深任节度使期间常用的"河西节度使"称号，不一而足。为了论述的简便，本书统一称为归义军节度使。

据表3-1可知，在五代时期有五位人物曾任归义军节度使，分别为张承奉、曹议金、曹元德、曹元深、曹元忠。因此，本章的研究对象主要为五位归义军节度使供养像的服饰图案。为了研究其服饰与服饰图案的面貌与特点，对以上五位归义军节度使的历史事迹和在敦煌壁画中所出现的供养像概况进行了对应和分析。

一、归义军节度使事迹

归义军节度使事迹，指的是关于张承奉、曹议金、曹元德、曹元深、曹元忠五位

---

[1] 季羡林. 敦煌学大辞典 [M]. 上海：上海辞书出版社，1998：370.
[2] 赵贞. 归义军史事考论 [M]. 北京：北京师范大学出版社，2010：1.
[3] 欧阳修，宋祁. 新唐书·卷七十四下 [M]. 北京：中华书局，1975：3179.
[4] 参见第一章第一节。

真实历史人物的生平、施政策略和重要事件。归义军节度使事迹的历史依据主要来自史籍记载、供养人题记以及敦煌文书。由于资料的缺失和散落，关于归义军节度使事迹的研究只可钩沉出某些史实，有些历史细节还有待进一步考证。对归义军节度使事迹的梳理，有助于进一步理解人物与服饰图案的关系，以及文化交流、时代变迁对服饰图案的影响。

张承奉（？~914年），唐末五代沙州人，是张议潮之孙。据荣新江先生的研究，张承奉很可能是张怀鼎之子❶，李明振❷夫人张氏❸的侄子。894年，张承奉被姑母张氏推立为节度使，取代了前任节度使索勋，同时李明振三子分别任沙、瓜、甘州刺史，掌握实权，张承奉更多的是作为李氏家族执政的傀儡❹。896年，李氏家族被瓜沙大族推翻，张承奉才得以重新执政❺。

《旧唐书》载："（光化三年八月）己巳，制前归义军节度副使、权知兵马留后、银青光禄大夫、检校国子祭酒、监察御史、上柱国张承奉为检校左散骑常侍，兼沙州刺史、御史大夫，充归义节度瓜沙、伊西等州观察处置押蕃落等使。"❻即900年，张承奉得到了唐朝的册命，此后的天复四年（904年），张承奉还曾率众击退甘州回鹘入犯❼。

两《五代史》中记载："沙州，梁开平（907~910年）中，有节度张奉，自号'金山白衣天子。'"❽张奉即张承奉❾，自称"西汉金山国圣文神武帝白帝"❿，称帝一方，所建之国名为西汉金山国，成为五代十国之外的又一个国家，也是唐亡之后各地藩镇纷纷割据独立、称帝建国的众多政权之一⓫。911年，张承奉与甘州回鹘交战失败，更名为西汉敦煌国，自称"西汉敦煌国圣文神武王"⓬，天子也变成"天王"⓭了。至914年，曹议金取而代之，重建归义军政权，西汉敦煌国覆灭。虽然曹氏奉五代中原王朝为正朔，但是辽朝却仍然称其为"燉煌国"，如《辽史》记载：天显十二年（937年）"冬十月庚

❶ 荣新江.归义军史研究：唐宋时代敦煌历史考索[M].上海：上海古籍出版社，2015：91.
❷ 张议潮第十四婿，曾随张议潮起义、驱除吐蕃、收复河西。莫高窟第148窟碑记《唐宗子陇西李氏再修功德记》记述了李明振及家族的官职、德行和功绩，P.4615、P.4010有其墓志.
❸ 张议潮第十四女.
❹ S.4470V《乾宁二年(895)三月十日归义军节度使张承奉副使李弘愿疏》."国际敦煌项目：丝绸之路在线"网站[DB/OL]. http://idp. nlc. cn/.
❺ S.2263《葬录序》."国际敦煌项目：丝绸之路在线"网站[DB/OL]. http://idp. nlc. cn/.
❻ 刘昫，等.旧唐书·卷二十上[M].北京：中华书局，1975：768.
❼ P.3033、P.2594、P.2864."国际敦煌项目：丝绸之路在线"网站[DB/OL]. http://idp. nlc. cn/.
❽ 欧阳修.新五代史·卷七四[M].北京：中华书局，1974：915.
  薛居正，等.旧五代史·卷一三八[M].北京：中华书局，1976：1840.
❾ 王重民先生认为这是避汉隐帝刘承祐之讳。王重民.敦煌遗书论文集[C].北京：中华书局，1984：95.
❿ P.4632+P.4631《西汉金山国圣文神武白帝敕宋惠信可摄押衙鸿胪卿知客务》中前部署名."国际敦煌项目：丝绸之路在线"网站[DB/OL]. http://idp. nlc. cn/.
⓫ 杨秀清.敦煌西汉金山国史[M].兰州：甘肃人民出版社，1999：56.
⓬ S.1563《甲戌年(914)五月十四日西汉敦煌国圣文神武王敕准邓传嗣女自意出家》."国际敦煌项目：丝绸之路在线"网站[DB/OL]. http://idp. nlc. cn/.
⓭ S.1563钤印"敦煌国天王印"."国际敦煌项目：丝绸之路在线"网站[DB/OL]. http://idp. nlc. cn/.

辰朔，皇太后永宁节，晋及回鹘、燉煌诸国皆遣使来贺。"❶可见，张承奉及其创建的西汉敦煌国仍然在历史上存有影响。

曹议金（？～935年），始称曹仁贵❷，唐末五代沙州人，是归义军节度使索勋之婿，张议潮之外孙婿。自后梁乾化四年（914年），曹议金取代了西汉敦煌国张承奉，执掌瓜沙政权。他去除敦煌国国号，重新恢复归义军的藩镇建制，仍奉中原王朝为正朔，成为曹氏归义军时代的开创者。

曹议金掌握瓜沙政权后，在施政过程中总结张承奉政权失败的教训，取得了良好的效果。

一方面，他通过结亲和修好的策略，努力改善与周边少数民族政权的关系，使得曹氏政权与周边少数民族政权形成了以友好往来为主流的交往局面。如曹议金向甘州回鹘承认张承奉时期形成的"父子之国"的依附关系，并娶甘州回鹘可汗之女为妻，又分别嫁女给甘州回鹘可汗和于阗国王李圣天为妻。

另一方面，曹议金奉中原王朝为正朔的做法为其赢得了民众的信任，逐渐建立起个人和政权的威望。后梁贞明二年（916年），曹议金首次派朝贡使携带贡物和《献物状》前往中原，后因中途遭劫而返回。第二批使团在后梁凉州等镇将士的帮助下到达梁廷，贞明四年（918年）七月，后梁朝廷派使臣到达沙州，正式承认曹氏归义军政权。同光二年（924年）五月，后唐授给曹议金"归义军节度使沙州刺史检校司空"的称号，巩固了曹氏归义军的统治地位。自后唐同光二年（924年）至清泰二年（935年），曹议金七次派使臣前往中原朝贡，并受到赞赏和奖励。诚如敦煌曲子词《望江南》对曹议金的歌颂："曹公德，为国托西关，六戎尽来作百姓，压坛（应为"弹"）河陇定羌浑，雄名远近闻。尽忠孝，向主立殊勋，靖难论兵扶社稷，恒将筹略定妖氛，愿万载作人君。"❸

此外，尽管曹议金迎娶了回鹘天睦可汗之女天公主为妻，但是因为甘州回鹘为了独占丝绸之路中转贸易的利益，遏制归义军的势力及其与中原王朝的联系，双方遂起摩擦，关系交恶。同光二年，甘州回鹘发生内乱，曹议金趁机东征，两度击败甘州回鹘，最终甘州回鹘王子纳献绫锦，与归义军罢战议和。这次曹议金东征甘州回鹘，取得了预期的目的，使得东通中原的道路重新变得畅通，而且重新确立了沙州归义军节度使为父、甘州回鹘可汗为子的新格局，奠定了曹氏归义军时期河西走廊的外交格局❹。

后唐清泰二年二月，曹议金去世，其子曹元德、曹元深、曹元忠相继担任归义军

❶ 脱脱，等.辽史·卷三 [M].北京:中华书局,1974:41.
❷ 荣新江.关于曹氏归义军首任节度使的几个问题 [J].敦煌研究,1993(2)46–53.
❸ 任二北.敦煌曲校录 [M].上海:上海文艺联合出版社,1955:56.
❹ 冯培红.敦煌的归义军时代 [M].兰州:甘肃教育出版社,2010:324–332.

节度使一职，曹元忠去世后，由其侄子曹延恭和其子曹延禄继任。914～1002年，曹氏归义军政权共历经六主，基本上遵行着曹议金制定的内外政策，保证了瓜沙地区的和平与稳定，这也是在此期间大兴石窟开凿和重修的政治基础。因此，在历史学界对于曹氏归义军的首任节度使——曹议金多给予较高评价。

曹元德（？～939年），五代沙州人，为归义军节度使曹议金与甘州回鹘天公主李氏所生的长子。曹议金在任时，曹元德任归义军节度副使，并且拥有"司空"这样较高的称号❶。清泰二年曹议金去世之后，曹元德继任归义军节度使。936年，五代中原朝廷更迭，后晋取代后唐，曹元德依然奉行以五代中原朝廷为正朔的政策，以中原王朝的西陲藩镇自居。

同时，曹元德审时度势，延续其父曹议金的多边外交政策，与周边甘州回鹘、于阗、辽朝等政权保持密切的邦交关系。清泰四年（937年）❷，曹元德曾率军出境，东巡甘州回鹘，和顺化可汗商议遣使中原请封、请节等事，获得成功，改变之前归义军政权对甘州回鹘的依附地位，由"父子之国"变为"兄弟之邦"。由于与甘州回鹘关系的改善及曹元德的斡旋，938年于阗进奉使马继荣成功朝贡中原。但是后晋一直没有实授节度使称号给曹元德，这也导致了曹元德对国力强大的辽朝以"燉煌国"自称、朝贡示好的政策。

曹元德不仅在政治上延续其父的一贯政策，而且一样笃信佛教，并在莫高窟营建石窟，最重要的是新建莫高窟第100窟和重修244窟。此外在曹元德掌权期间，他的亲朋眷属新修莫高窟第108窟、重修第412窟，留下了丰富的供养人画像。虽然曹元德在任时间不久，但他是归义军政权稳定中兴的坚实力量。

曹元深（？～944年），五代沙州人，曹议金次子，曹元德之弟。曹元深早年曾在三界寺学习，S.707《孝经一卷》尾题："同光三年乙酉岁（925年）十一月八日，三界寺学仕郎、郎君曹元深写记。"敦煌文书P.4046为曹元深的《施舍回向疏》❸，说明曹元深与其父兄一样，笃信佛教。

935年，曹议金去世，曹元德继任为归义军节度使，曹元深出任行军司马，地位十分显赫。938年，于阗进奉使马继荣抵达后晋都城开封，后晋派遣张匡邺、高居诲回使于阗，册封李圣天为大宝于阗国王。张匡邺一行于939年途径敦煌，"刺史曹元深等郊迎，问使者天子起居"❹，当时的归义军节度使曹元德可能已重病不起。不久之后，曹元

---

❶ P. 3556(11)《清泰三年正月二十一日曹元德回向疏》："司空禄位，荣辱共七宿长晖；福荫咸宜，芳名以（与）五星争朗。"
荣新江.归义军史研究:唐宋时代敦煌历史考索 [M].上海:上海古籍出版社,2015:107.
❷ "清泰"为后唐年号，实际上只使用了3年，此时的"清泰四年"实为后晋"天福二年"。因敦煌地处边陲，其年号使用有滞后于中原的现象，此为一例.
❸ "国际敦煌项目:丝绸之路在线"网站 [DB/OL]. http://idp.nlc.cn/.
❹ 欧阳修.新五代史·卷七四 [M].北京:中华书局,2015:918.

深接替曹元德执掌归义军政权。

如前所述，曹元德、曹元深兄弟在执掌归义军政权时期，为了在政权林立的环境中生存和发展，他们一面以归义军藩镇的名义宗奉五代中原王朝，另一方面又以"燉煌国"的身份朝贡辽朝。如《辽史》卷四《太宗纪下》里的两条记载：会同二年（939年）"十一月丁亥，铁骊、敦煌并遣使来贡"、会同三年（940年）"五月庚午，以端午宴群臣及诸国使，命回鹘、燉煌二使作本俗舞，俾诸使观之"❶。

此外，通过莫高窟第98窟主室东壁南下原绘回鹘供养人像改为于阗国王李圣天像的事件推断，归义军政权与甘州回鹘的关系曾一度紧张，所以为了确保后晋使者张匡邺和归义军使节942年、943年平安往返于河西走廊，曹元深也努力修好与甘州回鹘的关系。不仅派遣僧政庆福、都头王通信出使甘州回鹘，而且带去了他写给众宰相的状文和礼物，这就是记载在敦煌文书P.2992V《某年二月归义军节度兵马留后使曹元深致甘州回鹘众宰相状》中的史实："今遣释门僧政庆福、都头王通信等一行，结欢通好。众宰相各附白花绵绫壹拾匹、白㲲壹匹，以充父大王留念，到日检领。"❷

曹元忠（？～974年），五代宋初沙州人，曹议金第三子，元德、元深之弟。据日本学者赤木崇敏研究，曹元德、曹元深为甘州回鹘天公主李氏所生，曹元忠则为广平宋氏之子❸。曹元忠在曹元德时期就曾出任瓜州刺史，944年，在乃兄曹元深去世后，曹元忠继任归义军节度使，其侄曹延恭出任知瓜州军州事。

在曹元忠任归义军节度使的30年间，他通过朝贡的形式加强了与五代和北宋王朝的联系。曹元忠作为一位头脑清醒而精明的政治家，他深知在政权林立的西北地区，"若不远仗天威力，河湟必恐陷戎夷"❹。若要归义军政权在强敌环顾的环境中独立生存，必须要延续尊中原王朝正朔的外交传统。945年12月，曹元忠遣使于后晋，开运三年（946年）三月"庚申，（后晋出帝）以瓜州刺史曹元忠为沙州留后"❺。乾祐二年（949年），曹元忠遣步军教练使兼御史中丞梁再通等献"硇砂壹拾斤"等物于后汉❻。显德二年（955年）正月，曹元忠和曹延恭"各遣使进方物"于后周❼。频频朝贡于中原王朝的同时，目前从《辽史》本纪及属国表以及敦煌文献中，都见不到曹元忠与辽朝的外交往来。这可以从侧面说明后晋灭亡后辽朝势力的退出，以及曹元忠放弃辽朝、宗奉五

❶ 脱脱,等.辽史·卷四[M].北京:中华书局,1974:46、47.
❷ "国际敦煌项目:丝绸之路在线"网站[DB/OL]. http://idp.nlc.cn/.
❸ Akagi Takatoshi. The Genealogy of the Military Commanders of the Guiyijun from Cao Family. Irina Popova, Liu Yi, Dunhuang Studies: Prospects and Problems for the Coming Second Century of Research[C], St. Petersburg:Institute of oriental Manuseripts,Russion Academy of Sciences,2012:8–13.
❹ P. 3128 敦煌曲《望江南》."国际敦煌项目:丝绸之路在线"网站[DB/OL]. http://idp.nlc.cn/.
❺ 薛居正,等.旧五代史·卷八十四[M].北京:中华书局,1976:1114.
❻ S. 4398《后汉天福十四年五月新授归义军节度观察留后曹元忠献硇砂状》."国际敦煌项目:丝绸之路在线"网站[DB/OL]. http://idp.nlc.cn/.
❼ 王钦若,等.册府元龟·卷一七〇[M].北京:中华书局,1960:2059–2060.

代诸朝的政治策略。进入北宋之后，双方联络更加紧密，这为归义军政权在较长时间段内的稳定统治奠定了基础。

此外，曹元忠在任期间热心佛教传播，开窟造像，雕版印经。他对于西行以及回来的赴印度求法的佛教僧侣，如法宗、道圆、继从、法坚等诸位法师，给予特别关照。在敦煌，也能找到许多曹元忠与妻浔阳翟氏新建和重修的洞窟，如新建莫高窟第61、55、25窟，扩建第53窟，重修第96窟等。在安西榆林窟，曹元忠也新建或重修了诸多洞窟，如第19、25、33、34、35、36窟等。除了开窟造像，曹元忠还命人刻印《金刚般若波罗蜜经》《观世音像》《毗沙门天王像》等佛经或佛像，广为流通，宣扬佛教，并祈愿"城隍安泰，合郡康宁，东西之道路开通，南北之凶渠顺化，疠疾消散，刁斗藏音，社稷恒昌，普天安乐"❶。

诚如荣新江先生所见："归义军节度使曹元忠统治敦煌时间（944～974年）最长，也最能反映敦煌地方官员生活性格。"❷同时，这时也是曹氏归义军政权发展的鼎盛期，而此时新建和重修敦煌洞窟的数量也是最多的，最能体现此时石窟艺术风格和企及高度。

二、归义军节度使供养像概述

依据上述对归义军节度使事迹的分析和作者实地考察结果，以下对张承奉、曹议金、曹元德、曹元深、曹元忠五位人物的供养像出现在敦煌石窟中的窟号、位置、榜题和保存现状进行整理和分析。

张承奉供养像较明确的出现是在敦煌莫高窟第9窟甬道北壁，位列供养人像列西向第一身，题记曰："……光禄大夫检校司徒同中书门下平章事食……实……万户侯赐紫金鱼袋南阳郡开国公张承奉一心供养"❸。依据供养人题记来看，此时张承奉已荣升司徒同中书门下平章事，到了三公的高位，但实权仍掌握在节度使索勋手中。此窟甬道南壁供养人像列西向第一身供养像为归义军节度使索勋，题记曰："敕归义军节度管内观察处置押蕃落等使银青光禄大夫□□□□检校右散骑常侍兼□（御）史大夫索勋供□（养）"❹。据上述索勋节度使衔称来看，第9窟甬道题记当在892年。此外，第9窟中还有李明振的二个儿子李弘定、李弘谏的供养像，说明了李氏家族在这时膨胀的权力，这为后来李明振之妻张氏推翻索勋、重立侄男张承奉为节度使埋下了伏笔。此窟中张承奉供养像现状为头部和下半部模糊，可见人物身着红色圆领袍，半披浅土红色裂裟，束大红革带，佩鱼符。

❶ S. P. 8, S. P. 9, P. 4514. "国际敦煌项目：丝绸之路在线" 网站 [DB/OL]. http://idp. nlc. cn/.
❷ 荣新江. 敦煌历史上的曹元忠时代 [J]. 敦煌研究，2006(2)：92-96.
❸ 敦煌研究院. 敦煌莫高窟供养人题记 [M]. 北京：文物出版社，1986：6.
❹ 敦煌研究院. 敦煌莫高窟供养人题记 [M]. 北京：文物出版社，1986：6.

此外，第196窟甬道南壁供养人像列西向第一身疑为张承奉，残存题记曰："……二千户实封二百户兼……"[1]。据此窟索勋供养像题记推测，第196窟的建成时间当在景福二年至乾宁元年（893～894年）[2]，晚于第9窟。本书写作期间，此窟因敦煌研究院工作原因关闭，故未得现场考察，所知不确。

曹议金以供养人画像的形式出现于敦煌洞窟壁画中，较有代表意义和研究价值的共有十身，分别为：莫高窟第55、98、100、108、121、205、244、401、428和454窟。此外，榆林窟第16窟也存有一身曹议金供养像。

莫高窟第55窟窟主为曹议金第三子曹元忠，后来此窟经西夏重修，因此窟内甬道南壁和北壁表层均为西夏绘供养菩萨。其中，甬道南壁底层剥出供养人像列西向第一身为曹议金供养像局部。这是曹议金去世后，曹元忠为其所造身后追绘的供养像，其题记曰："故勅河西陇右伊西庭楼兰金满等州节度使检校太尉兼中书令托西大王讳议金供养"[3]。

莫高窟第98窟是曹议金的功德窟，亦名大王窟，建于后梁贞明至后唐同光年（914～925年）。此窟为莫高窟窟群中的大窟之一，主室东西深15.2米，南北宽12.8米，甬道长6.8米、宽3.7米，总面积为220平方米。窟内壁画内容丰富，供养人繁多，达二百余身，窟内现存供养人题记163条，为莫高窟现存题记最多的洞窟。李正宇先生根据P.2945等八件文书的研究，揭示了贞明初年曹议金通使后梁的重要史实[4]。因此，学界多认为第98窟是为了庆祝曹氏归义军得到中原王朝承认一事而修建的，所以规模格外宏伟。其中，甬道南壁供养人像列西向第一身曹议金供养像高达2.42米，戴幞头，着红色圆领袍，束带，佩鱼符，乌靴，持柄香炉，题记为："河西陇右伊西庭楼兰金满等州□□□观察□（处）……授太保食邑□（一）□□（千）户……万户侯赐紫金……"[5]，极力表现了人物的高大和显赫地位。因为此窟为曹议金本人主持建造，所以其供养像属性为生前写真，对于研究他的服饰图案具有重要意义。

莫高窟第100窟又名天公主窟，建于后唐清泰二年至后晋天福四年（935～939年），是在曹议金去世后，其长子曹元德以曹议金之妻回鹘公主为窟主的名义而主持修建的。因此，此窟内的曹议金供养像为曹元德在其身后追绘的，位于窟内甬道南壁供养人像列西向第一身，戴幞头，着红色圆领袍，有衬领，束带，佩笏板、鱼符，乌靴，持柄香炉，题记曰："故勅授河西陇右伊西庭楼兰金满等州节度使检校中书令……

---

[1] 敦煌研究院. 敦煌莫高窟供养人题记 [M]. 北京：文物出版社，1986：87.
[2] 乾宁元年（894年）. 索勋被李明振之妻张氏起兵剿毙.
[3] 敦煌研究院. 敦煌莫高窟供养人题记 [M]. 北京：文物出版社，1986：17.
[4] 李正宇. 曹仁贵归奉后梁的一组新资料 [J]. 魏晋南北朝隋唐史资料，1991(11)：274–281.
[5] 敦煌研究院. 敦煌莫高窟供养人题记 [M]. 北京：文物出版社，1986：32.

大……讳议金"❶。此外，在第100窟主室内西、南、东三壁下部，模仿第156窟张议潮统军出行图的形式，绘曹议金出行图，全图长约13米。图中曹议金头戴幞头，身穿红袍骑白马过桥，侍卫亲兵抱箭囊、擎帅旗率队随行。

莫高窟第108窟又名张都衙窟，约建于后唐清泰二年至后晋天福四年间。窟主为归义军应管内衙前都押衙张淮庆，是曹议金的妹夫。据贺世哲先生的研究，第98窟南壁东向第七身题名为"妹弟十六小娘子一心供养出适张氏"的女供养人，可能就是嫁给张淮庆的曹议金第十六妹。窟内甬道南壁供养人像列西向第一身为已故归义军节度使曹议金，戴幞头，着红色圆领袍，有衬领，束带，腰悬鱼符，题记曰："勅河西陇右伊西庭楼兰金满等州节度使□□□□□西大王讳议金供养"❷。

莫高窟第121窟为盛唐时开凿，后经五代、清代重修，据窟内供养人题记可知此窟窟主为都孔目官知内亲从都头兼敦煌诸司计度都判官贾荣实。窟内甬道南壁供养人像列西向第一身为曹议金供养像，画像中人物头部已损毁，可见身着红袍，题记曰："勅归义军节度……"❸。

莫高窟第205窟为初唐时开凿，存窟顶与北壁壁画，盛唐重绘南壁，中唐重绘西壁，五代时重绘东壁、甬道和前室。据贺世哲先生的研究，此窟窟主为长期掌管墨厘军权的慕容氏，又据第98窟北壁女供养人题记可知，曹议金的第十六女出适慕容氏，慕容氏在此窟称曹延禄为姪男，因此重修第205窟的慕容氏应当为曹议金之婿。此窟甬道南壁绘有曹议金供养像，像高约1.7米，戴幞头，着红色圆领袍，有衬领，束带，佩鱼符，持柄香炉，题记已漫漶。

莫高窟第244窟原为隋窟，后经五代、西夏两次重修。在甬道南壁西夏壁画下层曾剥出五代及宋代供养人像，其中列西向第一身疑为曹议金供养像，题记曰："……伊西……节度使检校中书令……曹□□"❹。残存曹议金供养像着褐色圆领袍，有衬领，持柄香炉，戴展脚幞头，束红色革带，腰间悬鱼符。

根据贺世哲先生的研究，敦煌莫高窟现存最早的有关曹议金修窟的纪年铭出现在第401窟❺。此窟为隋代开凿，后经曹议金重修。其像位于甬道南壁供养人像列西第一身，像高约1.4米，人物戴幞头，着红色圆领袍，有衬领，束带，题记曰："勅……拓西大王谯□（郡）……□（曹）议金一心供养"❻。窟内东壁北侧五代画观世音菩萨像旁墨书："南无观世音菩萨，壬午年六月五画毕功记也"❼，贺先生认为此处的"壬午年"

❶ 敦煌研究院. 敦煌莫高窟供养人题记 [M]. 北京：文物出版社,1986:49.
❷ 敦煌研究院. 敦煌莫高窟供养人题记 [M]. 北京：文物出版社,1986:51.
❸ 敦煌研究院. 敦煌莫高窟供养人题记 [M]. 北京：文物出版社,1986:56.
❹ 敦煌研究院. 敦煌莫高窟供养人题记 [M]. 北京：文物出版社,1986:108.
❺ 贺世哲.试论曹仁贵即曹议金 [J]. 西北师大学报(社会科学版),1990.
❻ 敦煌研究院. 敦煌莫高窟供养人题记 [M]. 北京：文物出版社,1986:152.
❼ 敦煌研究院. 敦煌莫高窟供养人题记 [M]. 北京：文物出版社,1986:152.

为后唐龙德二年（922年）。但是荣新江先生认为，这两处题记虽然处在同一层位，画风亦同，但位置不在一处，未必是同一年所写的。所以第401窟中曹议金供养像及题记，应是稍晚于主室壁画的补作❶。

莫高窟第428窟始建于北周，因武周圣历元年（698年）所立《李君（克让）莫高窟佛龛碑》记载道："复有刺史建平公、东阳王等各修一大窟。"❷建平公即于义，北周时为瓜州刺史，从此窟的开凿规模上看，窟主极为可能为建平公。五代时期重修此窟，在甬道南北壁绘制供养人像。其中，甬道南壁供养人像列西向第一身为曹议金供养像，高约1.8米。图中曹议金戴展脚幞头，着红色圆领袍，有衬领，持柄香炉，束嵌白玉红革带，腰悬鱼符。

莫高窟第454窟的开凿年代尚不明确，学界之前认为此窟是归义军节度使曹延恭夫妇的功德窟，开建于曹延恭任归义军节度使期间（974～976年），完工于太平兴国五年（980年）之后，此时已是曹延禄任职。后有学者认为此窟始建于五代时期，为曹元德或曹元深的功德窟❸。窟内甬道南壁供养人像列西向第一身为曹议金供养像，像高约2米，戴幞头，着红色圆领袍，束带，腰悬鱼符，题记曰："皇祖敕河西陇右伊西庭楼兰金满等州节度使检校侍中兼中书令□□□（托）西□（大）□（王）讳议金"❹。

榆林窟第16窟建于曹元德执政期间，即936～940年之际。窟内甬道南壁绘曹议金供养像一身，像高1.67米，戴幞头，着红色圆领袍，有衬领，束带，佩笏板，持柄香炉，题记曰："敕归义军节度使检校太师兼托西大王谯郡开国公曹议金一心供养"❺。

曹元德以供养人画像的形式出现于敦煌洞窟壁画中，较有代表意义和研究价值的共有三身，分别为：莫高窟第100、108和244窟。此外，莫高窟205、428窟各有一画像疑为曹元德供养像。

莫高窟第100窟内甬道南壁供养人像列西向第二身为曹元德供养像，戴幞头，着红色圆领袍，有衬领，束带，持笏。题记涂金，现已剥落，曰："敕河西归义军节度押蕃落等使检校司空谯郡开国公曹元德一心供养"❻。

莫高窟第108窟内甬道南壁供养人像列西向第二身为曹元德供养像，戴幞头，着红色圆领袍，有衬领，束带，持笏，腰悬鱼符。题记曰："敕河西归义等军节度押蕃落等使检校司空谯郡开国公曹元德一心供养"❼。

莫高窟第244窟甬道北壁西夏壁画下层曾剥出五代及宋代供养人像，其中列西向第

❶ 荣新江. 关于曹氏归义军首任节度使的几个问题 [J]. 敦煌研究,1993(2)46–53.
❷ 季羡林. 敦煌学大辞典 [M]. 上海:上海辞书出版社,1998:48.
❸ 敦煌研究院. 敦煌莫高窟供养人题记 [M]. 北京:文物出版社,1986:187.
❹ 敦煌研究院. 敦煌莫高窟供养人题记 [M]. 北京:文物出版社,1986:171.
❺ 敦煌研究院. 中国石窟·安西榆林窟 [M]. 北京:文物出版社,1997:234.
❻ 敦煌研究院. 敦煌莫高窟供养人题记 [M]. 北京:文物出版社,1986:49.
❼ 敦煌研究院. 敦煌莫高窟供养人题记 [M]. 北京:文物出版社,1986:51.

一身为曹元德供养像，题记曰："男敕河西归义军节度押……国……曹元德一心供养"❶。残存曹元德供养像着褐色圆领袍，有衬领，持柄香炉，戴展脚幞头，束红色革带。

此外，敦煌壁画中另有两身供养像疑为曹元德像，其一为莫高窟第205窟主室东壁门南侧男供养人第一身，像高约1.7米，人物戴展脚幞头，着红色圆领袍，有衬领，束带，持柄香炉。其二为莫高窟第428窟甬道南壁供养人像列西向第二身，像高约1.8米，人物戴翘脚幞头，着红色圆领袍，有衬领，持笏板，束嵌白玉红革带，腰悬鱼符。

曹元深在位五年，在敦煌石窟还没有发现供养人题名以他为窟主的功德窟，但是根据贺世哲先生的研究，第22窟应为其在位期间新建。另外，第205窟东壁门南侧男供养人第二身可能是曹元深供养像，像高约1.7米，人物戴幞头，着红色圆领袍，有衬领，束带，持笏。

曹元忠以供养人画像的形式出现于敦煌莫高窟洞窟壁画中，较有代表意义和研究价值的有七身，分别为：莫高窟第25、55、79、203、231、437和454窟。此外，榆林窟第19、25、33、34和36窟也存有五身曹元忠供养像。

莫高窟第25窟甬道北壁第一身女供养人为曹议金回鹘夫人，题记曰："故北方……"，由此推测此窟窟主有较大可能为曹元忠，建造时间在945～974年。主室东壁门南侧供养人像列北向第一身可能为曹元忠供养像，仅存头部，其他部位模糊，题记曰："窟主归义军节度使……"❷。

莫高窟第55窟甬道南壁底层剥出供养人像列西向第四身为曹元忠供养像，大部模糊，题记曰："窟主敕推诚奉国保塞功臣归义军……"❸。据《宋会要辑稿》载建隆三年（962）年制："推诚奉义❹保塞功臣归义军节度瓜沙等州观察处置管勾营田押蕃落等使特进检校太傅同中书门下平章事沙州刺史上柱国谯郡公食邑一千五百户曹元忠，可依前检校太傅兼中书令使持节沙州诸军事行沙州刺史充归义军节度使瓜沙等州观察处置管勾营田押蕃落等使加食邑五百户实封贰伯伯户，散官勋如故。"❺可知曹元忠"推诚奉国保塞边臣"的称号是在此年得到北宋王朝认可的，因此莫高窟第55窟的凿建时间当在此前后。

莫高窟第79窟原为盛唐开凿，五代时重修。此窟甬道南壁残存壁画，当为曹元忠供养像，大部模糊，题记曰："敕□□奉国保塞……进检校太……"❻。

莫高窟第203窟原为初唐开凿，宋初时重修。甬道南壁供养人像列西向第一身为曹

❶ 敦煌研究院.敦煌莫高窟供养人题记 [M].北京：文物出版社,1986:108.
❷ 敦煌研究院.敦煌莫高窟供养人题记 [M].北京：文物出版社,1986:9.
❸ 敦煌研究院.敦煌莫高窟供养人题记 [M].北京：文物出版社,1986:18.
❹ "义"字当为"国"字之误.
❺ 刘俊文.北京爱如生数字化技术研究中心研制.中国基本古籍库 [DB/OL].黄山书社出版.
❻ 敦煌研究院.敦煌莫高窟供养人题记 [M].北京：文物出版社,1986:27.

元忠供养像，大部模糊，题记曰："敕□诚奉□河西……"❶。

莫高窟第231窟为中唐开凿，宋代重修。甬道南壁为曹元忠供养像，人物着红色圆领袍，有衬领，束带，腰悬鱼符。

莫高窟第437窟原为北魏时开凿，后经宋、西夏两次重修。其中，第一次重修发生在曹元忠任归义军节度使期间，甬道南壁西向为曹元忠供养像，像高约1.5米，戴幞头，着红色圆领袍，下部湮灭。题记曰："……归义军节……西平王曹元忠供养"❷，因曹元忠在开宝三年（970年）左右称"平西王"，所以判断此窟第一次重修时间当在此前后。

莫高窟第454窟内曹元忠供养像为身后追绘，为窟内甬道南壁供养人像列西第四身。像高约2米，戴幞头，着红色圆领袍，束带，腰悬鱼符。题记曰："叔父敕推诚奉国保塞功臣归义军节度□（使）□（特）进□（检）□（校）□（太）□（师）□（兼）□（中）书令天册□（西）□（平）□（王）□（讳）元□（忠）□（供）□（养）"❸。

除了以上莫高窟中的七身曹元忠供养像之外，在安西榆林窟第19、25、33、34、36窟，也保留了五身曹元忠供养像及题记，按本书作者实地考察记录如下。

榆林窟第19窟为曹元忠任归义军节度使时开凿，甬道南壁绘曹元忠及曹延禄父子供养像。其中，曹元忠供养像高约1.82米，戴幞头，着红色圆领袍，有衬领，束带，腰间插笏，手持柄香炉。题记曰："推诚奉国保塞功臣敕归义军节度特进检校太师兼中书令谯郡开国公曹元忠□□□□"❹。

榆林窟第25窟建于吐蕃占领瓜州而尚未占领沙州之间，即大历十一年（776年）至建中二年（781年），后经五代、宋、清重修。前甬道南壁西侧绘有曹元忠及子侄供养像三身、侍从四身，惜遭粉浆刷盖，现已不存。参考1942年罗寄梅考察榆林窟记录，可知此窟曹元忠供养像高约1.82米，乌帽朱衣，执柄香炉，题记曰："推诚奉国保塞功臣敕归义军瓜沙等州节度使特进检校太师兼中书令谯郡开国公食邑一千五百户食实封七百户曹元忠一心供养"❺。

榆林窟第33窟为五代末期曹元忠所修建，后清代重修。甬道南壁存曹元忠父子供养像，画中曹元忠戴幞头，着红色圆领袍，有衬领，持柄香炉，下部漫漶，题记曰："推诚奉国保塞功臣敕归义军节度使检校……"❻。

榆林窟第34窟初建于唐，后经五代、宋、清重修。甬道南壁绘曹元忠供养像，像

❶ 敦煌研究院. 敦煌莫高窟供养人题记 [M]. 北京：文物出版社，1986：93.
❷ 敦煌研究院. 敦煌莫高窟供养人题记 [M]. 北京：文物出版社，1986：165.
❸ 敦煌研究院. 敦煌莫高窟供养人题记 [M]. 北京：文物出版社，1986：171.
❹ 罗寄梅. 安西榆林窟的壁画 [J]. 中国东亚学术研究计划委员会年报. 台北：精华印书馆，1964(3)：15.
❺ 罗寄梅. 安西榆林窟的壁画 [J]. 中国东亚学术研究计划委员会年报. 台北：精华印书馆，1964(3)：21.
❻ 罗寄梅. 安西榆林窟的壁画 [J]. 中国东亚学术研究计划委员会年报. 台北：精华印书馆，1964(3)：27.

高1.57米，戴幞头，着红色圆领袍，束带，持柄香炉，题记曰："推诚奉国保塞功臣敕归义军节度使特进检校太师兼中书令谯郡开国公食邑一千户……"❶。

榆林窟第36窟建于唐代，后经五代、宋、清重修。此窟甬道南壁绘曹元忠及曹延禄供养像，其中曹元忠供养像高1.75米，戴幞头，着红色圆领襕袍，有衬领，束带，腰悬鱼符，执柄香炉，题记曰："推诚奉国保塞功臣敕归义军节度使……七百户曹元忠一心供养"❷。

三、归义军节度使供养像服饰图案

据前面对敦煌五代时期归义军节度使供养像的概述，可知节度使的官服外观搭配基本由幞头、袍服、革带和靴四大部分组成，基本承继了唐代官服系统，在此基础上又有一些新的变化。因图像中靴子掩盖在袍服之内，所示不全，而且没有纹样变化，所以下文按前三类进行叙述。

（一）幞头图案

敦煌五代时期归义军节度使供养像无一例外均戴幞头，但不同时期的幞头样式有所差别。幞头是我国古代男子首服之一，于南北朝晚期出现，历经唐、宋、元、明各代，直至清代初期被满式冠帽所替代。纵观敦煌壁画，幞头的形象始自北周，终于元代，历代延续而形制不一。关于幞头的来源，目前学界有两种主流看法，一种观点认为幞头源自于东汉幅巾❸，另一种观点认为幞头属于鲜卑帽的延续系统❹。本人认为从形制上看，幞头与汉代流行的幅巾有最为直接的关系，但是从使用情况看，幞头常与圆领袍搭配使用，明显受到了胡服影响。因为自十六国以来，北方少数民族大批进入中原，在近三个世纪的政权交替、时局动荡中促进了我国各民族间的融合。期间，在政治、经济、生活等各方面，特别是服装式样上发生了很大的变化，尤其是鲜卑装对中原地区服装式样的改观起到了重要影响。

在敦煌壁画中，鲜卑族人物所戴帽式主要有两种：一种是后垂披幅之帽，称为鲜卑帽，如图3-1北魏275窟

图3-1 敦煌莫高窟275窟北壁供养人像，北魏

（图片来源：敦煌研究院，谭蝉雪. 敦煌石窟全集·服饰画卷[M]. 香港：商务印书馆，2005：30.）

❶ 罗寄梅. 安西榆林窟的壁画 [J]. 中国东亚学术研究计划委员会年报. 台北：精华印书馆，1964(3)：33.
❷ 罗寄梅. 安西榆林窟的壁画 [J]. 中国东亚学术研究计划委员会年报. 台北：精华印书馆，1964(3)：37.
❸ 段文杰. 段文杰敦煌石窟艺术论文集 [C]. 兰州：甘肃人民出版社，1994：255.
❹ 孙机. 中国古舆服论丛 [M]. 2版(增订本). 北京：文物出版社，2001：206.

北壁鲜卑族男供养人像所示。这种帽式顶部为圆形或鞍形，后垂披幅较长，或搭至后背，且男女通服，莫高窟出土的太和十一年（487年）刺绣品上的鲜卑王族女供养人像所戴即属此类（图3-2）。这就是《旧唐书·舆服志》中所说"北齐有长帽短靴，合袴袄子"之长帽，现在考古发掘中也称为风帽（图3-3、图3-4）。另一种是将披幅扎起之帽，如西魏285窟北壁鲜卑族男供养人像（图3-5）和北周290窟东坡壁画中国王所戴那样（图3-6）。帽子顶部仍保持凸起，但是将后垂的披幅用带子束扎起来，仅垂至后脑，主要供男子佩戴，其样式与幞头已十分接近了。

按照《北史》的记载，宣政元年（578年）三月，"初服常冠，以皂纱为之，加簪而不施缨导，其制若今之折角巾也"❶。这种式样也就是幞头的雏形，是在鲜卑帽和幅巾的基础上融合改造而来的。至隋代时，幞头初步定型为四脚，两脚系于前额，两脚垂于脑后❷，如莫高窟隋代第281窟西壁男供养人像所戴那样（图3-7）。但此时的幞头不像鲜卑帽那样高耸，顶部一般较矮，直到唐代，在幞头内衬以巾子，才逐渐高耸起来。

图3-2　刺绣说法图（局部），北魏

（图片来源：敦煌研究院，谭蝉雪. 敦煌石窟全集·服饰画卷[M]. 香港：商务印书馆，2005：45.）

❶ 李延寿. 北史·卷十[M]. 北京：中华书局，1974：371.
❷ 沈括.《梦溪笔谈》卷一："幞头一谓之四脚，乃四带也。二带系脑后垂之，二带反系头上，令曲折附顶".

图3-3 对鸟纹绮风帽，北
朝，中国丝绸博物馆藏

（图片来源：作者拍摄于中国丝绸
博物馆，2016年）

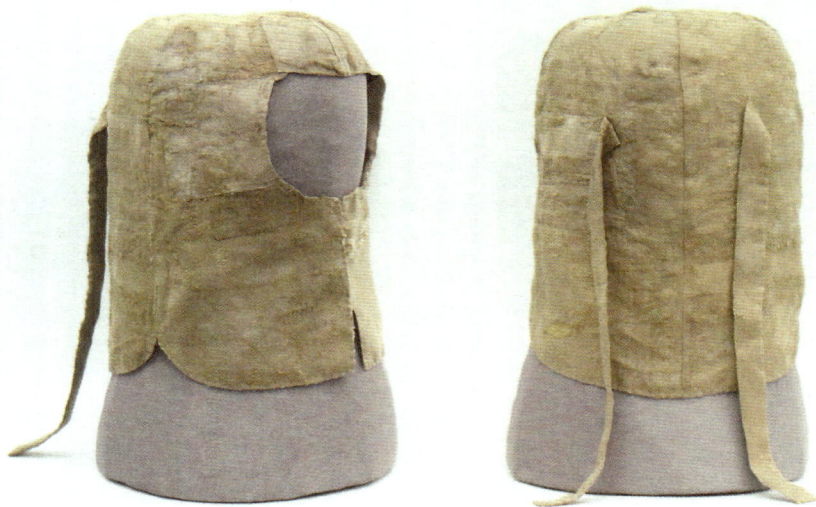

图3-4 绢帽，唐，敦煌莫高窟出土

（图片来源：赵丰，罗华庆. 千缕百衲：敦煌莫高窟出土纺织品的保护与研究[R]. 杭州：中
国丝绸博物馆，2013：68. ）

图3-5 敦煌莫高窟西魏第285窟北壁鲜卑族男供
养人像

（图片来源：敦煌研究院，谭蝉雪. 敦煌石窟全集·服
饰画卷[M]. 香港：商务印书馆，2005：32. ）

图3-6 敦煌莫高窟北周第290窟东坡佛传壁画中国王

（图片来源：敦煌研究院，谭蝉雪. 敦煌石窟全集·服饰画卷
[M]. 香港：商务印书馆，2005：21. ）

图3-7　敦煌莫高窟隋第281窟西壁男供养人像

（图片来源：敦煌研究院，谭蝉雪．敦煌石窟全集·服饰画卷[M]．香港：商务印书馆，2005：63．）

唐·封演《封氏闻见记》卷五："幞头之下别施巾，象古冠下之帻也。"宋代郭若虚《图画见闻志》卷一："巾子裹于幞头之内。"清代王鸣盛《十七史商榷》卷八二中也说："盖于裹头帛下着巾子耳。"说明了巾子的形状影响着幞头顶部的外观。

敦煌第156窟甬道南壁张议潮供养像中所戴幞头（图3-8），额部为圆形，顶部为中间有明显凹式的圆顶，这是因为加了巾子的缘故。唐代封演《封氏见闻录》卷五载："幞头之下，别施巾，象古冠下之帻也。"[1]郭若虚《图画见闻志》载："隋朝用桐木黑漆为巾子，裹于幞头之内。"[2]幞头需搭配巾子使用，如敦煌文书P.3418《王梵志诗·贫穷田舍汉》："褵褙头巾子路，衫破肚皮开。"[3]诗句是说幞头残破，里面的巾子都露了出来。所以，巾子的形状影响着幞头的外观，但是因为覆盖在幞头之内，看不到巾子的真实样式。1964年，在新疆吐鲁番阿斯塔那墓出土了唐代网状巾子的实物（图3-9），才进一步证明了文献中的记载。巾子可用桐木削制，

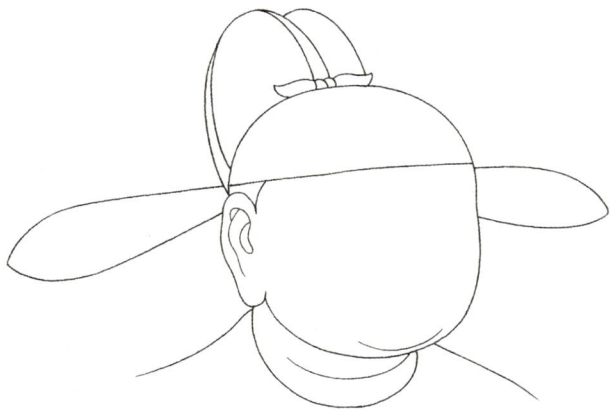

图3-8　敦煌莫高窟晚唐第156窟甬道南壁张议潮供养像

（图片来源：作者绘制，2018．）

图3-9　唐代衬垫在幞头内的网状巾子，新疆吐鲁番阿斯塔那墓出土

（图片来源：高春明．中国历代服饰艺术[M]．北京：中国青年出版社，2009：70．）

❶ 封演．封氏闻见记校注·卷五[M]．赵贞信，校注．北京：中华书局，2005：45．
❷ 黄庭坚．黄庭坚诗集注·卷第九[M]．任渊，等注．刘尚荣，校点．北京：中华书局，2003：341．
❸ 全唐诗补编·外编第三编·全唐诗续补遗卷二[M]．陈尚君，辑校．北京：中华书局，1992：346．

也可用竹篾编结，其使用时间说法不一，多认为是隋代史部尚书牛洪所制，但是从前述壁画中的鲜卑族帽式看来，巾子的使用和造型可能参考了鲜卑帽的制法。唐代巾子的式样有很多，如平头小样、武家诸王样、英王踣样、官样等。似这幅张议潮供养像中所戴幞头，比一般平头小样要高，而且中间部分有明显的凹式，属于武家诸王样的样式。据《旧唐书·舆服志》所载武家诸王样是"天朝贵臣内赐"❶，壁画中所绘这种样式的幞头符合张议潮作为归义军第一任节度使的身份。

敦煌五代时期归义军节度使所戴幞头与前朝相比，已经发生了很大变化。据作者收集整理的关于曹议金、曹元德、曹元忠供养像幞头样式汇总图（图3-10 ~ 图3-12）来看，在造型上有两个主要变化。

一是幞头顶部改为硬胎，呈有棱角的方形，反映的是幞头内部加衬木山子和外施漆纱的情况。《朱子语类》记载："唐人幞头初止以纱为之，后以软，遂斫木作一山子，在前衬起，名曰'军容头'❷，其说以为起于鱼朝恩。一时人争效之。"可见用木山子是为了令幞头硬挺高耸，同时便于脱戴。同时，施以漆纱也是这个目的，《云麓漫钞》记

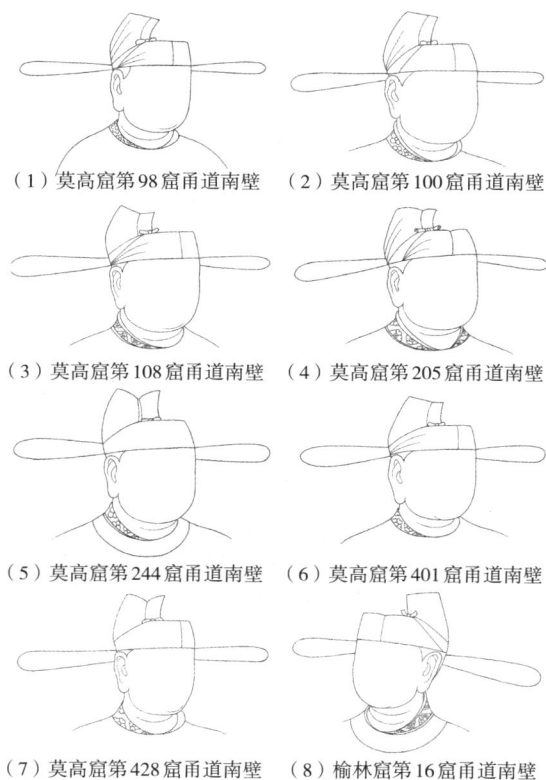

（1）莫高窟第98窟甬道南壁　　（2）莫高窟第100窟甬道南壁

（3）莫高窟第108窟甬道南壁　　（4）莫高窟第205窟甬道南壁

（5）莫高窟第244窟甬道南壁　　（6）莫高窟第401窟甬道南壁

（7）莫高窟第428窟甬道南壁　　（8）榆林窟第16窟甬道南壁

图3-10　曹议金供养像幞头样式汇总
（图片来源：作者绘制，2018.）

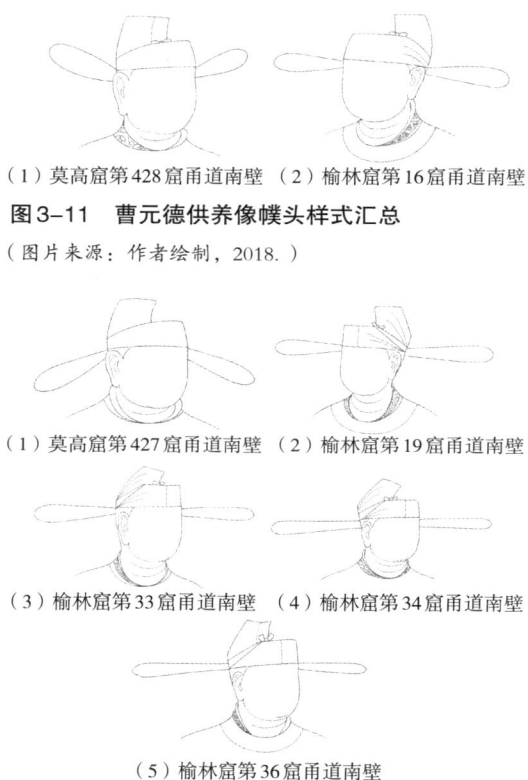

（1）莫高窟第428窟甬道南壁　　（2）榆林窟第16窟甬道南壁

图3-11　曹元德供养像幞头样式汇总
（图片来源：作者绘制，2018.）

（1）莫高窟第427窟甬道南壁　　（2）榆林窟第19窟甬道南壁

（3）榆林窟第33窟甬道南壁　　（4）榆林窟第34窟甬道南壁

（5）榆林窟第36窟甬道南壁

图3-12　曹元忠供养像幞头样式汇总
（图片来源：作者绘制，2018.）

❶ 刘昫,等.旧唐书·卷四十五[M].北京:中华书局,1975:1953.
❷ 称之为"军容头",是因为鱼朝恩曾任观军容使一职.

载："伪孟蜀始以漆纱为之"❶。这种加工方法到宋代时已经非常普遍，如《宋史·舆服志》所载："其初以藤织草巾子为里，纱为表，而涂以漆。后惟以漆为坚，去其藤里，前为一折，平施两脚，以铁为之。"❷这样一来，幞头底下就不必加衬巾子了。

二是幞头二脚由原来的宽短型发展为窄长型，即从硬脚幞头发展到展脚幞头。硬脚幞头最早见于神龙二年（702年）的章怀太子李贤墓石椁线雕人物的冠带，当时幞头的二脚还不是太过明显，而在156窟张议潮供养像中的幞头二脚已变得阔大，略微下翘，显示着幞头样式的新发展。宋人在《云麓漫钞》中说："自唐中叶已后，诸帝改制其垂二脚，或圆或阔，用丝弦为骨，稍翘翘矣。臣庶多效之……。"❸可知唐代中期之后，便开始流行起这种或圆或阔的硬脚幞头了。硬脚幞头的脚中除了用丝弦骨之外，还可以用铜丝或铁丝为骨，所以硬脚常常翘起，故又名"翘脚幞头"，像莫高窟第428窟甬道南壁曹元德供养像所戴幞头一样。发展至五代时期，硬脚幞头发展至展脚，即将直脚加长，除了上述一例翘脚幞头之外，敦煌五代时期归义军节度使供养像所戴幞头皆为展脚幞头，且展脚有越来越窄长之势，这对后来两宋官服的幞头样式产生了重要影响。

经过以上加工变化，原本是一幅包头布的幞头变成了一顶硬壳的帽子，不必"逐日就头裹之"，而可以时时脱戴了，真正变成了宋人所说的"幞头帽子"，也就是"硬裹幞头"。正如《宋史·舆服志》载："国朝之制，君臣通服平脚，乘舆或服上曲焉。"❹展脚幞头在宋代被用作官帽，两脚伸展，状若直尺（图3-13）。

根据以上对不同时期和不同洞窟壁画中归义军节度使供养像所戴幞头的研究和分析可以得知，五代时期官服幞头的样式呈现出从浑圆到方正、从宽阔到窄长的变化趋势，幞头样式的更新虽比中原地区的流行晚一些，但是这些变化对于宋代官服中幞头帽子的形成是极为重要的一环。

图3-13 戴展脚幞头的帝王，宋，台北故宫博物院藏

（图片来源：高春明. 中国历代服饰艺术[M]. 北京：中国青年出版社，2009：72.）

❶ 赵彦卫. 云麓漫钞·卷第三 [M]. 傅根清，点校. 北京：中华书局，1996：40.
❷ 脱脱，等. 宋史 [M]. 北京：中华书局，1977：3564.
❸ 赵彦卫. 云麓漫钞·卷第三 [M]. 傅根清，点校. 北京：中华书局，1996：39.
❹ 脱脱，等. 宋史·卷一百五十三 [M]. 北京：中华书局，1977：3564.

（二）袍服图案

敦煌五代时期归义军节度使供养像所着均为红色圆领袍，多为中袖，造型和色彩较为相近，延续了唐代的官服制度，只在款式细节上略有差别，其纹样主要表现在衬领。在敦煌壁画中可以清晰地找到此类圆领袍的源头和演变。其最初的样式可追溯到旧式的鲜卑族外衣，如莫高窟西魏第285窟男供养人像（图3-14）所示，这是一种圆领对襟（或侧襟）、窄袖紧身、衣长及膝的服装，常搭配蹀躞带。这种紧窄式服装源自于鲜卑族惯于狩猎的生活习惯，与褒衣博带的汉式服装大相径庭，因此魏晋之时已广泛流行于民间，是敦煌本地男子的传统服装。发展至隋代，男子常服出现了大褶衣，莫高窟第62窟的男供养人像（图3-15）就穿着这样的服装。这种外衣长至膝下，但还保留着窄袖、紧身、束腰的特征。同时，领部由原来有缘边的高圆领，演变为无缘边的低圆领，有时在衣服的下摆部位加一横襕，象征古代上衣下裳的分制，称为襕衫或襕袍。史书中多处记载了袍下加襕的规制，如《旧唐书》载："晋公宇文护始命袍加下襕。"❶《新唐书》载："太尉长孙无忌又议：'服袍者下加襕，绯、紫、绿皆视其品，庶人以白。'"❷敦煌文书中也不乏这样的记载，如P.3644《词句摘抄》直接称呼为"襕袍"❸。从现藏中国丝绸博物馆的唐代深蓝色菱纹罗袍中，可以清楚看到真实襕袍的形制（图3-16）。正如莫高窟第98窟

图3-14 敦煌莫高窟西魏第285窟北壁男供养人像

（图片来源：敦煌研究院，谭蝉雪. 敦煌石窟全集·服饰画卷[M]. 香港：商务印书馆，2005：31.）

---

❶ 刘昫，等. 旧唐书·卷四十五[M]. 北京：中华书局，1975：1951.
❷ 欧阳修、宋祁. 新唐书·卷二十四[M]. 北京：中华书局，1975：527.
❸ "国际敦煌项目：丝绸之路在线"网站[DB/OL]. http://idp. nlc. cn/.

敦煌五代时期供养人像服饰图案及应用研究

图3-15　敦煌莫高窟隋第62窟北壁男供养人像

（图片来源：敦煌研究院，谭蝉雪. 敦煌石窟全集·服饰画卷[M]. 香港：商务印书馆，2005：61.）

图3-16 唐代深蓝色菱纹罗袍之襕袍，中国丝绸博物馆藏

（图片来源：赵丰，曲志仁. 中国丝绸艺术[M]. 北京：外文出版社，2012：246.）

张议潮供养像（图3-17）所示那样，有襕或无襕的圆领袍正式成为了唐代官员的公服。

　　从新旧唐书與服志的诸多记载可知，隋唐时期皇帝与官员的服装大约分为两类：一类是传统的汉式冠冕衣裳，主要是用作冕服、朝服等礼服和较为简化的公服，另一类是常服，主要是圆领袍和幞头。按《新唐书》所载："至唐高祖，以赭黄袍、巾带为常服。"[1] 后来礼服的使用范围逐渐缩小，而重实用功能的常服进一步扩大化，实际上已取代了朝服和公服的地位。如《旧唐书》所说："自贞观以后，非元日冬至受朝及大祭祀，皆常服而已。"[2] 发展到五代时期，更出现了《辽史》中所说"五代颇以常服代朝服"[3] 的情况。针对这种趋势，唐代对于常服的服色、带制又做出了各种规定。《唐会要》中记载帝王和百官的官服在色彩方面的区分，三品以上官员服紫，四品和五品服朱，六品和七品服绿，八品和九品服青。因此作为归义军节度使供

图3-17 敦煌莫高窟第98窟甬道北壁张议潮供养像

（图片来源：作者绘制，2018.）

[1] 欧阳修、宋祁. 新唐书·卷二十四 [M]. 北京：中华书局，1975：527.
[2] 刘昫，等. 旧唐书·卷四十五[M]. 北京：中华书局，1975：1938.
[3] 脱脱，等. 辽史 [M]. 北京：中华书局，1974：900.

养像，身着红色圆领袍是符合规制的。

　　除了穿着红色圆领袍之外，敦煌文书《白雀歌》中记载了敦煌西汉金山国时期张承奉及官员着白袍、功臣着红袍的情形："百官在国总酋豪，白刃交驰未告劳。为感我王洪泽厚，尽能平虏展戎韬。白裾曳履出众群，国舅温恭自束身。罗公挺拔摧凶敌，按剑先登浑舍人。白雪山岩瀚海清，六戎交臂必须平。我王自有如神将，沙南委付宋中丞。白屋藏金镇国丰，进达偏能报虏戎。楼兰献捷千人喜，敕赐红袍与上功。文通守节白如银，出入王宫洁一身。每向三危修令得，惟祈宝寿荐明君。"❶因此张承奉自号"白衣天子"，可想而知这是对唐朝官服制度的一种反叛，可是随着金山国的覆灭，这种作为官服的白袍便很快消失了。后来在敦煌图像资料中出现的穿着白袍之人基本上表示已经故去的人，如莫高窟第437窟中心柱东向面龛下南向第一身男供养人所着便为白色缺胯圆领袍，题记曰："故……□（节）□（度）……光禄大夫□（检）校国子祭酒兼御史……仁一心供养"❷。另如敦煌藏经洞出土的MG.17657《引路菩萨图》（图3-18）中所绘着白袍的男子，是题记中提到的"女弟子康氏"的"亡夫"。

　　归义军节度使供养像所着圆领袍多平素无纹，但是依据唐朝对于官服的材质和图案的规定，这类官服应该是有暗花纹的。如《新唐书》所载："袍袄之制：三品以上服绫，以鹖衔瑞草、雁衔绶带及双孔雀；四品、五品服绫，以地黄交枝；六品以下服绫，小窠、无文及隔织、独织。"❸这里提到的绫指的是一种斜纹地的暗花织物，是唐代最为盛行的丝织品之一。因此供养像中所着虽为无花纹的红色圆领袍，但是根据文献的记载判断，当时的官服应该都是有花纹的，或者与敦煌文书中反复提到的"楼绫"或"楼机绫"有关，只是限于壁画绘制本色暗花织物效果的局限而没有完整表现出来。此外，从文献中得知，此时曹议金也曾受到后唐王朝的衣物赏赐，如P.2047所载："清泰元年（934年），称归义军节度使令工大王，正月，沙州遣使附甘州回鹘使，同瓜州使人唐进等入贡于后唐，使人梁行通等，受后唐闵帝锦袍、银带等赏赐。"❹因此，可以推断曹议金供养像中所绘圆领袍应该也有来自后唐王朝官服制度的反映。

　　曹议金时期，圆领袍的款式又出现了不同于唐式圆领袍的变化，那就是圆领袍在领子内附有斜耸的衬领，而且多装饰纹样，如莫高窟第108窟中曹议金供养像所绘样式（图3-19），纹样为半破式小团花纹，青地，淡青色花心、褐色花瓣与青色花心和淡黄色花瓣的团花纹交替出现，组成二方连续纹样，从纹样的色彩搭配来看应为织锦所制。后来，具有衬领的圆领袍成为归义军节度使的正式官服反复出现在敦煌壁画中

❶ 荣新江.归义军史研究：唐宋时代敦煌历史考索[M].上海：上海古籍出版社，2015：220.
❷ 敦煌研究院.敦煌莫高窟供养人题记[M].北京：文物出版社，1986：166.
❸ 欧阳修、宋祁.新唐书·卷二十四[M].北京：中华书局，1975：531.
❹ "国际敦煌项目：丝绸之路在线"网站[DB/OL].http://idp.nlc.cn/.

图3-18　引路菩萨图（局部），五代，绢本着色，MG.17657，敦煌藏经洞出土，法国吉美博物馆藏

（图片来源：敦煌研究院，樊锦诗. 敦煌石窟全集·藏经洞珍品卷[M]. 香港：商务印书馆，2012：73.）

图3-19 敦煌莫高窟第108窟甬道南壁曹议金供养像

（图片来源：敦煌研究院，谭蝉雪. 敦煌石窟全集·服饰画卷[M]. 香港：商务印书馆，2005：204.）

（图3-20～图3-23），而衬领上色彩鲜艳的纹样也成为不可或缺的点缀。

与以上所述差别较大的是莫高窟第9窟张承奉供养像，其像也着红色圆领袍，但是在袍服外斜披一件袈裟（图3-24）。从图像中看，这件袈裟有系带、纽座及垂下来的一部分浅红色内里，仅遮住人物左臂，而未见其他部分，因此表现不完整，也不符合

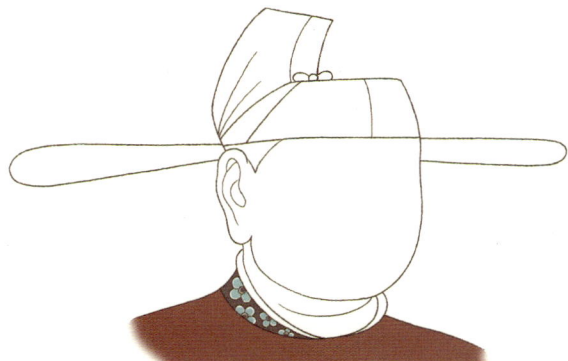

图3-20 敦煌莫高窟第100窟甬道南壁曹议金供养像

（图片来源：作者绘制，2018.）

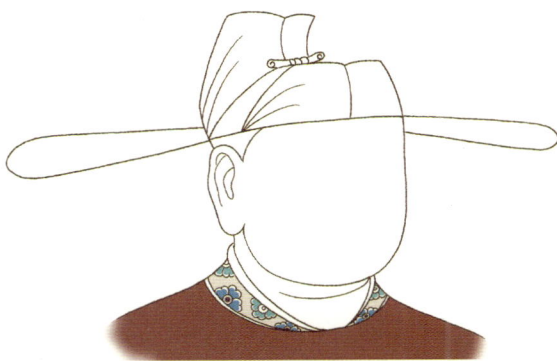

图3-21 敦煌莫高窟第205窟甬道南壁曹议金供养像

（图片来源：作者绘制，2018.）

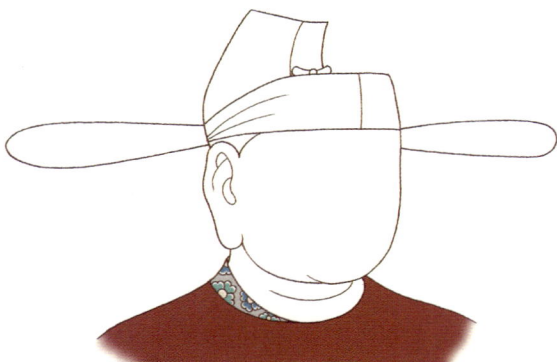

图3-22　敦煌莫高窟第401窟甬道南壁曹议金供养像

（图片来源：作者绘制，2018.）

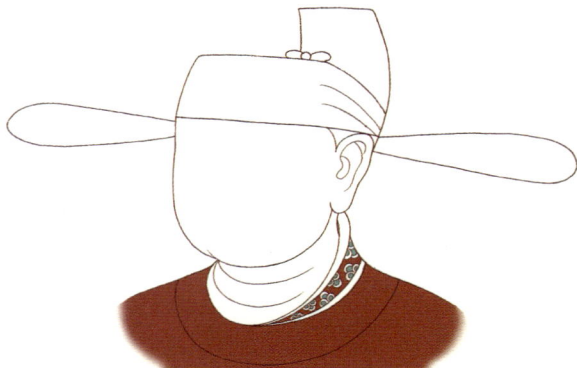

图3-23　敦煌莫高窟第244窟甬道南壁曹元德供养像

（图片来源：作者绘制，2018.）

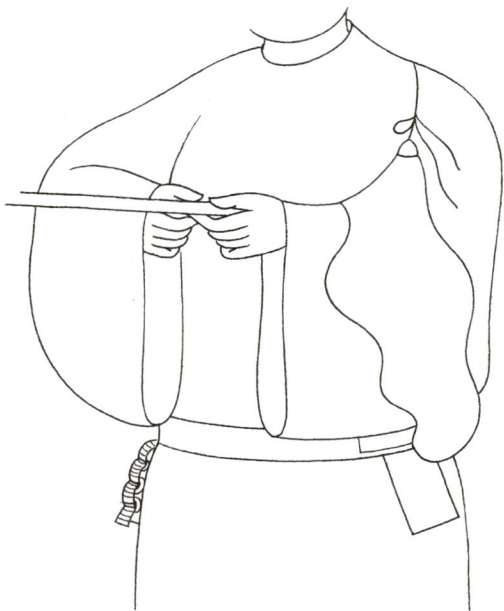

图3-24　敦煌莫高窟第9窟甬道北壁张承奉供养像

（图片来源：作者绘制，2018.）

袈裟披搭的规制。推测这里绘出圆领袍与袈裟搭配穿着也许有两个原因：一是在举行佛教法会时，作为归义军节度使的张承奉为了表示对佛教的虔诚信仰，曾在圆领袍外加罩一件袈裟，但是壁画中需要同时表现张承奉作为归义军政权首领和宗教信徒的双重身份，因此采用了这种折中的方法。二是也可能张承奉在现实中并没有真的如此穿着，而是示意绘制壁画的工匠进行二次创作，所以没有将披搭的袈裟绘制完整。

（三）腰带图案

归义军节度使供养像均着红色圆领袍，束红色或褐色腰带。在敦煌文书中，腰带均指革带，如P.3458《辛丑年（941）四月三日罗贤信贷生绢契》："送路次玉腰带一呈，细纸一帖。"P.2567背《癸酉年（793）二月沙州莲台寺诸家散施历状》："怗银腰带一，鍮石腰带一，铁腰带三，铜腰带二。"腰带主体为皮质，称为鞓，带身饰以金、银、玉、石、犀、铁等牌饰，称为"銙"。因为做带銙的玉、犀、角、石等材质较为坚硬，需要裁割，所以敦煌文书中又称其为"鞓踝具"，如P.2638《后唐清泰三年（936）沙州僧司教授福集等状》中所载："乌玉要带壹，鞓踝具玖事"❶，指的就是乌玉腰带上的玉质带銙有九枚。敦煌壁画中腰带上的小块白色饰板，表现的应是白玉，形制与陕西历史博物馆所藏"白玉纯方"带銙（图3-25）相似。这种现象如实反映了《新唐书》中

❶ "国际敦煌项目：丝绸之路在线"网站［DB/OL］. http://idp. nlc. cn/.

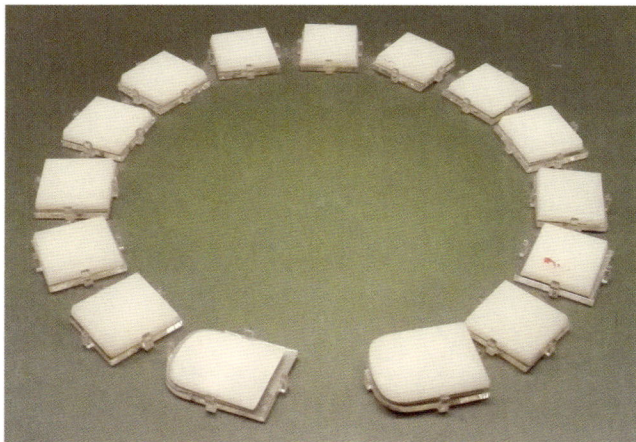

图 3-25 "白玉纯方"带銙，唐代，陕西西安何家村出土，陕西历史博物馆藏

（图片来源：作者拍摄于陕西历史博物馆，2016.）

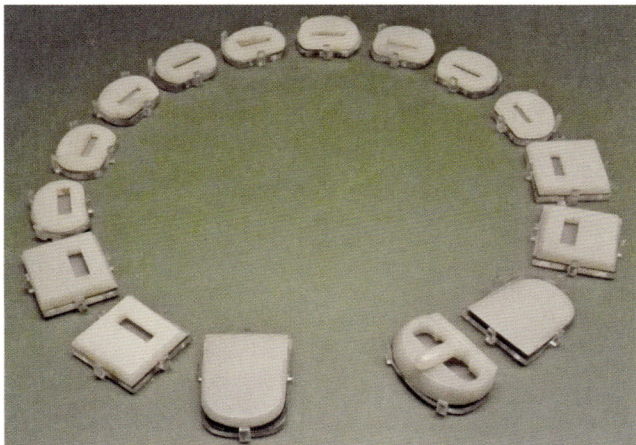

图 3-26 "白玉有孔"带銙，唐代，陕西西安何家村出土，陕西历史博物馆藏

（图片来源：作者拍摄于陕西历史博物馆，2016.）

以銙❶的数量和革带的质料来区分官员等级的记载："其后以紫为三品之服，金玉带銙十三；绯为四品之服，金带銙十一；浅绯为五品之服，金带銙十。"❷

此外，还有一种带銙上开方形孔，名"古眼"，可以用来悬挂物品（图 3-26），在考古发现中这种白玉有孔的带銙流行于初唐至辽代前期。例如，莫高窟第 108 窟曹议金、曹元德供养像中绘出有孔带銙，下悬鱼袋（图 3-27、图 3-28）。鱼袋为长方形、顶部有三道拱形凸起的小囊匣，与唐代韩滉所绘《文苑图》中官员革带上的悬垂物相似（图 3-29），这是唐代高级官员所佩戴的鱼袋。在陕西西安乾陵朱雀门外东西两侧的六十一蕃臣雕像中，有四身人物的革带上也还残留着鱼袋痕迹（图 3-30）。鱼袋是用于盛鱼符的袋子，按《新唐书》的说法，鱼符的作用是"明贵贱、应召命"❸，其实际用途是防止诈伪。后来逐渐失去其本义，而成为一种对于高官的褒奖，开元时，"自是百官赏绯紫必兼鱼袋，谓之章服，当时服朱紫佩鱼者众矣。"❹作为归义军节度使的曹氏家族，应是朝廷赏赐鱼袋并佩戴的，因为《册府元龟》中记载了以鱼袋褒赏军功的先例。日本正德二年（1712年）成书的《倭汉三才图会》卷二六种所绘鱼袋图像（图 3-31）与壁画中的描绘相符。

除了对白玉带銙的刻画之外，莫高窟第 454 窟甬道南壁一组男供养人画像对人物所佩带銙纹样做了细致描绘，如曹议金供养像所绘带銙以立粉方法堆砌出兽面纹，上缀绿点（图 3-32），表现的应该是嵌绿松石工艺；曹延禄供养像所绘带銙则以褐色立粉线在青色地上凸出兽面纹（图 3-33），描摹的是青铜质感。带銙下装一环，悬鱼袋。根据孙机先生的研究可知，这类以兽面等动物纹为主要装饰的革带来自我国北方匈奴、东

---

❶ 銙是钉缀在带鞓上的片状饰牌，鞓即为皮带。

❷ 欧阳修、宋祁. 新唐书·卷二十四 [M]. 北京：中华书局，1975：529.

❸ 欧阳修、宋祁. 新唐书·卷二十四 [M]. 北京：中华书局，1975：525.

❹ 马端临. 文献通考·卷一百二十 [M]. 北京：中华书局，2010：3445.

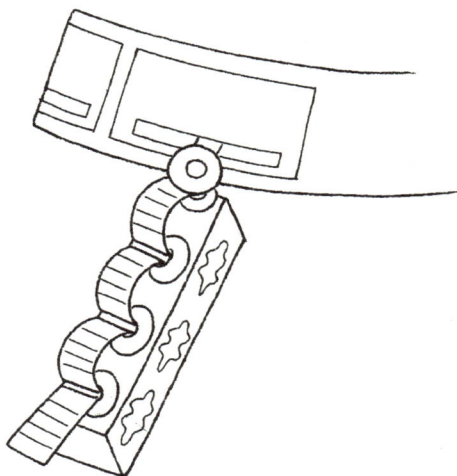

图3-27　敦煌莫高窟第108窟甬道南壁曹议金供养像中鱼袋

（图片来源：作者绘制，2018.）

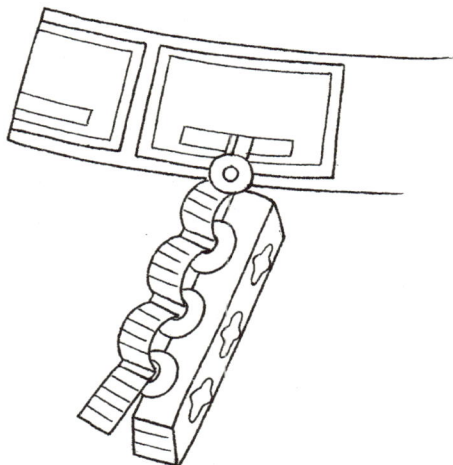

图3-28　敦煌莫高窟第108窟甬道南壁曹元德供养像中鱼袋

（图片来源：作者绘制，2018.）

图3-29　文苑图，唐，韩滉

（图片来源：高春明. 中国历代服饰艺术[M]. 北京：中国青年出版社，2009：217.）

图3-30　陕西西安乾陵六十一蕃臣雕像之一

（图片来源：作者拍摄，2016.）

胡各族的使用传统[1]，目前在甘肃和宁夏地区遗存较多（图3-34）。这种带銙附环的做法是为了悬挂物品，使用方便，称为蹀躞，榆林窟第19窟曹延禄供养像所佩即为蹀躞带（图3-35）。但是这只是一个个案，在大部分归义军节度使供养像中，除了用来悬挂鱼袋之外，一般革带上不会再挂其他物件。对于带环的数量，唐代也有制度规定，一

---

❶ 孙机. 中国古舆服论丛[M]. 2版（增订本）. 上海：上海古籍出版社，2001：256-264.

敦煌五代时期供养人像服饰图案及应用研究

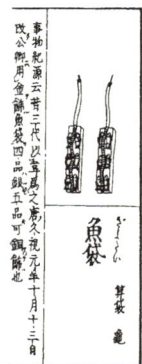

图3-31 《倭汉三才图会》鱼袋

（图片来源：孙机. 中国古舆服论丛[M]. 2版（增订本）. 上海：上海古籍出版社，2001：192.）

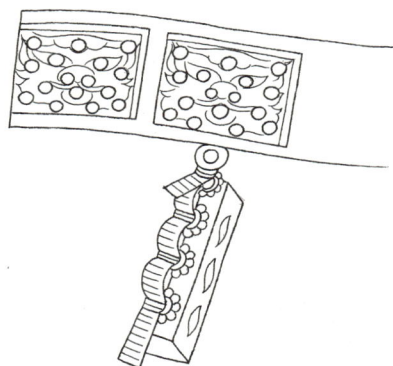

图3-32 敦煌莫高窟第454窟甬道南壁曹议金供养像中腰带和鱼袋

（图片来源：作者绘制，2018.）

图3-33 敦煌莫高窟第454窟甬道南壁曹延禄供养像中腰带和鱼袋

（图片来源：作者绘制，2018.）

图3-34 神兽纹金腰饰牌，战国晚期至秦，宁夏原州区三营乡出土

（图片来源：国家文物局. 丝绸之路[M]. 北京：文物出版社，2014：101.）

图3-35 榆林窟第19窟曹延禄供养像，段文杰临摹

（图片来源：敦煌研究院，谭蝉雪. 敦煌石窟全集·服饰画卷[M]. 香港：商务印书馆，2005：205.）

般不超过九枚❶。但是对于功高重臣，也有例外，如唐初的开国功臣李靖曾受赐十三环玉带，称为"于阗玉带"❷，相信实物比西安何家村出土的白玉九环带（图3-36）还要繁复。

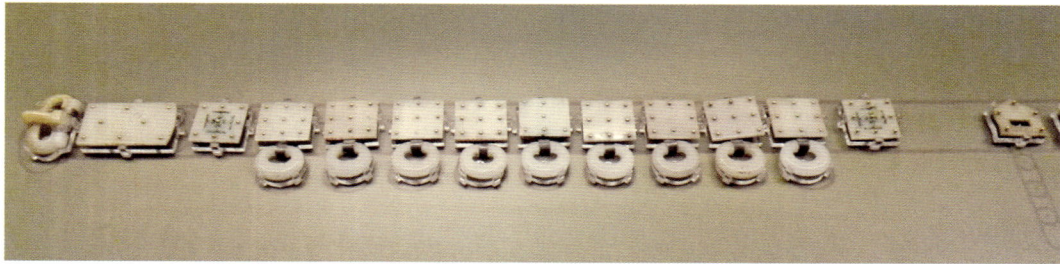

图3-36　九环白玉蹀躞带銙（局部），唐代，陕西西安何家村出土，陕西历史博物馆藏
（图片来源：作者拍摄于陕西历史博物馆，2016.）

革带末端应装有铊尾，如莫高窟第244窟甬道北壁曹元德供养像所绘（图3-37），是一块明显区别于软质革带的硬质白玉板。但是因为受到供养像的姿势、朝向等因素的影响，所以在图像中未有全面反映。

图3-37　敦煌莫高窟第244窟甬道北壁曹元德供养像
（图片来源：作者绘制，2018.）

❶ 马缟.中华古今注·卷上 [M]："唐革隋制，天子用九环带，百官士庶皆同."
苏鹗撰.苏氏演义：外三种 [M].吴企明，点校.北京：中华书局，2012：93.
❷ 欧阳修、宋祁.新唐书·卷二十四 [M].北京：中华书局，1975：3816.

第三节 于阗国王李圣天供养像与服饰图案

于阗国王李圣天是敦煌曹氏归义军政权的重要政治联盟首领，而且是曹氏家族的家庭成员，因此他理所当然地出现在敦煌石窟供养群像当中，并因为其身份高贵、与曹氏家族关系密切、服饰图案绘制精细而成为众多供养像中最为引人注目的一尊。

一、于阗国王李圣天事迹

李圣天为五代宋初时于阗国的国王，于阗语名字是 Viśa' Sambhava，本名为尉迟沙缚婆❶。从《旧唐书》中的《尉迟胜传》可知，天宝中，于阗国王尉迟胜曾入唐觐见，"玄宗嘉之，妻以宗室女"❷。天宝十四年（755年）安史之乱爆发，尉迟胜曾亲率五千兵赴唐救援。因为这一段与唐朝的交往历史，所以李圣天"自称唐之宗属"❸，即使唐朝灭亡后仍沿用"李"姓。

据学者研究，于阗国王李圣天即位时间约为912年，并于966年去世❹。其在位期间，与沙州归义军曹氏政权联姻，娶曹议金长女为皇后，第三女适归义军节度使曹延禄，并通过与归义军政权的交好实现了与后晋王朝的邦交。据《新五代史》记载：后晋天福三年（938年），"于阗国王李圣天遣使者马继荣来贡红盐、郁金、牦牛尾、玉氎等，晋遣供奉官张匡邺假鸿胪卿，彰武军节度判官高居诲为判官，册圣天为大宝于阗国王"❺。其后，天福七年、八年（942年、943年），开运四年（947年），后汉乾祐元年（948年），宋建隆二年（961年）也曾多次遣使入贡中原。

二、于阗国王李圣天供养像概述

于阗国王以供养人画像的形式出现于敦煌洞窟壁画中，现存有四身，分别为：莫高窟第98窟、第4窟、第454窟和榆林窟第31窟。其中，敦煌莫高窟第98窟所绘为最重要的一身，位于主室东壁门南侧第一身（图3-38），画像身高2.82米，宽1米余，旁侧题记曰"大朝大宝于阗国大圣大明天子……即是窟主"❻，意味着他与归义军节度使窟主曹议金同为第98窟的窟主。从画幅尺寸来看，这是莫高窟中最大的供养人画像，也是莫高窟中最大的君王肖像画；从供养人身份和画像绘制效果来看，这是一幅极具历史价值和艺术价值的画像。莫高窟第4窟主室东壁门南北向第一身❼、莫高窟第454窟主

❶ 季羡林. 敦煌学大辞典 [M]. 上海：上海辞书出版社，1998：363.

❷ 刘昫，等. 旧唐书·卷一百四十四 [M]. 北京：中华书局，1975：3924.

❸ 脱脱，等. 宋史·卷四九〇 [M]. 北京：中华书局，1977：14106.

❹ 荣新江，朱丽双. 于阗与敦煌 [M]. 兰州：甘肃教育出版社，2013：34、55.

❺ 欧阳修. 新五代史·卷七十四 [M]. 北京：中华书局，1974：916.

❻ 敦煌研究院. 敦煌莫高窟供养人题记 [M]. 北京：文物出版社，1986：32.

❼ 本书撰写期间，因敦煌研究院工作原因，莫高窟第4窟封闭，未得实地考察.

大朝大寶于闐國大聖大明天子

图3-38　敦煌莫高窟第98窟东壁南侧于阗国王李圣天供养像

（图片来源：敦煌文物研究所. 中国石窟·敦煌莫高窟·第五卷[M]. 北京：文物出版社，1987：13. ）

敦煌五代时期供养人像服饰图案及应用研究

室东壁门南北向第一身和榆林窟第31窟甬道北壁西向第一身均为于阗国王供养像，其形象特征与第98窟十分相似，服饰细节略有差异，精美程度略逊，因此本节以莫高窟第98窟李圣天供养像为主要研究对象。

除了供养像之外，于阗国王的画像还出现于莫高窟第220、25、149窟以及榆林窟第19、32、3窟的新样文殊变中，不同于前文提到的供养像，这些在新样文殊变中的于阗国王均为文殊菩萨的驭狮者，有的为青年形象，有的为老者样貌，穿着袍衫，头戴风帽，足蹬毡靴。另外，在莫高窟第454窟的佛教史迹画"牛头山图"中也有于阗国王参与的情节，如"于阗王诚心礼请释迦""毗卢遮那阿罗汉请于阗王修建的佛寺""于阗国都城"等，其装束与第98窟类似，但因为都是小像，运笔粗略，看不到服饰细节。

如前文所述，五代时期受到中原前蜀、后蜀的影响，曹氏归义军在敦煌设立了画院，负责石窟造像的规划与实施。画院内有一批水平高超的肖像画家，并有各自的官衔和分工，如敦煌榆林窟第23、25窟题记中提到的"都画匠""都勾堂（当）知画院使""知画手""画师"❶等，应是绘制李圣天供养像的主要力量。沿袭着邈真像的绘画传统，画家们追求着对人物形象的神情、气质、姿态、着装的刻意表现。

除了窟主的信仰和权利以及画家的绘画技巧对供养人像的表现效果产生主要影响之外，观看画像者的身份也是对其评判的重要尺度。根据现存的敦煌文书可知于阗与沙州归义军之间使臣往来频繁，此外还有往来与居住于敦煌的于阗太子、公主、僧侣、商人和工匠等。作为彰显于阗和曹氏归义军姻亲关系和政治联盟的标识，敦煌石窟所绘李圣天供养像必然要接受来自于阗国众多人员的参拜，所以画家以尽量接近人物的真实形象为画像准则，然后通过尺度放大进行美化。基于李圣天供养像的真实性和着墨刻画的服饰冠带，我们可以对画像中表现的服饰图案进行直观的图像化研究。

三、于阗国王李圣天供养像服饰图案

根据出使于阗的后晋武军节度判官高居诲于于阗的见闻记述："圣天衣冠如中国，其殿皆东向，曰金册殿，有楼曰七凤楼。以蒲桃为酒，又有紫酒、青酒，不知其所酿，而味尤美。其食，粳沃以蜜，粟沃以酪。其衣，布帛。有园圃花木。俗喜鬼神而好佛。圣天居处，尝以紫衣僧五十人列侍，其年号同庆二十九年。"❷可知李圣天的衣冠服饰类似于中原汉族帝王，除了本民族的特色，还有佛教的影响，这些特点在敦煌石窟于阗国王李圣天供养像的服饰图案中充分体现出来。

❶ JAO Tsong-yi, Pierre RYCKMANS, Paul DEMIéVILLE. Peintures Monochromes De Dunhuang(Dunhuang Baihua)[M]. Paris: éCOLE FRANÇAISE D'EXTRêME-ORIENT, 1978:17.
❷ 欧阳修. 新五代史·卷七十四[M]. 北京:中华书局,1974:917.

（一）冕冠图案

在前述三身供养像中，于阗国王李圣天均头戴冕冠，犹如中原汉族帝王。以阎立本所绘《历代帝王图》之隋文帝杨坚像❶与莫高窟初唐第220窟维摩诘经变中所绘帝王像为例，将画像中帝王所戴冕冠进行对比，可以发现几点异同之处（图3-39、图3-40）。

首先，从冕冠造型及构成部件上来看，莫高窟第454窟李圣天供养像所戴冕冠与中原汉族帝王最为相似，由板、卷、笄、旒、缨、纮、天河带等组成（图3-41）。莫高窟第98窟、榆林窟第31窟中李圣天供养像所戴冕冠则主要保留了板、卷、旒等三个部件，且卷的形状并非汉式的圆柱形，而是仰花盆形，其他部分则省略或发生变化。例如，莫高窟第98窟李圣天供养像中冕冠下还系有红色长带，垂至肩背部。按《宋云行记》记载于阗国"王头著金冠似鸡帻，头后垂二尺生绢，广五寸以为饰"❷，说明于阗国王头后垂有绢带作为装饰，因此壁画中所绘恰恰也证明了于阗国王传统装束的重要特点。

其次，从冕冠装饰上看，莫高窟第98窟和454窟李圣天供养像所绘颇有特色。前者冕板上面有北斗七星、五宝珠，与《宋史·舆服志》中"冕版以龙鳞锦表，上缀玉为七星"❸和"金轮等七宝，元真玉碾成，今更不用"❹的记载相符。此外，冕板中央之上饰有双龙纹，体态细长，作走动状，形态与唐代的鎏金铜龙（图3-42）和鎏金走龙（图3-43）类似。冠卷通体为蟠龙纹，垂长短不一的璎珞。后者冕板上面中央为北斗七星，四角为群山。其所饰群山纹鲜少见于史籍或其他图像，但是在《荀子·大略》曾有"天子山冕，诸侯玄冕，大夫裨冕，士韦弁，礼也"的记载，杨倞称："谓画山于衣而服冕，即衮也。盖取其龙则谓之衮冕，取其山则谓之山冕"❺，学者阎步克认为此说不可信，"山"是用来形容其大其高❻。但从莫高窟第454窟冕冠群山纹的图像分析，这顶冠冕很可能为"山冕"的遗制，是汉代经学家提出"冕名章首说"的体现。此外，冠卷上有两组对凤纹❼，与中原汉族帝王冕冠不同，相信此为于阗国王冕冠的地域特色。

再次，从冕冠之旒来看，三身李圣天供养像所戴冕冠与中原汉族帝王一样，冕板前后均垂旒，榆林窟第31窟所绘为五旒，莫高窟第98窟和第454窟所绘为六旒，每旒由金绿玉珠相间或白玉珠穿缀。按《周礼·弁师》郑注所言，旒的多少由戴冠者的身份决定，以十二为贵，专用于皇帝。以下按照等级不同而递减为九、七、五、三旒等

---

❶ 藏于美国波士顿美术馆.
❷ 洛阳伽蓝记校注 [M]. 范祥雍,校注. 上海:上海古籍出版社,1978:271.
❸ 脱脱,等. 宋史·卷一百五十一 [M]. 北京:中华书局,1977:3522.
❹ 脱脱,等. 宋史·卷一百五十一 [M]. 北京:中华书局,1977:3524.
❺ 王先谦. 荀子集解 [M]. 北京:中华书局,1988:486.
❻ 阎步克. 服周之冕:周礼六冕礼制的兴衰变异 [M]. 北京:中华书局,2009:44.
❼ 类似的对凤纹还见于图 3-35 曹延禄供养像之冠帽上.

图3-39 《历代帝王图》之隋文帝杨坚像，唐，阎立本

（图片来源：高春明．中国历代服饰艺术[M]．北京：中国青年出版社，2009：22．）

图3-40　敦煌莫高窟初唐第220窟东壁维摩诘经变中帝王听法图

（图片来源：敦煌研究院，谭蝉雪. 敦煌石窟全集·服饰画卷[M]. 香港：商务印书馆，2005：89.）

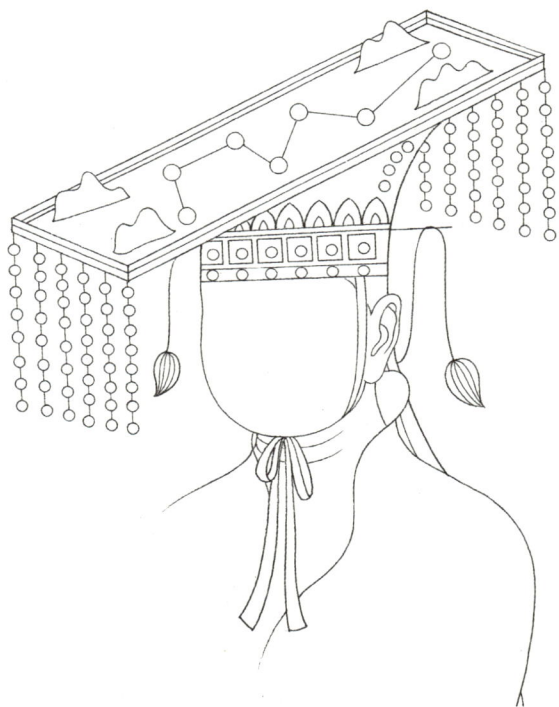

图3-41　敦煌莫高窟第454窟主室东壁门南下于阗国王李圣天供养像

（图片来源：作者绘制，2018.）

图3-42　鎏金铜龙，唐，河南省洛阳市关林大道出土，洛阳市文物考古研究院藏

（图片来源：作者拍摄于首都博物馆"美好中华"展览现场，2017.）

图3-43　鎏金走龙，唐，1979年征集

（图片来源：作者拍摄于西安博物院，2016.）

敦煌五代时期供养人像服饰图案及应用研究

数。李圣天供养像中冕板前后垂旒的数目，与《周礼·弁师》和《通典》中所载天子与官员冕服旒数和玉数的记录均不符。

最后，从冕冠所用材料来看，李圣天供养像所戴冕冠所用材料与中原有所异同。中原帝王的冕冠上的冕板和冠身都以木或铁丝、细藤为体，并用织物覆盖冕板和冠身。正如《论语·子罕》所载："子曰：'麻冕，礼也。今也纯，俭，吾从众。'……［集解］孔曰：'冕，缁布冠也。古者，绩麻三十升布以为之。纯，丝也。丝易成，故从俭。'"❶也就是说上古时代用麻，中古时代开始用丝。虽然通过壁画图像无法确知材料质地，但是从绘画效果上看莫高窟第98窟所绘冕冠为金质，冠卷为缠绕的金色盘龙，且通体装饰绿玉，这与中原汉族帝王冠冕相异，不仅突出了财富的占有，更是于阗本地"山多玉者"❷的物产体现。

（二）衣裳图案

上述三身于阗国王李圣天供养像均着上衣下裳，上衣为玄色，下裳为深红色，纹饰方面略有不同。莫高窟第98窟供养像两肩绘日、月，衣襟上有对称的黻纹（两弓相背），左右两袖上分别饰龙纹、虎纹，其中一袖下侧为黼纹（斧形）和粉米纹，下裳无纹。莫高窟第454窟供养像两肩绘日、月，前襟及上袖绘深红色点状星辰，袖身上绘凤纹、下绘龙纹，下裳无纹。其数量和内容虽与《后汉书·舆服志》所载十二章内容❸不完全一致，但这几种章纹已充分体现出于阗国王的冕服威仪。

在莫高窟第98窟供养像上衣所饰图案中，极有特点的是左右两袖上的龙纹与虎纹图3-44。其中龙纹为三爪升龙纹，肩生两翼，这类双翼龙纹又名应龙纹❹，出现于秦汉时期，与羽化升仙思想的流行有关，至唐、五代时仍在延续使用❺。与龙纹相对的另一侧袖子上的图案为虎纹，并不属于十二章纹范畴。而在这里，龙纹与虎纹的配置更接近中国古代四神纹中青龙与白虎的组合。四神纹的使用非常广泛，自河南濮阳西水坡仰韶文化遗址中出现蚌壳摆塑龙、虎纹的先例，到西汉未央宫遗址出土的四神瓦当，以及汉铜镜、唐铜镜和隋唐墓志盖，都可以见到它的应用。从图案造型上看，于阗国王两袖上的龙纹、虎纹及四周环绕的云纹与唐代懿德太子墓石棺纹样（图3-45）如出一辙。可见李圣天的冕服图案不仅采纳了传统的十二章纹，而且体现了古代中原地区天文学和阴阳五行学说的传播与影响。

---

❶ 程树德. 论语集释·卷十七 [M]. 程俊英, 蒋见元, 点校. 北京: 中华书局, 1990: 572–574.

❷ 欧阳修. 新五代史·卷七十四 [M]. 北京: 中华书局, 1974: 917.

❸ 即"凡十二章。……日月星辰, 山龙华虫, 作绘宗彝, 藻火粉米, 黼黻絺绣, 以五采章施于五色作服."
范晔. 后汉书·志第三十 [M]. 李贤, 等注. 北京: 中华书局, 1965: 3661.

❹ 郭廉夫, 丁涛, 诸葛铠. 中国纹样辞典 [M]. 天津: 天津教育出版社, 1998: 26.

❺ 邢捷, 张秉午. 古文物纹饰中龙的演变与断代初探 [J]. 文物, 1984(1): 77.

图3-44　敦煌莫高窟第98窟东壁南侧于阗国
王李圣天供养像衣袖图案

（图片来源：作者绘制，2018.）

图3-45　懿德太子墓石棺纹样（上：龙纹；下：虎纹），唐，现
藏陕西省乾陵博物馆

（图片来源：杨建军，崔笑梅. 中国传统纹样摹绘精粹[M]. 北京：中国
轻工业出版社，2001：57. ）

　　莫高窟第98窟供养像所着上衣的领缘和袖缘装饰的一整二破式二方连续四瓣团花纹，是唐代丝绸图案中一种常见的主题和排列形式。它是对茶花、如意纹等元素进行融合，形成正面放射状的圆形图案，尺寸和层次上都较宝相花简练（图3-46）。供养像中在浅土黄地色上勾土红线的图案表现手法和效果不禁令人联想到同时期的暗花丝织物。诚如《大唐西域记》所载，于阗是西域地区较早传入中原地区养蚕缫丝技术的王国，又"工纺绩絁紬"❶，而絁和紬本是较为粗厚的丝织物，这与于阗本地"蚕蛾飞尽，乃得治茧"❷的缫丝传统有关。除絁和紬之外，于阗本地还生产精美的绵绫❸，如S.4359题作《谒金门·开于阗》的曲子曰："开于阗，绵绫家家总满"❹，夸赞于阗的特产将进入敦煌百姓家。此外，检索关于敦煌与于阗丝织品往来的藏经洞文书，其中提到"楼机绫""小绫""绯绵绫""紫绵绫""紫盘龙袄子""大紫帛绫"❺等品种，可见两地绵绫生产的发达和对此类丝织品的喜爱。结合藏经洞出土的采用棉线织成的黄色菱纹绫（MAS.938）和白色素绫（L.S.402）等实物，说明了壁画中的服饰图案实际上是以当时的纺织品实物为描绘基础和模拟对象的。

❶ 玄奘，辩机. 大唐西域记校注[M]. 季羡林，等校注. 北京：中华书局，2008：1001.
❷ 玄奘，辩机. 大唐西域记校注[M]. 季羡林，等校注. 北京：中华书局，2008：1022.
❸ 采茧丝直接纺成绵线，织成的斜纹地暗花织物.
❹ 曾昭岷，等. 全唐五代词·正编卷四·敦煌词[M]. 北京：中华书局，1999：849.
❺ 荣新江，朱丽双. 于阗与敦煌[M]. 兰州：甘肃教育出版社，2013：221—241.

图3-46　敦煌莫高窟第98
窟东壁南侧于阗国王李圣天
供养像上衣领缘和袖缘图案

（图片来源：作者绘制，2018.）

（三）蔽膝图案

蔽膝，又作"韨""芾""韠"等，因其多垂至膝前而蔽障膝盖得其名。一般认为，蔽膝起源于人类蔽体遮羞的羞耻观，保留在冕服中是对远古服制的纪念。按《礼记集解》郑注谓"凡韠，以韦为之"❶的说法，蔽膝的材料最初为皮革，后来才改用布帛，且中原汉族帝王的蔽膝大多为朱色。蔽膝上所饰纹样历代不同，"夏后氏山，殷火，周龙章"❷，后逐渐固定为帝王皆用龙、火、山三章。

第98窟于阗国王供养像中的蔽膝依中原汉族帝王服制，加饰三爪龙纹和云纹，未见团形火纹和山纹。用土红线直接勾勒，无地色。其中龙纹与上衣袖上之龙纹不同，为无翼龙纹，身形短而四肢细长，与前述冕板上的龙纹身形相似（图3-47）。但此处龙纹昂首挺立，张牙舞爪，其激烈的动态表现，如同唐代的鎏金铁心铜龙类似（图3-48）。相同造型和姿态的龙纹还出现在302窟甬道南壁宋代所绘侍从所执团扇上，可见此类龙纹除了用于服饰，还可用于仪仗装饰。

另据《礼记·杂记》的记载，蔽膝的四边有缘饰，其中下缘称为"纯"，材料为素（生帛）❸。而图3-38中蔽膝下缘为绿地菱格花纹，从其单体花卉呈方形、花纹外缘有色晕、花瓣与花芯套色关系等诸多纹样特点来看，所绘效果与出土于敦煌藏经洞的唐代十样花纹夹缬绢（MAS.931）（图3-49）十分相似。

图3-47　敦煌莫高窟第98窟东壁南侧于阗国王李圣天供养像蔽膝图案

（图片来源：作者绘制，2018.）

❶ 孙希旦. 礼记集解·卷三十·玉藻第十三之二 [M]. 沈啸寰，王星贤，点校. 北京：中华书局，1989：811.
❷ 孙希旦. 礼记集解·卷三十一·明堂位第十四 [M]. 沈啸寰，王星贤，点校. 北京：中华书局，1989：856.
❸ 崔圭顺. 中国历代帝王冕服研究 [D]. 上海：东华大学，2006：234.

图3-48　鎏金铁芯铜龙，唐，1975年陕西省西安市南郊草场坡出土，陕西历史博物馆藏

（图片来源：国家文物局. 丝绸之路[M]. 北京：文物出版社，2014：341.）

图3-49　十样花纹夹缬绢，盛唐－中唐，敦煌藏经洞出土，大英博物馆藏

（图片来源：赵丰. 敦煌丝绸艺术全集·英藏卷[M]. 上海：东华大学出版社，2007：198.）

（四）舄履图案

舄是中国古代贵族男女参加祭祀、朝会等礼仪场合所穿着的鞋子。按《周礼》的说法："王吉服有九，舄有三等。赤舄为上冕服之舄。诗云：'王赐韩侯，玄衮赤舄'，则诸侯与王同。下有白舄、黑舄。"❶可见中原汉族帝王凡穿用冕服时，皆穿赤舄，此外还有白舄、黑舄两种。舄与履最大的区别在于下层加木做重底，以达到"干腊不畏泥湿"❷的效果。

第98窟于阗国王李圣天供养像着高头双齿履，虽然因壁画模糊而无法看清履的色彩，但是对比天平胜宝四年（752年）由日本圣武天皇穿着参加大佛开光典礼的赤舄（图3-50），二者造型一致，可见李圣天所着之履应是模仿中原汉族帝王的赤舄而搭配的。

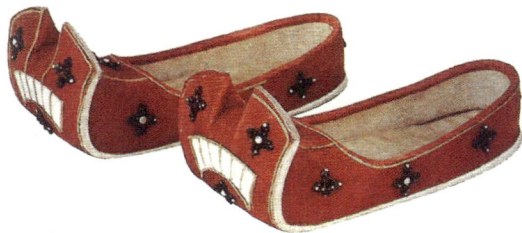

图3-50　赤舄，唐，日本正仓院藏

（图片来源：高春明. 中国历代服饰艺术[M]. 北京：中国青年出版社，2009：139.）

（五）佩剑图案

隋代以来，帝王冕服均佩玉剑，于阗国王李圣天供养像也不例外。比较奇特的是莫高窟第98窟李圣天供养像佩剑的柄端呈一拳形，表现的是密教手印中的四种拳印之一：莲花拳。

---

❶ 孙诒让. 周礼正义·天官冢宰第一下·屦人[M]. 王文锦，陈玉霞，点校. 北京：中华书局，1987：620.
❷ 崔豹. 王根林，校点. 古今注.
　张华，等. 博物志（外七种）[M]. 王根林，等校点. 上海：上海古籍出版社，2012：122.

密教在修法时，行者双手与手指所结的各种姿势称为手印，又称印相、契印、密印。密教认为佛菩萨及本尊的手印，象征其特殊的愿力与因缘，所以学习结手印是密教修行的重要形式。密教中对结印的双手和十指有特殊的称呼，将双手配于金刚界与胎藏界❶，或配于定与慧、理与智等，而将五指配于五蕴、五佛顶、五根、五字、五大等，如小指为地、无名指为水、中指为火、头指❷为风、大指为空❸。莲花拳便是将地水火风之四指握之，以大指腹捻风（头指）之侧。又称为胎拳，常被用于胎藏部的印母，多指未敷之莲花。其象征意义在《大日经疏》中解释为莲花象征菩提心，"如莲种在坚壳之中，枝条花叶之性已宛然具足，犹如世间种子心，从此渐次增长。"❹可见此佩剑所示拳印在于彰显于阗对佛教信仰的尊崇和对国王人格品德的映射。

据季羡林先生的研究，前一世纪时佛教已传入和田地区❺，《大唐西域记》中玄奘法师也记述在于阗有"伽蓝百有余所，僧徒五千余人，并多习学大乘法教"，可见此地深沐佛法的宗教传统。而在此时莫高窟第98窟壁画上出现代表密教的拳印且用于国王冕服的佩剑，相信与密教在于阗的传播密切相关。近代在和田地区古寺遗址中曾发现一大批于阗文、梵文、汉文、藏文佛教文献，其中不乏密教经典，如《善门陀罗尼经》《金刚乘赞文》《白伞盖陀罗尼经》《佛顶尊胜陀罗尼经》等❻。相信在盛唐时期于阗已有密教传播，其影响在于阗受到吐蕃统治期间又进一步扩大。

（六）配饰图案

莫高窟第98窟于阗国王李圣天供养像中，可见其佩戴耳环，双手小指均佩戴指环，这与中原地区的传统习俗不同。

受儒家与道家所倡导的身体全形观的影响，中原汉族的男子自先秦之后便不再穿戴耳饰，而汉族女性普遍佩戴耳饰要从宋代开始。❼儒家经典《孝经》开篇即说："身体发肤，受之父母，不敢毁伤，孝之始也。"❽汉族将保持身体的完整和自然形态作为遵从孝道的评价标准之一。而纵观历史上的少数民族和异域民族的佩饰习俗，因未受汉族思想的影响，所以往往保持着穿耳戴环的习惯。

同耳环一样，戴指环并不是中原汉族的传统习俗，尽管大汶口龙山文化时期的墓

---

❶ 略称两部。于"一心法界"之上，立理平等与智差别二门，以显其理智之应用无穷。诠说智差别之经轨为金刚顶部，诠说理平等之经轨为胎藏部。
　佛光大藏经编修委员会.佛光大辞典[M].星云大师，监修.台湾高雄：佛光出版社，1988：3531.
❷ 即食指.
❸ 全佛编辑部.佛教小百科·17·佛教的手印[M].北京：中国社会科学出版社，2003：7.
❹ 栂尾祥云.曼荼罗之研究[M].高洪，辛汉威，译.香港：志莲净苑文化部，2013：106.
❺ 玄奘、辩机.大唐西域记校注[M].季羡林，等校注.北京：中华书局，2008：1012.
❻ 荣新江，朱丽双.于阗与敦煌[M].兰州：甘肃教育出版社，2013：352–359.
❼ 李芽.汉魏时期北方民族耳饰研究[J].南都学坛，2013(4)：15–22.
❽ 孔子.孝经[M].张广明，张广亮，释评.北京：经济日报出版社，2012：2.

葬中已有骨指环出土，有的指环上还嵌有绿松石，但是宋代以前戴指环仍然主要流行于胡文化地区和西方国家。古希腊、古罗马时期便已流行在指环上镶嵌宝石，并在戒面上刻字作为印章使用。在我国新疆维吾尔自治区尼勒克言林台墓地出土的镶红宝石金戒指（图3-51）亦属此类。此外，佛教中菩萨造像常常佩戴指环，如《佛说七俱胝佛母准提大明陀罗尼经》里解释为七俱胝佛母准提的画像法曰："一一手上着指环"[1]。而且，密教中还有绩草作环、穿于右手无名指上，以达到罪障除灭、手得清净的修行目的。

自第98窟壁画分析，李圣天供养像所佩戴的耳环和指环均镶嵌了大颗绿玉，这不仅源于阗本地传统的身体装饰，如同冕旒一般，也是国王身份、财富和于阗特色产物的体现。

图3-51　镶红宝石金戒指，前5世纪～前3世纪，新疆维吾尔自治区尼勒克吉林台墓地出土，新疆维吾尔自治区文物考古研究所藏
（图片来源：作者拍摄于首都博物馆"美好中华"展览现场，2017.）

四、于阗国王李圣天供养像中的坚牢地神

在敦煌莫高窟第98窟的于阗国王李圣天供养像中，除了丰富的服饰图案，其脚下涌出呈双手托举状的女神也非常引人注目，前辈学者已指出这与于阗的毗沙门天王信仰关系密切。[2]

玄奘法师在《大唐西域记》中对于阗建国传说记述道："王甚骁武，敬重佛法，自云'毗沙门天之祚胤也'。"[3]原来是因为于阗国王建国后一直未有子嗣，所以向毗沙门天王请嗣，毗沙门天便从额上剖出婴孩，赐予国王。但是婴孩不肯吃奶，于阗国王只好再到神祠祈求养育之法。这时，神像前土地忽然隆起，像乳房的形状，孩童吃地乳长大，后成人智勇双全，更为毗沙门天王立祠。因此，才有"瞿萨旦那国，唐言地乳……地乳所育，因为国号"[4]的说法，毗沙门天王自然成为于阗的重要护国神之一。

毗沙门天原为古代印度施福之神，后被佛教奉为四天王之一，即守护北方之神。在敦煌莫高窟壁画和藏经洞绘画中，也曾多次出现毗沙门天王像，其中也有被坚牢地神托举的立像，如中唐第154窟南壁西侧毗沙门天王像（图3-52）、唐代兜跋毗

---

[1] 大正新修大藏经·第20册[M].东京：大藏经刊行会，1924-35：178.
[2] 季羡林.敦煌学大辞典[M].上海：上海辞书出版社，1998：179.
[3] 玄奘，辩机.大唐西域记校注[M].季羡林，等校注.北京：中华书局，2008：1006.
[4] 玄奘，辩机.大唐西域记校注[M].季羡林，等校注.北京：中华书局，2008：1000-1008.

沙门天立像幡（EO❶.1190）（图3-53）、五代兜跋毗沙门天立像（Pelliot tibétain2222）
（图3-54）等。毗沙门天王与坚牢地神的立像组合形式与李圣天供养像类似，究其原
因，《北方天王传》中解释曰："唐立像仪。令身被金甲而足踏女人之肩下。作云以拥之。
或云乃其母也。"❷而日本学者认为坚牢地神的出现与《金光明经》信仰有关❸。此外值

图3-52　敦煌莫高窟中唐第154窟南
壁西侧毗沙门天王像

（图片来源：敦煌研究院，罗华庆. 敦煌石
窟全集·2·尊像画卷[M]. 香港：商务印书
馆，2002：225.）

图3-53　兜跋毗沙门天立像幡
（EO.1190），唐，敦煌藏经洞
出土，大英博物馆藏

（图片来源：大英博物馆. 西域美
术·Ⅰ·敦煌绘画[M]. 东京：讲
谈社，1982：74.）

图3-54　兜跋毗沙门天立像（Pelliot
Tibétain2222），五代，敦煌藏经洞出
土，大英博物馆藏

（图片来源：大英博物馆. 西域美
术·Ⅰ·敦煌绘画[M]. 东京：讲
谈社，1982：95.）

❶ "EO."：此为法国集美博物馆藏敦煌文物编号。1909年11月，伯希和将敦煌所获文物入藏卢浮宫，编在EO.号小。
　以后，部分材料转移到集美博物馆收藏。1947年，集美博物馆成为巴黎国立博物馆的亚洲艺术部，收藏在卢浮宫
　的全部敦煌文物移入集美博物馆。下同。
❷《卍新纂大日本续藏经》第88册，东京：国书刊行会，1975–1989：425.
❸ 松本文三郎. 兜跋毗沙门天考[J]. 金申，译. 敦煌研究，2003(5)：36.

得注意的是，《北方天王传》提到《贤愚经》中记述毗沙门天王赠与优婆夷宝物、请舍利弗食斋的故事，突出了毗沙门天王作为财神、福神的属性。因此，敦煌莫高窟第98窟李圣天供养像中出现坚牢地神，不但是为了说明于阗国王为毗沙门天王后裔的神化身份，同时也象征于阗国王得到二位神祇的护佑和资财。

通过上文对敦煌于阗国王李圣天供养像服饰图案的分析和研究，可以看到丝绸之路上多元文化的影响和融合。其中有中原汉族帝王冕服的影响，如冕冠图案和衣裳上装饰的十二章纹，以及青龙白虎纹所代表的古代中原地区的宇宙观和阴阳五行学说；此外还有佛教的影响，如佩剑柄端呈现的莲花拳所代表的密教信仰，坚牢地神形象所暗含的于阗地区对毗沙门天王的信仰；当然还有许多图案源自于阗本地特色，如红绢、耳环和指环的佩戴，以及绿玉的使用，无不体现了于阗地区的服饰传统和丰富物产。因此，在五代这个政权林立的特殊时期，在敦煌这个东西方文化交流的丝路重镇，在敦煌与于阗交流史中的重要代表人物李圣天供养像服饰图案中，充分反映了作为于阗国王的政治性、作为佛教信徒的宗教性和作为曹氏归义军家族成员的世俗性三者融合的典型特征。

第四节　归义军官吏及世族男供养人像与服饰图案

一、归义军官吏及世族男供养人题记及身份

敦煌石窟中归义军官吏及世族男供养人像的数量是最多的，以莫高窟第98窟为例，根据表1-1的统计数据，此窟中这类供养人像现存125身，占整个洞窟现存供养人像数目的57%，即一半以上。根据他们的题记来看，这些官员全都为节度押衙，其中26人还兼职其他文武僚佐及地方官职。学者冯培红归纳出这些供养人中兼职文职僚佐的有行军参谋、都客将、内宅官、平水、游奕使、四大马□使、都……僧使、六街务、敦煌□（都）官，兼职武职军将的有虞侯、将头，兼职地方官职的有乡官、通判五部落副使。[1]虽然这些节度押衙只是归义军的部分僚佐，并非当时曹议金政权的全部官员，但也颇能说明当时官吏的社会地位。通过题记中所保留的官职名称，也可以帮助了解官吏的具体身份，诚如学者姜伯勤所说："敦煌遗书中所保留的归义军使衙职官史料，提供了研究唐末五代宋初一个藩镇的职官体制详情的极佳资料。"[2]这样一来，有助于进一步了解人物身份和服饰图案之间的关系。

---

[1] 冯培红. 敦煌的归义军时代 [M]. 兰州：甘肃教育出版社，2010：262.
[2] 姜伯勤. 敦煌社会文书导论 [M]. 台北：新文丰出版公司，1992：131-143。

莫高窟第98窟的题记中除了列明此类供养人的身份之外，还保留了人物的姓名。从姓氏的角度来看，这些节度使押衙中人数最多的是张氏，供养像达15身，其后依次是王、曹、索、阴、氾、邓、安、翟、宋、梁、杜、程、罗氏等。说明在曹氏归义军时期，张氏依然是敦煌本地最具有显赫地位的大族。学界关于张氏的族源和郡望所持观点不一，但是张氏在敦煌的势力和影响是不可忽视的。这些世族之间往往以联姻的形式结为亲眷，积极入仕，不仅是归义军的统治阶层，也是曹氏政权的统治基础。

此外，曹氏归义军时期曾在敦煌设画院，组织专人从事开窟造像的工作。从莫高窟和敦煌的供养人题记和藏经洞遗书中，可知当时的画院设有许多头衔和分工，如"画院使""知画手""都画匠""绘画手""画匠""塑匠""书手""雕版押衙""打窟人""石匠"等。这些题记可以帮助了解当时曹氏画院的职能设置和分工情况，令我们知道他们作为归义军官吏群体中的一员，为敦煌石窟艺术的创造留下了不可磨灭的印迹。

二、归义军官吏及世族男供养人像概述

如前所述，敦煌五代时期归义军官吏及世族男供养人像的数量十分可观，其分布的洞窟也非常广泛。归义军官吏及世族男供养人像的身形较归义军节度使供养像要小，一般在50~70厘米，鲜有巨幅画像，这是由其身份地位和供养财力决定的。

此类供养像身份高低不一，其中既有归义军节度使的亲属兼官吏，如莫高窟第108窟甬道北壁供养像为归义军应管内衙前都押衙张淮庆（图3-55），是曹议金的妹夫；也有组成归义军政权的核心官吏，如莫高窟第98窟西壁北向第五身"节度使押衙银青光禄大夫御史中丞上柱国杜彦思"供养像[1]；以及官吏中的世族文人，如莫高窟第220窟甬道北壁的"节度押衙随军参谋兼御史中丞"翟奉达供养像（图3-56），敦煌遗书中还保留有他撰著的历日和诗文；还有参与石窟开凿和造像的画院官吏，如榆林窟第35窟东壁南侧的两身画师供养像（图3-57），前一身题记曰："□（施）主沙州土匠都勾当画院使归义军节度押衙银青光禄大夫检校太子宾客竺保一心供养"，后一身题记曰："节度押衙知画手银青光禄大夫检校太子宾客武保琳一心供养"[2]；这些多种身份的供养像展现了丰富的服饰资料。

因为归义军官吏及世族男供养人像的数量过多，从绘制水平上来看，对于重点人物的刻画较为精细，但是大多数供养像流于程式化，出现千人一面的现象（图3-58）。这种现象说明画工在绘制时采用流水作业的办法，造型和色彩处理方面较为模式化，因此在进行研究时需要抓住代表性人物进行群体分析。

---

❶ 后来又出现于莫高窟第5窟主室西壁龛下南侧供养人像列北向第四身.
❷ 敦煌研究院. 中国石窟·安西榆林窟 [M]. 北京：文物出版社，东京：平凡社，1997：238.

图3-55　敦煌莫高窟第108窟甬道北壁供养人像

（图片来源：敦煌文物研究所．中国石窟·敦煌莫高窟（五）[M]．北京：文物出版社，东京：平凡社，1987：39．）

图 3-56　敦煌莫高窟第 220 窟甬道北壁翟氏家族男供养人像

图3-57　榆林窟第35窟东壁南侧画师供养像

（图片来源：敦煌研究院. 中国石窟·安西榆林窟[M]. 北京：文物出版社，东京：平凡社，1997：84.）

图3-58　敦煌莫高窟第390窟主室北壁男供养人像

三、归义军官吏与世族男供养人像服饰图案

从总体上看，归义军官吏与世族男供养人像所着服饰，与本章第二节所述归义军节度使的服饰相仿，但是在款式细节、纹样等方面有所差异，所以此处将主要论述二者有所差别的地方，关于相似之处不再赘述。

（一）幞头图案

关于幞头的来源与发展，已在本章第二节中详细介绍。归义军官吏与世族男供养人像与归义军节度使供养像所戴幞头的形制和变化趋势基本一致，以展脚幞头为主，但是朝天幞头、翘脚幞头的数量逐渐增多（图3-59）。发展至宋代，一些洞窟中男供养人像所戴朝天幞头的数量已经超过了展脚幞头，如莫高窟407窟主室南壁下八身男供养人像行列中，除了第五身和第八身为展脚幞头之外，其余六身男供养人像均戴朝天幞头。这一现象说明幞头的样式越来越多

图3-59　敦煌莫高窟第100窟甬道南壁第七身男供养人像朝天幞头

（图片来源：作者绘制，2018.）

样化，而且在当时敦煌地区的官吏与世族阶层普遍使用。《云麓漫钞》说："五代帝王多裹朝天幞头，二脚上翘。四方僭位之主，各创新样，或翘上而反折于下，或如团扇、蕉叶之状，合抱于前。"[1]可见中原地区幞头样式的革新和流行，也随之影响到五代时期的敦煌一带。

---

❶ 赵彦卫.云麓漫钞·卷第三[M].傅根清，点校.北京：中华书局，1996：39-40.

（二）袍服图案

　　归义军官吏与世族男供养人像所着袍服与归义军节度使供养像相比，在主体色彩、款式和纹样方面有一些不同的变化。

　　袍服的主体色彩较为丰富，目前保留下来的有红色系（土红、浅土红）、褐色系（浅赭）和青绿色系三大色系。红色系与归义军节度使所着红色圆领袍类似，褐色系存在壁画变色的因素，但实际上也有少量着乌衣的官吏供养像，如莫高窟第220窟翟氏家族供养像。青绿色系袍服色彩是品阶较低的官吏所穿着的，如莫高窟144窟甬道南壁第二身男供养人像。从孙机先生所辑录《唐宋明品官服色列表》❶中可以看出，在唐代，青绿色袍服主要是六品至九品官员的服色，尤其是到了中唐之后，八品和九品官通服绿衣，这与敦煌五代时期归义军官吏与世族男供养人像所着袍服色彩的表现是一致的。

　　袍服款式亦多为圆领，但以缺胯袍为主。这是一种在圆领袍基础上两侧开衩的样式，又称缺胯衫，如绢画佛倚像中男供养人像所着的样式（图3-60）。缺胯袍是唐代的"从戎缺胯之服"，同时"庶人服之"❷，现藏日本正仓院的"大歌绿绫袍"是一个典型的例子（图3-61）。这件袍服是天平胜宝四年（752年）大佛开眼会时大歌乐装束的外衣，两侧开衩为55厘米。

图3-60　佛倚像中男供养人像，五代-北宋，绢本着色，敦煌藏经洞出土

（图片来源：马炜，蒙中.西域绘画·1[M].重庆：重庆出版社，2010：19.）

图3-61　大歌绿绫袍，八世纪，日本正仓院藏

（图片来源：正仓院官网网站，http://shosoin.kunaicho.go.jp/.）

　　敦煌五代时期归义军官吏与世族男供养人像所着除缺胯袍之外，还有两件衣服，内里一件长度与缺胯袍并齐，两侧亦开衩，于袍袖和开衩内露出各种半破式团花纹边缘（图3-62、图3-63），类似织锦纹样。五代后期及宋代时，此类花纹简化为示意性质的波纹。根据敦煌文献的记载，推测此件服装为"锦袄子"。根据P.2040《后晋时期净土寺诸色入破

❶ 孙机.中国古舆服论丛[M].2版（增订本）.上海：上海古籍出版社，2001：469.
❷ 欧阳修，宋祁.新唐书·卷二十四[M].北京：中华书局，1975：527.

图3-62 敦煌莫高窟第100窟甬道南壁男供养人像袖缘
（图片来源：作者绘制，2018.）

图3-63 敦煌莫高窟第468窟前室南壁下第一身男供养人锦袄子下摆缘边
（图片来源：作者绘制，2018.）

图3-64 夹缬罗半臂，八世纪，日本正仓院藏
（图片来源：正仓院官网网站. http://shosoin. kunaicho. go. jp/.）

历祎会稿》、P.3234《癸卯年（943）正月一日已后直岁沙弥广进麦破历》等记载，可知锦袄子是一种贵重的织锦服装，一般都穿在内里，仅在袍服下摆内及袖子卷起时才能露出织锦花纹。

锦袄子外面是一件下摆打褶、长度及膝、浅色无纹的衣服，在有的图像中还可以看到以短横线表示的腰襕，襕下有褶裥。依据图3-56～图3-58、图3-60等图中这件服装款式和色彩的特点，推测这是文献中所记载的半臂。现在日本正仓院藏有半臂实物三十多领，可以作为参考，其中一件夹缬罗半臂（图3-64）是保存状态最好的，腰襕之下有襞。唐代姚汝能所撰《安禄山事迹》中写道安禄山生日那天，玄宗皇帝赐给他"紫绸绫衣十副，并三副锦袄子并半臂。"❶五代王定保《唐摭言》卷十二"设奇沽誉"条："咸通中，郑愚自礼部侍郎镇南海，时崔魏公在荆南，愚著锦袄子半臂，袖卷谒之，公大奇之。"❷以上两条记载中均将锦袄子和半臂并置，所以两者应是配套之衣物。新疆民丰汉墓曾出土一件半臂装，左衽交领，腰襕下有襞，两侧开衩上方横贴布条加固，正是敦煌男供养人图像的佐证。除了半臂之外，长衫也是带腰襕的上衣，但因为是长袖，穿着时不可能露出里面锦袄子的袖子。敦煌文书中有关于半臂和长袖加襕的记载，如P.2567（背）《癸酉年公元（793）二月沙州莲台寺诸家散施历状》："帛绫半臂一碧绫蘭……红绫长袖，麹尘绢蘭……帛绫半臂一并绫蘭……帛绫长袖一并蘭……帛绫半臂一并蘭。"❸就归义军官吏与世族男供养人像的服饰图像来看，大多是袖缘和下摆的缘边同时显露，所以这件服装是半臂的可能性更大一些。

（三）腰带图案

归义军官吏与世族男供养人像亦多束红色或褐色腰带（图3-65），上用白色方块

❶ 续修四库全书编委会. 续修四库全书·第550册[M]. 上海：上海古籍出版社，2002：6.
❷ 王定保，唐摭言. 王云五，丛书集成初编·第2740册[M]. 北京：中华书局，1985：118.
❸ "国际敦煌项目：丝绸之路在线"网站[DB/OL]. http://idp. nlc. cn/.

表示玉质的带銙，有的带銙上开孔，孔的形状与内蒙古昭乌达盟翁牛特旗解放营子辽墓出土的銙孔（图3-66）一样。莫高窟第387窟供养像中人物革带末端没有绘出铊尾，系结方式为缠绕腰部两圈后下插，遮住了部分带銙，显得较为随意。除此之外，其他几幅均绘出革带末端的白色玉质铊尾。铊尾均向下顺插，垂在人物腰侧。

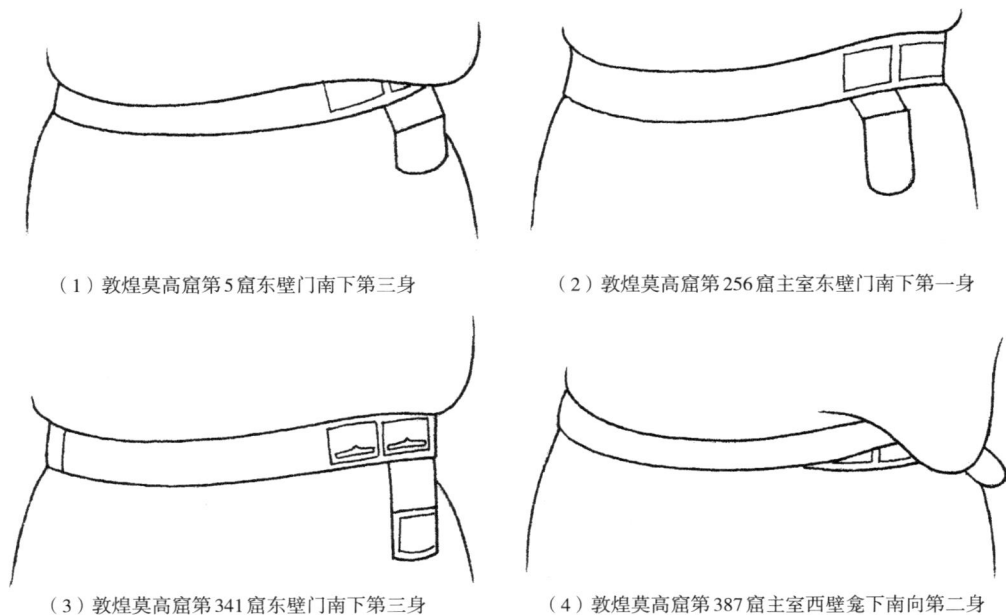

（1）敦煌莫高窟第5窟东壁门南下第三身　　　　（2）敦煌莫高窟第256窟主室东壁门南下第一身

（3）敦煌莫高窟第341窟东壁门南下第三身　　　　（4）敦煌莫高窟第387窟主室西壁龛下南向第二身

图3-65　归义军官吏与世族男供养人像腰带汇总图

（图片来源：作者绘制，2018.）

图3-66　有孔带銙，内蒙古昭乌达盟翁牛特旗解放营子辽墓出土

（图片来源：孙机. 中国古典服论丛[M]. 2版（增订本）. 上海：上海古籍出版社，2001：274.）

第五节　侍从供养像与服饰图案

一、侍从供养像概述

与本章前面三节中论述的归义军节度使、于阗国王李圣天和归义军官吏及世族男供养人像相比，侍从供养像在石窟壁画中往往处于从属地位，且很少有题记。他们多跟随在地位较高的供养人身后，担当着持物、仪仗等功能，同时他们也是石窟的供养人群之一。虽然无法探究其真实的姓名，但是数量众多的侍从群体仍旧是五代时期男供养人像服饰图案研究的重要组成部分。敦煌五代时期侍从像主要有以下几个特点：

首先，从画幅尺寸上看，侍从供养像一般身形较小，多为前方主导男供养人身形的一半，甚至三分之一。较小的侍从供养像往往在构图上前后遮挡，形成多排式队列，以此衬托主体供养人的身份和地位。

其次，从画像色彩上看，侍从供养像的服饰色彩是较为活泼和丰富的，不同于大多数归义军节度使和官吏供养像中所着的色彩浓烈而单纯的官服，也不同于于阗国王供养像中所着沉着而庄重的礼服。

再次，从画像所绘服饰图案的种类上看，侍从供养像所绘服饰图案多种多样，内容活泼，且多在服装上大面积使用。

最后，从持物样式上看，侍从供养像所绘持物样式丰富，包括香炉、花盘、净瓶、钵、箭筒、弓囊、隐囊、团扇、杖等，体现了侍从既为供养者又为劳动者的属性。

二、侍从供养像服饰图案

侍从供养像服饰图案表现多样，色彩丰富，本节主要从冠和袍服两方面进行论述和研究。

（一）冠帽图案

侍从供养像所绘冠多样而新奇，主要有三类款式：其一为幞头，其二为翻沿帽，其三为尖顶花瓣形冠（图3-67）。

幞头的样式与归义军节度使及官吏、世族男供养人画像所绘均不同，不见官服中的展脚幞头或翘脚幞头，而是出现了许多新的变化形式，如朝天幞头、折脚幞头、无脚幞头等。

翻沿帽有圆顶和尖顶两种的样式，帽沿均翻折向上，有的形似花瓣，环绕帽顶。与之类似的冠帽图像在新疆石窟壁画中可以找到，

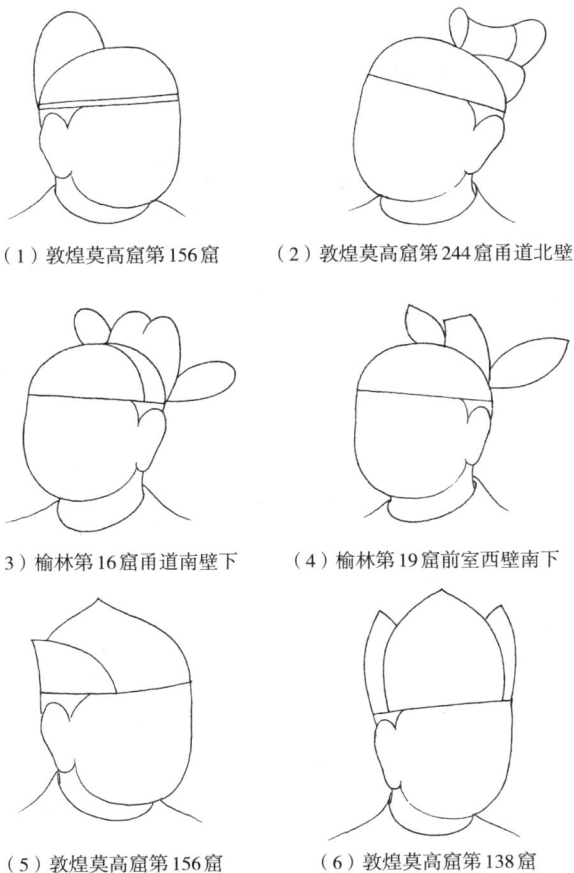

（1）敦煌莫高窟第156窟 　（2）敦煌莫高窟第244窟甬道北壁

（3）榆林第16窟甬道南壁下 　（4）榆林第19窟前室西壁南下

（5）敦煌莫高窟第156窟 　（6）敦煌莫高窟第138窟

图3-67　侍从供养像冠帽汇总图
（图片来源：作者绘制，2018.）

如库木吐喇石窟第79窟童子像中所绘的翻沿帽（图3-68）。到沙州回鹘时期，这类冠帽还继续出现在敦煌壁画当中，作为回鹘男供养人的帽式（图3-69）。

尖顶花瓣形冠的冠形非常奇特，整体犹如三片花瓣。与其相似的冠帽图像出现在新疆壁画中，如新疆柏孜克里克石窟第20窟回鹘男供养人像（图3-70）所绘冠帽。因此窟开凿于9世纪末至10世纪中叶，说明这类头冠早在漠北回鹘西迁至敦煌地区前便流行于回鹘贵族男子的穿戴中。这种冠帽后来在敦煌地区继续承袭和使用，佩戴人物的身份也从贵族普及到了侍从。

从以上论述可以得知，五代时期侍从供养像中冠帽的样式多种多样，除了在幞头基础上进行多种变化之外，还有许多来自少数民族服饰传统的帽式，说明当时"以胡儿为小厮"的社会风气。

图3-68　新疆库木吐喇石窟第79窟童子像翻沿帽

（图片来源：赵莉. 西域美术全集·10·龟兹卷·库木吐喇石窟壁画[M]. 天津：天津人民美术出版社，2016：229.）

图3-69　敦煌莫高窟第148窟东壁男供养人像

（图片来源：敦煌研究院，谭蝉雪. 敦煌石窟全集·服饰画卷[M]. 香港：商务印书馆，2005：213.）

图3-70　新疆柏孜克里克石窟第20窟男供养人像

（图片来源：新疆石窟研究所. 西域壁画全集·6[M]. 乌鲁木齐：新疆美术摄影出版社，2015：109.）

（二）袍服图案

整体来看，敦煌五代时期侍从供养像的服饰形制主要有两类：第一类服饰为归义军节度使和官吏服装的简化版和缩小版，其组合为幞头、圆领袍、束带、乌靴。第二类服饰更为轻便，突出适于行动的功能性，多为翻沿帽、窄袖缺胯袍（袍长齐膝或过膝）、束带、长靴。数量上以第二类居多，这类服装明显与游牧民族的紧窄式着装有着密切的关系。

在服饰色彩和纹样方面来看，因为侍从不具有归义军节度使、官吏和少数民族贵族那样崇高的身份和地位，所以在所着服饰方面不突出品级官阶，受到的服饰色彩和纹样限制也较少，因此呈现出丰富多彩的面貌。

自晚唐时起，侍从像所着服装的色彩便呈现多样的趋向，如敦煌莫高窟晚唐第196窟甬道北壁的四身侍从供养像（图3-71），其中两身着红色缺胯袍，一身着黑地彩色团

图3-71　敦煌莫高窟晚唐196窟甬道北壁侍从供养像

（图片来源：段文杰. 敦煌石窟艺术·莫高窟第八五窟附第一九六窟（晚唐）[M]. 南京：江苏美术出版社，1998：113. ）

花纹袍，另一身服饰纹样最为丰富的着绿地黑色环形团花纹缺胯袍，露出红地的彩色团花纹袖。随着五代时期供养人像数量的增多，服饰色彩和纹样更加丰富的侍从供养像也越来越多地出现在敦煌壁画中。

将侍从供养像中所绘袍服纹样作一整理，可发现均为四方连续式排列，从造型上看可以大致分为四种类型（图3-72）。第一类为几何纹，如莫高窟第85窟甬道南壁侍从供养像中的六瓣点纹（绿地红花），以及第5窟东壁门南下两身侍从供养像所绘的十字花纹和双线格纹（红地白花）。第二类为五瓣团花纹（绿地黑花），每片花瓣的根部都有类似锯齿状的缘边，因此将其命名为齿状团花纹，以便与第四类团花纹进行区别。第三类是四瓣团花纹，整体呈十字结构，较为复杂的造型是在花心部分融合如意云头纹。第四类为五瓣团花纹（红地），与前者不同的是，这类团花纹是将茶花的自然状态和透视效果进行归纳后形成的纹样。有时作为散点纹样呈四方连续式排列，有时在单体团花纹的基础上发展为团窠纹，即以单独五瓣团花纹为圆心，四周环绕同样的团花纹或结合如意云头纹形成的变体纹样，然后以此团窠再进行四方连续式的布局和排列，是上述四类纹样中最为复杂的一种。

从色彩上看，前两类图案表现的是双色服饰面料，后面两类表现的是多彩服饰面料。双色齿状团花纹自中唐其便在敦煌石窟中有所表现，如中唐第360窟壁画赞普身后持伞盖的侍从所着即为此图案的长袍（图3-73）。莫高窟宋代第454窟东壁的各国王子

图3-72　侍从供养像袍服纹样类型汇总

（图片来源：作者绘制，2018.）

图3-73　敦煌莫高窟中唐第360窟东壁赞普听法图

(图片来源：敦煌研究院，谭蝉雪. 敦煌石窟全集·服饰画卷[M]. 香港：商务印书馆，2005：151.)

礼佛图中有类似的双色或多彩服饰图案（图3-74），说明装饰这类图案的锦袍穿着者多为来自中亚和西亚的外国人士。敦煌五代时期侍从像服饰图案中也多次出现双色团花纹，承袭了唐代的服饰图案传统，如莫高窟第85窟（晚唐）窟顶东坡楞伽经变中尸毗王本生故事人物服饰图案。这种简朴、古拙的图案风格，显现出凸纹版单色印花的工艺特点。

木模板印花工艺历史悠久，是一种直接用凸纹模版像盖印章一样在纺织品上进行印花的一种工艺方法。出土于西汉时期湖南长沙马王堆的金银印花纱便是实例，此外，在广州南越王墓还出土了印花原理与木模版印花相同的青铜印花模版。由于木质模版较难保存，所以迄今为止无法确定此种工艺出现的时间。但是在明清时期的新疆地区，这种印花工艺十分盛行，且一直沿用不息（图3-75）。在文献记载中，新疆自古就是棉布的产区。《新唐书》卷146上："有草名白叠，撷花以为布。"约913年，慕黑尼

图3-74 敦煌莫高窟宋代第454窟各国王子听法图

（图片来源：敦煌研究院，谭蝉雪. 敦煌石窟全集·服饰画卷[M]. 香港：商务印书馆，2005：202.）

（Ibn Muhalnil）的旅行游记中曾记载道，高昌（Taghazghaz）地俗食生熟之肉，衣羊毛及棉织品❶。《册府元龟·九七二》中也多次记载回鹘以"安西白叠""白叠""白叠布""白叠段""花蕊布"对汉族进行贸易❷，可见棉布在当时作为一种特产从新疆输入到中原地区。凸版棉布印花工艺在印度很早就已经出现，并且一直延续到今天。

图3-75 新疆印花木模

（图片来源：王婧婧. 新疆维吾尔族民间木模印花布艺术特征[J]. 装饰，2011（9）：108.）

　　而多彩团花纹的结构比双色团花纹复杂，不仅有四瓣、五瓣、如意形等多种造型，而且在单个花瓣中多有渐变色，相邻的花朵也常常互换颜色，如榆林窟16窟曹元忠之子供养像所着袍服图案即是如此，前文所述归义军节度使和官吏所着圆领袍衬领的边缘以及袍内中单的袖缘常常绘有这种彩色团花纹的边饰图案，综合上述因素，推测这类团花纹应该表现的是当时的多色织锦。

---

❶ 冯佳昇. 维吾尔族史料简编（上）[M]. 北京：民族出版社，1981：58.
❷ 中央民族学院研究部. 维吾尔族史料简编（上）[M]. 北京：中央民族学院出版社，1955：73.

敦煌五代时期供养人像服饰图案及应用研究

第四章
敦煌五代时期女供养人像服饰图案

敦煌五代时期女供养人像在敦煌石窟壁画中是浓墨重彩的一笔，虽然在图像数量上少于同时期的男供养人像，但是在服饰图案的多样化方面，要远远超过男供养人像。特别是随着曹氏归义军政权的巩固和和亲政策的实施，女性角色在敦煌地缘政治生态中扮演的角色也越来越重要。从身份地位上看，这些女性大多出身世族大家，她们有的成为节度使或归义军官吏的夫人，间接参与政权基础的构建；有些远嫁到于阗或回鹘，担负着调和联络民族关系的重任；有些是少数民族贵族女性，她们在敦煌石窟壁画中的出现彰显着少数民族政权的信仰和统治；有的少数民族贵族女性嫁入曹家，成为归义军家族眷属，同时也成为民族和睦的标志和象征；当然还有供养群像中的侍女，同样是组成敦煌五代时期女供养人像的有机整体。从以上人物供养像的服饰图案风格来看，反映了在华戎所交的敦煌一地，多民族、多文化双向交流的生动历史。

第一节　敦煌五代时期女供养人题记及身份

在敦煌石窟壁画中，五代时期的女供养人像与男供养人像一样，均绘制在石窟的甬道或主室四围，身形高大，描绘细致，服饰华丽，享有同样崇高的地位。从图像绘制的风格中也可以看出，女供养人像不像男供养人像那样在画像和题记中强调其威严的政治身份和权势范围，而是更多的以柔美华贵的形象出现，她们是佛教传播和石窟造像的有力支持者和助力者，是敦煌当地多种政治角力中的柔性力量，同时她们的服饰穿戴也是家族财富的体现。本书第二章第四节已指出，供养人像的题记为明确人物身份及服饰图案的关系提供了重要而可靠的依据，因此分析此时女供养人题记及身份可为进一步研究她们的服饰图案奠定基础。

从现存莫高窟壁画中女供养人题记来看，人物身份大体可分为三种类型：

第一类为归义军节度使夫人。虽然唐律规定一夫一妻制度，但是在晚唐五代时期的敦煌地区，一夫多妻制情况却比较普遍。大多数学者认为这种现象的出现有其历史和社会根源，归纳起来主要有以下几个原因：第一，战争频繁需要增加社会劳动力人口的需要；第二，当地性别比例失调造成的社会现实；第三，受到吐蕃习俗的影响；第四，敦煌地区女性自我意识觉醒对"妾"身份的抵触；第五，归义军节度使多妻的现象还有政治联姻的含义。据郑炳林先生对晚唐五代敦煌归义军节度使夫人数量和出身家族的研究和统计，除了曹贤顺的夫人没有办法考证出来❶，其他节度使一般娶妻都在两个或者两个以上。而且这种情况不仅仅出现在节度使本人，其家族中的其他男性

❶ 郑炳林. 晚唐五代敦煌归义军节度使多妻制研究 [J]. 西北第二民族学院学报, 2003(4) : 38–45.
　另根据《敦煌供养人题记》可知，莫高窟第61窟东壁门北侧供养人像列南向第七身为"太傅曹延禄姬".

也是如此。所以，在研究归义军节度使夫人供养像服饰图案时，首先要依据题记进行人物身份的甄别和区分。表4-1列出目前可考证的归义军节度使夫人供养像以及对应的敦煌洞窟和题记。

表4-1　敦煌归义军节度使夫人供养像与莫高窟题记统计表

供养人题名	供养人身份	对应的莫高窟洞窟供养人像与题记
广平宋氏	张议潮夫人	第156窟：
矩鹿索氏	曹议金夫人	第61窟："故母矩鹿郡君夫人索氏一心供养" 第94窟："母□（武）□（威）郡太夫人矩鹿索氏一心□□" 第98窟："郡君太夫人矩鹿□（故）索氏一心供养" 第108窟："□君□夫人矩鹿郡索氏一心供养"
广平宋氏	曹议金夫人	第22窟："□（勅）受广平郡……" 第53窟："勅受广平郡夫人宋氏一心供养出……" 第61窟："故慈母勅授广平郡君太夫人宋氏一心供养" 第94窟："叔母宋国郡太夫人宋氏" 第98窟："郡君太夫人广平宋氏一心供养" 第108窟："□君太夫人广平郡宋氏一心供养"
圣天公主 陇西李氏	曹议金夫人	第22窟："勅受秦国太夫人天公主是北方大□（迴）□（鹘）□（国）圣天……" 第55窟："故北方大迴鹘国圣天的子勅受秦国天公主陇西李氏一心……" 第61窟："故母北方大迴鹘国圣天的子勅授秦国天公主陇李……" 第98窟："勅受汧国公主是北方大迴鹘圣天可□（汗）……" 第100窟："……圣天可汗的子陇西李氏一心供养"
浔阳翟氏	曹元忠夫人	第5窟："勅授凉国夫人浔阳翟氏……" 第61窟："施主勅授浔阳郡夫人翟氏一心供养" 第427窟："勅受□□□□□□氏一□供养" 第437窟："勅受凉国夫人浔□（阳）翟□氏一心□□" 榆林19窟："勅受凉国夫人浔阳郡翟氏□□□□" 榆林25窟："敕受凉国夫人浔阳□□□□□□" 榆林33窟："敕受凉□□夫□□□翟氏□" 榆林34窟："敕受凉国夫人浔阳郡翟氏一心供养" 榆林36窟："敕受凉国夫人浔阳……"
慕容氏	曹延恭夫人	454窟："窟主敕受清河郡夫人慕容氏一心供养"
于阗公主	曹延禄姬	第61窟："大朝大于阗国天册皇帝弟三女天公主李氏为新受太傅曹延禄姬供养"

第二类为少数民族贵族女供养人，她们的服饰往往反映了汉族与少数民族服饰文化交流的历史。如于阗国王李圣天的皇后，即归义军节度使曹议金的长女，P.3510中德从太子称之为"大汉皇后"，她作为曹氏归义军与于阗国联姻中的女性，在当地的政治关系中起到重要的历史作用，其显赫的地位在服饰图案上也有体现。此外，还有曹议金之妻回鹘公主、曹延禄姬于阗公主等多位来自少数民族地区或具有少数民族血统的供养人，在各自的服饰和服饰图案中反映了本民族文化和汉地文化的双向交流。

第三类为归义军眷属及世族女供养人，这类供养人的数量较前者为多，主要是归义军节度使及官吏家族的女性供养人，不仅包括出身各自家族中的女儿，也包括嫁入本家的儿媳等。她们大多来自世族人家，其母家在政治、军事、宗教等领域具有深厚的人脉关系和广泛的影响力，所以这些女供养人也是归义军政权中各族姓之间同气连枝、联络有亲的实施者和见证者。但是由于此类供养人像数量较多，在石窟壁画的绘制手法上有程式化倾向，如人物的面部特征和服饰搭配大多趋同。

除了以上三类之外，还有一类为侍女。即上述三类人物的仪仗队列或近身侍者，她们通常为身形较小、服饰相对简单的年轻女性，手持香炉、团扇、花盘等物品，尾随在高大的贵族供养人身后。这类供养人像姿态灵活，服饰绘制也非常精美，但是通常没有题记，无法判定其真实身份和姓名。

第二节　归义军节度使夫人供养像与服饰图案

归义军节度使夫人即归义军政权首领❶的妻子，本节讨论的正是这类人物供养像的服饰图案。如前文所述，历任归义军节度使往往有两名或多名妻子，且因政治联姻的关系，节度使夫人除了来自本地汉人世族之外，还有来自回鹘、于阗等多个族属的。因此在研究时需要首先结合供养体题记和敦煌文书，明确人物的身份和民族，再进行服饰图案的解析。

目前可考的节度使夫人大多数来自敦煌本地汉人世族大家，她们的服饰特点延续了晚唐贵妇华丽的风貌，在此基础上又有进一步发展。诚如沈从文先生在《麦积山壁画中几个青年妇女》一文中对五代时期供养人服饰进行对比和研究，认为麦积山壁画中的是"中层社会便服家常入庙敬香装束，而敦煌、安西壁画所见则反映当时统治西北一域，奉唐正朔的最上层家属妇女的官服派头。"❷此说为敦煌五代时期节度使夫人、眷属及世族女供养人服饰图案的总体特点作了一个明确的概括。《旧五代史》所载后唐同光二年（924年）制书中也说："近年已来，妇女服饰，异常宽博，倍费缣绫。有力之家，不计卑贱，悉衣锦绣。"❸说明五代时候延续了晚唐时候褒博的服式，而且更加宽大，制作工艺上也更加讲究。

除此之外，曹议金之妻回鹘公主作为归义军节度使少数民族夫人的代表人物，也是本章的重点研究对象。为了论述的方便，现将回鹘公主陇西李氏供养像与服饰图案的内容列为第四章第二节第四部分内容具体展开。因篇幅限制及供养人像绘制的程式化，下文将择归义军节度使汉族夫人代表人物广平宋氏和浔阳翟氏的服饰图案进行分析。

一、归义军节度使夫人事迹

依据前文所述，下面对广平宋氏、回鹘公主陇西李氏和浔阳翟氏等三位归义军节

❶ 见表3-1敦煌归义军世系与石窟题记统计表.
❷ 沈从文. 中国古代服饰研究 [M]. 上海：上海书店出版社，2011：370.
❸ 薛居正，等. 旧五代史·卷三十一 [M]. 北京：中华书局，1976：428.

度使夫人的历史事迹进行整理和论述。

　　宋氏为五代沙州人，祖籍广平郡，是归义军节度使曹议金之妻、曹元德生母。关于广平宋氏的记载，可见 P.4638《曹氏夫人宋氏邈真赞并序》："夫人者，即前河西陇右一十一州节度使曹大王之夫人也。广平鼎族，膺婺宿而诞质河湟；天假英姿，禀神沙而降临莲府。年当□岁，播淑德于宫门。贵族千求，结婚聘于王。因得母仪婉顺，柔行每振于一川。妇道俱明，规范恒彰与五郡。温恭立性，名高传九族之中。愕节清贞，美响透六亲之内。冰清皎洁，桃李莫比其芳颜。玉貌争鲜，松柏难夺其神志。眉偷初月，颊类红莲。秀丽越于西施，雅操过于南蜀。三从实备，能遵姜女之贤。四德皆通，岂亚秋胡之妇。庭训善政，育子晓五教之风。治理宫闱，谋孙探四儒之术。方保坤仪转曜，同岳石而齐坚。桂叶恒芳，等沧海而长寿。奈何天夺人愿，祸逼琼颜。神起妖灾，并臻内阁。遥寻秘术，延生之效难陈。远访良师，再活之期何有。辞天公主，嘱托便照于孤遗。别男司空，何世再逢于玉眷。郎君辟踊，二州天地而苍黄。小娘子悲啼，百鸟同哀而助泣。"❶

　　从上文中，我们可以了解到关于宋氏的几点重要信息：第一，宋氏为曹议金正妻；第二，宋氏出身于广平郡大族；第三，宋氏长相秀丽，德行出众，善于教育子女和管理宫闱；第四，宋氏在曹议金去世之后病逝，并托孤给曹议金的另一位夫人回鹘公主。了解以上关于宋氏的身份背景，对于研究其服饰图案也是有重要意义的。

　　敦煌地方政权十分重视与周边政权的联络交往，和亲政策是其中一个重要的表现。从西汉金山国开始，曹氏归义军先后与甘州回鹘、于阗国展开多代和亲、互相嫁娶的政策，诚如 P.3633v《龙泉神剑歌》所唱："结亲只为图长国，永霸龙沙截海鲸"❷，体现出其目的是为了在多国并存的西北格局中获相对稳定和强势的发展空间。历史上的回鹘曾与唐朝世代和亲，到五代时，"甘州回鹘数至，犹呼中国为舅，中国答以诏书亦呼为甥"❸，所以甘州回鹘可汗亦以李为姓，望称陇西。

　　本节的研究对象即为归义军节度使曹议金迎娶的甘州回鹘❹可汗之女李氏，因为她特殊的身份和在政治联姻中的重要作用，所以在敦煌石窟中她通常被绘在曹议金另外两位夫人索氏和宋氏之前，其样貌和服饰也多着墨表现。回鹘公主❺是甘州回鹘可汗❻之女，后嫁与归义军节度使曹议金为妻，自称"秦国天公主陇西李氏"，也称"回鹘公主"。曹议金与李氏所生的两个女儿：一女回嫁甘州回鹘阿咄欲可汗为妻，另一女嫁给

❶ "国际敦煌项目：丝绸之路在线"网站. http://idp.nlc.cn/.
❷ "国际敦煌项目：丝绸之路在线"网站. http://idp.nlc.cn/.
❸ 欧阳修. 新五代史·卷七四 [M]. 北京：中华书局，2015：916.
❹ 9世纪中叶，漠北回鹘汗国的一支迁入河西地区，与当地回鹘部落联合建立了河西甘州回鹘政权.
❺ 史载，甘州回鹘"其可汗常楼居，妻号天公主"，这一称号在归义军、于阗等整个西北地区被广泛使用.
　　欧阳修. 新五代史·卷七四 [M]. 北京：中华书局，2015：916.
❻ 一说为英义可汗仁美，一说为天睦可汗.

于阗国王李圣天。曹议金的亲戚——翟氏家族，又迎娶了甘州回鹘阿咄欲可汗与曹议金之女所生的女儿。在敦煌石窟供养人题记中，依据称呼的习惯，亦将曹议金之女、外孙女称为"天公主"。因为民族、出身和信仰的相似性，以上提到的诸位天公主以供养人身份出现在敦煌石窟壁画中时，服饰搭配与图案特征较为相似，因此本节以曹议金之妻回鹘公主陇西李氏为主要案例，进行论述和研究。

根据以上论述可知，回鹘公主陇西李氏开启了归义军政权与回鹘国世代联姻的政治局面。此外，她本人还是一位非常虔诚的佛教徒，在曹氏归义军建立初期的修窟愿文或功德记中，留下了许多为回鹘公主陇西李氏祈愿的记载，如P.3781《河西节度使尚书修大窟功德记》在为大梁帝主、河西节度使尚书祈愿之后，写道："天公主宝朗，常□松柏之贞；夫人闺颜，永贵琴瑟之美。"又如S.4245《河西节度使司空曹元德造佛窟功德记》为莫高窟第100窟建造发愿文，写道："国母圣天公主亲诣弥勒之前，阖宅娘子郎君，用增上愿。"P.3269《河西节度使司徒佛会祈愿文》云："国母天公主，延龄宠厚，万年莫竭。"❶这些记载证明秦国天公主陇西李氏经常积极参与佛教法会活动以及敦煌石窟的开凿和建设，所以在壁画中留下了许多她的大型供养像，并且常常与曹议金供养像相对而立，绘于供养人像列的最前端。

另外，从前文论述可知，秦国天公主陇西李氏便是曹议金夫人宋氏去世时嘱托照顾遗孤曹元忠的人物。因此，在曹元德、曹元深兄弟执政时，尊称她为"国母圣天公主"或"国母天公主"，地位尤其显赫，对其服饰的描绘也特别精细。

浔阳翟氏是归义军节度使曹元忠的夫人，按照供养像的题记，常称为"浔阳翟氏"或"凉国夫人"。她出身当地望族，笃信佛教，在丈夫组织和主持的许多佛教活动中，都能找到浔阳翟氏的身影。

例如，S.2687（2）《凉国夫人浔阳翟氏布施疏》文书中有"归义军节度使检校太师兼中书令敦煌王曹公之凉国夫人寻阳翟氏敬造五色绣经巾一，施入窟内"的记录，被推测此窟指的是莫高窟第55窟❷。而五代时期最著名的61窟也是曹元忠夫妇的功德窟，翟氏为这两个洞窟的开凿和建设所起的重要作用是显而易见的。

此外，北宋莫高窟碑记还记载了乾德四年（966年），曹元忠夫妇来莫高窟持斋避暑，拣选僧俗24人于"大王龛内"❸内抄写《大佛名经》18部，施舍给敦煌当地的17所寺院，剩余一部"发遣西州"。同时，他们看到历时几百年的北大像窟前楼阁下层撑木损坏，遂命僧俗、官吏重修莫高窟北大像❹，其中特别提到在这次动用数百人的工程中，翟氏亲自揽衣入厨，为施工僧俗操炊调膳，展现出极具亲和力的形象。从以上表现来

❶ "国际敦煌项目：丝绸之路在线"网站. http://idp.nlc.cn/.

❷ 陈菊霞. 归义军节度使夫人翟氏生平事迹考 [J]. 敦煌研究, 2013(2)：84-92.

❸ 今莫高窟第98窟.

❹ 季羡林. 敦煌学大辞典 [M]. 上海：上海辞书出版社, 1998：336.

看，浔阳翟氏夫唱妇随，与丈夫都是佛教文化艺术事业的积极推动者，所以在曹元忠执政时期，敦煌佛教的发展得到了强有力的支持。

二、归义军节度使夫人供养像概述

曹议金夫人广平宋氏的供养像在敦煌莫高窟壁画中出现，主要有五身，分别为：第22、53、61、98、108窟。现将各窟内广平宋氏供养像现状及题记整理如下。

根据贺世哲先生的研究，第22窟约修建于940～947年，窟主较大可能为曹元深❶。此窟东壁门南侧供养人像列北向第二身为宋氏供养像，题记曰："□（勑）受广平郡……"❷，壁画大部湮没。

据《敦煌石窟内容总录》记载，莫高窟第53窟主室是五代时期将一中唐窟扩大而成，后于1948年发现❸。南壁供养人像列西向第二身，为宋氏供养像，题记曰："勑受广平郡夫人宋氏一心供养出……"❹，像高约1.1米，头部和足部模糊，可见人物着浅土红长袖衫，领缘、袖缘为半破式小团花纹，裙腰为团花纹，披帔帛。

莫高窟第61窟内主室东壁门南侧供养人像列北向第四身为宋氏供养像，题记曰："故慈母勑授广平郡君太夫人宋氏一心供养"❺。根据题记中对宋氏称谓前所加"故"字，可知绘制此幅供养像时宋氏已去世，因此此幅供养像属于身后追绘的画像。此窟宋氏供养像保存较完整，画像中人物戴花钗桃形凤冠，着土红色大袖衫，领缘、袖缘为半破式团花纹，披帔帛，穿花头履。

莫高窟第98窟内东壁门北侧供养人像列南向第三身为宋氏供养像，题记曰："郡君太夫人广平宋氏一心供养"❻。

莫高窟第108窟主室东壁门南侧供养人像列北向第三身为广平宋氏供养像，画像头冠色彩模糊，留凤冠残痕，下半部湮灭，可见人物着土红色长袖衫，领缘、袖缘为半破式团花纹，裙腰为团花纹，披帔帛。

回鹘公主陇西李氏供养像在敦煌壁画中出现，主要有十二身，分别位于莫高窟第22、25、55、61、98、100、108、121、205、401、428窟和榆林窟第16窟中，全部与曹议金供养像相对出现。现将各窟供养像现状概况介绍如下。

莫高窟第22窟内回鹘公主陇西李氏供养像位于该窟东壁门南侧供养人像列北向第一身，着回鹘装，题记曰："勑受秦国太夫人天公主是北方大□（迴）□（鹘）□（国）

❶ 敦煌研究院. 敦煌莫高窟供养人题记[M]. 北京：文物出版社，1986：225.
❷ 敦煌研究院. 敦煌莫高窟供养人题记[M]. 北京：文物出版社，1986：9.
❸ 敦煌研究院. 敦煌石窟内容总录[M]. 北京：文物出版社，1996：23.
❹ 敦煌研究院. 敦煌莫高窟供养人题记[M]. 北京：文物出版社，1986：16.
❺ 敦煌研究院. 敦煌莫高窟供养人题记[M]. 北京：文物出版社，1986：21.
❻ 敦煌研究院. 敦煌莫高窟供养人题记[M]. 北京：文物出版社，1986：32.

圣天……"❶。

　　莫高窟25甬道北壁供养人像列西向第一身为回鹘公主供养像，题记曰："故北方……"❷，由此判断此像为身后追绘，现仅残存桃形冠。

　　莫高窟第55窟甬道北壁底层剥出宋初绘女供养人局部，据题记可知第一身为甘州回鹘公主，题记曰："故北方大回鹘国圣天的子勒受秦国天公主陇西李氏一心……"❸，现残存桃形冠。

　　莫高窟第61窟内回鹘公主供养像位于主室东壁门南侧供养人像列北向第一身，题记曰："故母北方大回鹘国圣天的子勑授秦国天公主陇西李……"❹。供养像中人物戴桃形冠，着褐色翻领窄袖大袍，捧香炉，足部残损。

　　莫高窟第98窟中回鹘公主供养像位于东壁北侧供养人像列南向第一身，题记曰："勑受汧国公主是北方大回鹘国圣天可□（汉）……"❺。画像中人物戴桃形冠，身着圆领窄袖红色拖裾长袍，袍上花纹被破坏。

　　莫高窟第100窟的窟主为回鹘公主陇西李氏，甬道北壁供养人像列西向第一身为其供养像，题记曰"……郡……人汧……圣天可汗的子陇西李氏一心供养"❻。人物供养像戴桃形冠，着褐色翻领窄袖长袍，较为模糊。除了供养像之外，此窟西、北、东壁下部绘回鹘公主出行图，整体形式模仿156窟的宋国夫人出行图，绘制的乐队、仪仗、马车等浩浩荡荡，场面隆重。行进队伍中回鹘公主骑高头大马，头戴帷帽，着圆领窄袖长袍。

　　莫高窟第108窟东壁门南下供养人像列北向第一身为回鹘公主供养像，题记已湮灭。人物戴桃形冠，着红色翻领窄袖长袍，下半部分已残损。

　　莫高窟第121窟甬道北壁供养人像列西向第一身为回鹘公主供养像，题记已湮灭。人物戴桃形冠，着褐色翻领窄袖长袍。

　　莫高窟第205窟甬道北壁供养人像列西向第一身为回鹘公主供养像，题记已湮灭。人物戴桃形冠，着褐色翻领窄袖长袍，下半部分残损。

　　莫高窟第401窟甬道北壁供养人像列西向第一身为回鹘公主供养像，残存题记曰："勑受……"❼。人物戴桃形冠，着褐色翻领窄袖长袍。

　　莫高窟第428窟甬道北壁供养人像列西向第一身为回鹘公主供养像，题记不存。人物戴桃形冠，着褐色翻领窄袖长袍。

❶ 敦煌研究院.敦煌莫高窟供养人题记[M].北京：文物出版社,1986：9.
❷ 敦煌研究院.敦煌莫高窟供养人题记[M].北京：文物出版社,1986：9.
❸ 敦煌研究院.敦煌莫高窟供养人题记[M].北京：文物出版社,1986：18.
❹ 敦煌研究院.敦煌莫高窟供养人题记[M].北京：文物出版社,1986：21.
❺ 敦煌研究院.敦煌莫高窟供养人题记[M].北京：文物出版社,1986：32.
❻ 敦煌研究院.敦煌莫高窟供养人题记[M].北京：文物出版社,1986：49.
❼ 敦煌研究院.敦煌莫高窟供养人题记[M].北京：文物出版社,1986：152.

榆林窟第16窟甬道北壁下供养人像列东向第一身为回鹘公主供养像，题记曰："北方大回鹘国圣天公主陇西李氏一心供养"[1]。人物戴桃形冠，着褐色翻领窄袖拖裾长袍。

如前所述，浔阳翟氏与丈夫曹元忠热心佛教事业，在敦煌文书中多次留下夫妇开窟造像、参与佛教节日和法会、组织抄写佛经等活动的记载。所以在敦煌石窟中也自然留下了不少翟氏的供养像，其中比较有代表意义和研究价值的有十身，分别为莫高窟第5、61、231、437、427窟，以及榆林窟第19、25、33、34、36窟。其中榆林窟中翟氏供养像全部与曹元忠供养像相对出现。

莫高窟第5窟为五代时期新建石窟，甬道北壁供养人像列西向第一身为浔阳翟氏供养像，题记曰："勅授凉国夫人浔阳翟氏……"[2]，据作者现场调研所见，该画像可辨认人物袖缘图案为半破式小团花纹，其余部分较模糊。

莫高窟第61窟南壁第三身供养人画像榜题"施主勅授浔阳郡夫人翟氏一心供养"[3]可知，此窟为当时归义军政权核心人物曹元忠[4]妻子翟氏所建功德窟。画像中人物戴花钗桃形凤冠，着土红色大袖衫，领缘、袖缘为半破式团花纹，披帔帛，穿花头履。

莫高窟第231窟为中唐开凿，宋代重修。甬道北壁绘浔阳翟氏供养像，头部较模糊，下半身壁画损毁。可见人物戴石绿色多层项链，着红色大袖衫、红裙，袖缘为半破式小团花纹，与裙腰图案搭配，披浅红色帔帛。

莫高窟第427窟为隋代开建，曹元忠时期重绘甬道壁画。其中，甬道北壁供养人像列西向第一身为浔阳翟氏供养像，题记曰："勅受□□□□□□氏一□供养"[5]。人物戴花钗凤冠，着土红色大袖衫、红裙，袖缘、领缘为半破式团花纹，披帔帛，穿花头履。

莫高窟第437窟为北魏时开凿，宋代重修，甬道北壁有浔阳翟氏供养像，题记曰："勅受凉国夫人浔□（阳）翟□氏一心□□"[6]。像高约1.5米，整体模糊，可辨认人物戴凤冠。

榆林窟第19窟甬道北壁存浔阳翟氏供养像，题记曰："勅受凉国夫人浔阳郡翟氏□□□□"[7]。人物头戴花钗桃形凤冠，着赭色大袖衫、红裙，披帔帛，穿花头履。

榆林窟第25窟前甬道北壁西侧绘有曹元忠夫人翟氏及长女延鼐供养像二身、侍女二身，惜遭粉浆刷盖，现已不存。参考1942年罗寄梅考察榆林窟记录，可知此窟翟氏供养像高约1.64米，凤冠朱衣，捧香炉，题记曰："勅受凉国夫人浔阳

❶ 罗寄梅.安西榆林窟的壁画[J].中国东亚学术研究计划委员会年报,台北:精华印书馆,1964(3):18.
❷ 敦煌研究院.敦煌莫高窟供养人题记[M].北京:文物出版社,1986:3.
❸ 敦煌研究院.敦煌莫高窟供养人题记[M].北京:文物出版社,1986:23.
❹ 曹元忠于944-974年间任归义军节度使.
❺ 敦煌研究院.敦煌莫高窟供养人题记[M].北京:文物出版社,1986:155.
❻ 敦煌研究院.敦煌莫高窟供养人题记[M].北京:文物出版社,1986:165.
❼ 罗寄梅.安西榆林窟的壁画[J].中国东亚学术研究计划委员会年报,台北:精华印书馆,1964(3):15.

□□□□□□□"❶。

榆林窟第33窟为五代末期曹元忠所修建，后清代重修。甬道北壁存曹元忠夫人浔阳翟氏与长女供养像，翟氏像高约1.7米，题记曰："敕受凉□□夫□□□翟氏□□□□"❷。画像头部模糊，可辨认戴凤冠，着红色大袖衫，袖缘、领缘为半破式团花纹，披帔帛，下部漫漶。

榆林窟第34窟初建于唐，后经五代、宋、清重修。甬道北壁绘翟氏供养像，像高1.57米，题记曰："敕受凉国夫人浔阳郡翟氏一心供养"❸。人物戴花钗凤冠，着红色大袖衫，领缘、袖缘有半破式四瓣花纹，披帔帛，穿花头履。

榆林窟第36窟建于唐代，后经五代、宋、清重修。此窟甬道北壁绘翟氏供养像，像高1.75米，题记曰："敕受凉国夫人浔阳……"❹。人物戴花钗凤冠，细节模糊，着红色大袖衫，领缘、袖缘有半破式团花纹，披帔帛，穿花头履。

三、广平宋氏与浔阳翟氏供养像服饰图案

从以上三位具有代表性的归义军节度使夫人的事迹与供养像概况中，可以看出三位夫人中的两位是汉族出身，一位是回鹘出身。而从人物生活的年代上看，前两者为曹氏归义军创始人曹议金的夫人，后一位是曹氏政权在位时间最长、政权最为稳固的曹元忠夫人。她们在身份上、生活时段上都有不同的差异，相比之下，广平宋氏和浔阳翟氏的服饰图案同属汉式礼服系统，在搭配和纹样方面具有较为相似之处，因此本节将二者并列论述，后文将回鹘公主服饰图案单独列出。为了论述的方便，下文将从首饰、上衣、袍、帔帛、裙、腰襻、履、配饰这八个服装组成部分进行分析和研究。

（一）头冠与首饰图案

归义军节度使夫人供养像的首服主要包括凤冠、梳钗、钿钗、花钿、花叶钗、簪和步摇，其纹样细节和相互搭配的方式有所区别。

凤冠的主体纹样是凤纹，这是中国自古便使用的装饰题材，如河南安阳殷墟妇好墓出土的商代玉凤（图4-1），但是凤纹常用于女性贵族的头冠却是唐代以后

图4-1　商代玉凤（河南安阳殷墟妇好墓出土，中国国家博物馆藏）

（图片来源：沈从文. 龙凤艺术 [M]. 北京：北京十月文艺出版社，2010：51.）

❶ 罗寄梅. 安西榆林窟的壁画 [J]. 中国东亚学术研究计划委员会年报，台北：精华印书馆，1964（3）：21.
❷ 罗寄梅. 安西榆林窟的壁画 [J]. 中国东亚学术研究计划委员会年报，台北：精华印书馆，1964（3）：27.
❸ 罗寄梅. 安西榆林窟的壁画 [J]. 中国东亚学术研究计划委员会年报，台北：精华印书馆，1964（3）：33.
❹ 罗寄梅. 安西榆林窟的壁画 [J]. 中国东亚学术研究计划委员会年报，台北：精华印书馆，1964（3）：38.

图4-2　山东微山汉代画像石中砖西王母

（图片来源：王苗. 珠光翠影：中国首饰史话 [M]. 北京：金城出版社，2016：312.）

的事情。中间也有山东汉代画像砖西王母戴着鸟形头饰（图4-2）的个例，但是凤冠仍不属于汉族传统礼服中的组成部分，仅汉代太后在重要祭祀场合在头上"簪以瑇瑁为擿，长一尺，端为华胜，上为凤皇爵，以翡翠为毛羽，下有白珠，垂黄金镊。左右一横簪之，以安蔮结。"[1]接近后世吉服的礼制。东晋王嘉在《拾遗记》中，明确提到了"凤冠"的名称。可是唐代舆服志中所记载的皇后、太子妃、内外命妇仍以花树、钿钗和博鬓的使用和数量作为区分身份的依据，还没有凤冠的踪迹，直到北宋初年颁布的《开宝礼》依然随唐例，可是到了北宋《政和五礼新仪》中便在唐礼令文中加了一句，皇后冠服"首饰花一十二株，小花如大花之数，并两博鬓。冠饰以九龙四凤"[2]，这其中发生了新的变化。

从敦煌图像中来看，莫高窟中唐第158窟壁画中第一次出现了王后佩戴凤冠，但是样式比较简洁。自张氏归义军和曹氏归义军时期起始，敦煌石窟壁画中便开始大量涌现出贵妇佩戴凤冠的形象，特别是归义军节度使夫人都戴凤冠，而归义军眷属及世族女供养人像戴凤冠的也不在少数。究其原因，恐怕与唐代龙纹逐渐从十二章纹中凸显和独立出来，逐渐成为皇家专用纹样有关，这种风气也影响到了西北地区。例如，莫高窟第409窟中回鹘王所穿的团龙袍就被视为龙纹用于帝王的一个实例。与之相对的，凤纹从战国秦汉时期的朱雀渐渐演化为唐代凤凰的造型，头部吸收了西方鸟喙的外形，圆眼，翅膀上羽毛上翘，足如鸡爪，尾部变化为卷草云纹或花纹，嘴中长衔绶带、花枝或璎珞，就像陕西西安博物院藏金凤饰件（图4-3）、日本正仓院所藏鸟花背八角镜（图4-4）和西安洪庆村305号景云元年（710年）李

图4-3　金凤，唐，1971年西安市东郊郭家滩出土，陕西西安博物院藏

（图片来源：作者拍摄于西安博物院，2016.）

[1] 范晔. 后汉书·志第三十 [M]. 李贤，等注. 北京：中华书局，1965：3676.
[2] 脱脱，等. 宋史·卷一百五十一 [M]. 北京：中华书局，1977：3537.

仁墓室石门楣（图4-5）上的凤纹那样。结合《新唐书》中唐文宗下诏规定非常参官所居舍屋不能用对凤的记载，可知此类凤纹在唐代时不仅用于头冠、铜镜等装饰，也曾用于建筑门楣，是一种应用广泛的纹样题材。

宋氏和翟氏所戴凤冠有两个类型：一种是桃形凤冠，另一种是镂空凤冠。两种冠形上的凤纹造型相似，但是质感表现上略有差异，表现的是五代时期金银器纹样制作工艺的区别。前者是外轮廓呈桃形的头冠，从绘画效果来看是在一块完整的金属片上显露出凤纹，具有一定厚度，推测运用了主要来自西方的锤揲工艺，在拜占庭、波斯和中亚的金银器中，这是一种传统的成纹方法。因为这种工艺加工出的图案呈现浮雕效果，所以当时称为"隐起"。从目前可以辨认的归义军夫人供养像中所绘凤冠来看，一身宋氏供养像、三身翟氏供养像均佩戴了这种类型的凤冠，是数量较多的。这种凤冠的造型明显受到回鹘桃形冠的影响，而且在归义军节度使汉族夫人和家族女眷中最常佩戴。而后者是将金属片镂雕出凤纹轮廓，再在上面锤击凿子从而显现图案，这种工艺是中国传统的金银器加工的制作方法，即錾刻，又被称为"钑"或"钑镂"，也多指鎏金的银器，唐代出土的许多花钗便是采用这种工艺（图4-6），归义军节度使夫人供养像中只有两身翟氏供养像佩戴了这种类型的凤冠，数量不如前者。

尚刚先生认为："唐代金银器也一样，器物风格每因成纹方法的差异而不同，即锤揲图案多具西域风，錾刻图案每为中国

图4-4　鸟花背八角镜，八世纪，日本正仓院藏

（图片来源：奈良博物馆. 第六十九回"正仓院展"目录. 奈良：天理时报社，2017：14.）

图4-5　西安洪庆村305号景云元年（710）李仁墓石门楣

（图片来源：孙机. 中国古舆服论丛[M]. 2版（增订本）. 上海：上海古籍出版社，2001：483.）

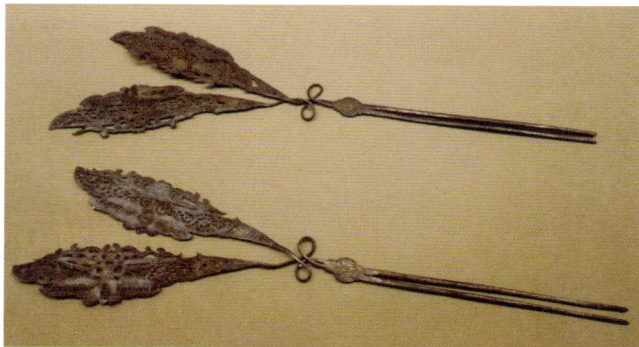

图4-6　鎏金蝴蝶纹银钗，唐，西安市何家村窖藏出土

（图片来源：作者拍摄于陕西历史博物馆，2016.）

敦煌五代时期供养人像服饰图案及应用研究

风。"❶而在五代时期的敦煌图像中表现的凤冠搭配方式和使用的人物身份，已体现出东西方的双向交融。

第一类是镂空凤冠搭配簪、钿钗、步摇和花钿。敦煌莫高窟第427窟（图4-7）和榆林窟第36窟的浔阳翟氏供养像中所绘首饰便属于此类，是这三种搭配中使用数量最少的。

第二类是桃形凤冠搭配梳篦、钿钗、簪、步摇和花钿。在可以辨别的图像中，有四身归义军节度使夫人佩戴此类型的首饰，分别是敦煌莫高窟第61窟主室东壁门南下广宋氏供养像（图4-8）、翟氏供养像、榆林窟第19窟和第33窟的翟氏供养像，是归义军节度使汉族夫人最常佩戴的一种形式。

图4-7　敦煌莫高窟第427窟甬道北壁浔阳翟氏供养像

（图片来源：敦煌研究院，谭蝉雪. 敦煌石窟全集·服饰画卷 [M]. 香港：商务印书馆，2005：236.）

图4-8　敦煌莫高窟第61窟主室东壁门南下广平宋氏供养像

以上说明在曹议金和曹元忠主政时期与回鹘文化的双向交融，回鹘的桃形冠上装饰着以西方锤揲工艺加工的中国传统凤纹，同时被归义军节度使的汉族夫人和回鹘公主所佩戴，这是曹氏归义军政权祖孙三代与回鹘联姻带来的新风俗，也是归义军节度使夫人供养像中冠式多样化的背景和基础。

梳钗又名钗梳、钗疏，是簪钗和梳篦的合称。敦煌文书也有相关记载，如P.3391《杂集时用要字》即有此称："钗梳，镜尺，剪刀（刀）。"同时代出土文献中也有记载，

---

❶ 尚刚. 隋唐五代工艺美术史 [M]. 北京：人民美术出版社，2005：173.

如吐鲁番文书73TAM[1]210:136/1《唐（广+舌）太夫人随葬衣物疏》："头发五十两，钗梳廿具。"59TAM302:35/5《高昌缺名（女）随葬衣物疏："箭（剪）刃（刀）、钗疏具"》。唐代女子已开始流行戴梳钗，形状较汉代马蹄形的梳篦宽阔一些，并慢慢过渡到扁圆的半月形。从图像中看，五代时期壁画中回鹘公主供养像不戴梳钗，而宋氏和翟氏供养像均饰梳钗，两个一组，上下相对，共装饰三组，有绿梳红齿、白梳白齿，这种装饰的风俗与王建《宫词》中所说一致："玉蝉金雀三层插，翠髻高丛绿鬓虚。舞处春风吹落地，归来别赐一头梳。"[2]从唐代出土实物来看，梳钗的梳背应该是装饰的重点，敦煌文书S.3227《杂集时要用字·花钗部》称梳背为"钿掌，月掌，牙梳花"[3]，扬之水学者认为此名称说明当时流行以金筐花钿为梳背之饰[4]（图4-9）。但是壁画中的梳背基本为素面，想来是像唐代玉梳背一样呈素色暗纹（图4-10），因此在壁画中将纹样省略了。

图4-9　金梳背，唐，陕西西安何家村窖藏出土

（图片来源：扬之水. 中国古代金银首饰[M]. 北京：故宫出版社，2014：120.）

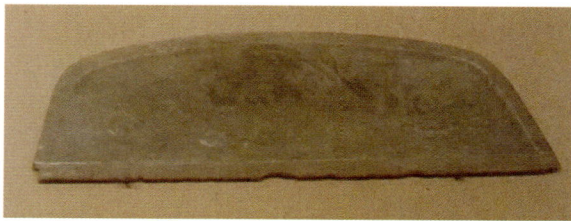

图4-10　鸿雁纹玉梳背，唐，陕西西安市南郊唐墓出土

（图片来源：作者拍摄于陕西历史博物馆，2016.）

　　宋氏和翟氏供养像均绘制了钿钗、花叶钗和花钿，钿钗即在钗梁顶端有如意花托，上嵌绿玉。这样的搭配应该是延续了唐代钿钗礼衣的制度，如《旧唐书》中所载：武德令，皇后服有袆衣、鞠衣、钿钗礼衣三等，"袆衣，首饰花十二树……皇太子妃服，首饰花九树……内外命妇服花钗……第一品花钿九树……第二品花钿八数……第三品花钿七数"[5]，如是依次递减。但是从壁画中花叶钗数目来看，有的与记载不符，推想此时代表最高等级的头冠已经变为凤冠，所以对于花叶钗数目的精确绘制便退而居其次了。此外，回鹘公主发髻上花钿装饰于前额，宋氏和翟氏则装饰于两鬓，这是发式的不同和梳钗的使用而造成。

　　宋氏和翟氏供养像多戴簪，一般戴四支，簪子花头的形状与弹琵琶用的拨子类似，陕西西安莲湖区曾出土过类似形状的银拨子式凤纹簪（图4-11）。

---

[1] "TAM"：此为新疆吐鲁番阿斯塔那村古墓群出土文物编号。T代表"吐鲁番"（Turfan），A代表"阿斯塔那"（Astana），M代表"墓"（Mù）。"ATM"前的数字代表发掘年份，"ATM"后的数字代表墓号，"："后的文物编号，a、b表示正背面，"/"表示此号文物有若干件，"/"后的数字代表此片文物的编号。下同。

[2] 刘俊文. 北京爱如生数字化技术研究中心研制. 全唐诗录·卷五十六. 中国基本古籍库[DB/OL]，黄山书社出版.

[3] 叶娇. 敦煌文献服饰词研究[M]. 北京：中国社会科学院出版社，2012：285.

[4] 扬之水. 中国古代金银首饰[M]. 北京：故宫出版社，2014：119.

[5] 刘昫，等. 旧唐书·卷四十五[M]. 北京：中华书局，1975：1955.

归义军节度使夫人供养像均戴步摇，只有莫高窟第61窟的宋氏供养像未佩戴，至少说明步摇的佩戴是曹元忠时期非常流行的女子头饰。汉代时步摇的样式是悬系摇叶的花枝式簪钗，这时已经变为悬系坠饰，并且有钿钗步摇和凤钗步摇两种款式。

图4-11　银拨子式凤纹簪，唐，陕西西安市莲湖区出土

（图片来源：扬之水. 中国古代金银首饰[M]. 北京：故宫出版社，2014：103.）

另外，从首服图案的色彩表现上来看，除了莫高窟第427窟翟氏供养像的凤冠、花钗和步摇上点缀着许多蓝色宝石之外，壁画中所绘凤冠、花钗的底色多为褐色，其上纹样与结构用墨线勾勒，表现的应是头冠的金属质感。

（二）上衣图案

归义军节度使夫人宋氏和翟氏供养像所绘服装应代表着我国五代时期以敦煌为代表的西北地区高级命妇的正式礼服，与《唐六典》和两《唐书》中舆服志所记载的内、外命妇礼服形制均不太相符。从图像中可以看到，所绘上衣包括襦和大袖衫。

襦是一种中国古代男女穿着的短衣，在汉魏时期便有"上襦下裙"的称谓。可见襦是一种上衣，常与裙搭配。这时候的短襦一般为右衽大襟，袖子也有宽窄区别，大多用单色平纹织物制作。但到隋唐以后，襦的款式和装饰都发生了变化。首先是大襟的襦开始变为对襟，穿着时将衣襟敞开，袒露颈部和部分胸膛，将下摆束在裙内。其次是袖子由紧窄变得宽大，白居易在《新乐府·上阳白发人》一诗中说："小头鞋履窄衣裳，青黛点眉眉细长。外人不见见应笑，天宝末年时世妆。"[1]但是一种宽大的着装风气在慢慢兴盛起来，逐渐形成中唐之后"大髻宽衣"[2]的流行，敦煌五代时期女供养人汉式礼服的整体风格也承袭了这种趋势。

宋氏和翟氏供养像中所见襦为交领，襟部向内斜收，束在高腰裙里，只露出小面积的三角形局部，襦领缘为半破式团花纹。襦外罩两件大袖衫，内里一件对襟敞开，领缘和袖子通常绘半破式团花纹（图4-12）。据杜朝晖先生研究，敦煌文书中所载"绣颜"即指用于以刺绣工艺用于衣服的滚边，此外古代也有以锦作衣领、衣袖缘饰的制度[3]，因此壁画中表现的应该是这两种工艺之一（图4-13）。最外面一件大袖衫平素无纹，亦无缘边。推测其质地应与曹议金像所着红色圆领袍材质类似，都为平纹地或斜纹地的暗花织物，所以在壁画中没有绘出具体花纹。

❶ 白居易. 白居易诗集校注[M]. 谢思炜，校注. 北京：中华书局，2015：298.
❷ 张彦远. 历代名画记·卷九[M]. 杭州：浙江人民美术出版社，2011：150.
❸ 杜朝晖. 敦煌文献名物研究[M]. 北京：中华书局，2011：240.

图4-12 榆林19窟甬道浔阳翟氏供养像

（图片来源：敦煌研究院，谭蝉雪. 敦煌石窟全集·服饰画卷[M]. 香港：商务印书馆，2005：236. ）

敦煌五代时期供养人像服饰图案及应用研究

（1）莫高窟第53窟主室南壁广平宋氏供养像　（2）莫高窟第108窟主室东壁南门广平宋氏供养像　（3）莫高窟第231窟甬道北壁浔阳翟氏供养像　（4）莫高窟第5窟甬道北壁浔阳翟氏供养像　（5）榆林第33窟甬道北壁浔阳翟氏供养像　（6）榆林第34窟甬道北壁浔阳翟氏供养像

图4-13　广平宋氏、浔阳翟氏供养像袖缘纹样汇总

（图片来源：作者绘制，2018.）

（三）帔帛图案

　　在敦煌文书中，帔帛被称为"被子""披子""帔子""帔"等。印度马图拉早期佛教雕塑中较早出现帔帛披身的飞天形象（图4-14），在敦煌莫高窟壁画中，可见较早的例子出现在第272窟北侧壁画中的菩萨像中（图4-15），可知帔帛形式来自古印度。此外，披帔帛的服饰习惯还受到波斯的影响，如《魏书·波斯传》记载波斯妇女的服饰曰："妇女服大衫，披大帔。"[1]《旧唐书》也说："波斯国……妇人亦巾帔裙衫，辫发垂后，饰以金银。"[2]段文杰先生认为隋唐妇女着窄衫小袖、披帔帛，与波斯的风俗有关系[3]。但是从记载来看，隋唐时期妇女的窄衫小袖与记载中的"大衫""大帔"不符，而

图4-14　帔帛披身的飞天形象，马图拉雕刻

（图片来源：赵声良.飞天艺术：从印度到中国[M].南京：江苏美术出版社，2008：20.）

[1] 魏收.魏书·卷一百二[M].北京：中华书局，1974：2271.
[2] 刘昫，等.旧唐书·卷一百九十八[M].北京：中华书局，1975：5311.
[3] 段文杰.莫高窟唐代艺术中的服饰[C]//阎文儒，陈玉龙.向达先生纪念论文集.乌鲁木齐：新疆人民出版社，1986：238.

与敦煌五代时期女供养人像中所绘服饰略同。

帔帛的样子如同一条长围巾，从敦煌壁画和历代传世绘画、雕塑、唐三彩、陶俑中可以看到多种多样的披搭方式。如将帔帛两端等长披搭在肩头垂下、双臂置于其下或其上的方法；将帔帛从身前披搭至身后、在裙前形成半弧形的方法等（图4-16）。根据宋氏和翟氏供养像所绘帔帛图像分析，其披搭方式应该是，先将帔帛较短的一端搭于左肩垂下（因供养人像站姿问题，此端被遮在宽大的衣袖后面），较长的一端从左肩向后环绕至右肩，在裙前缓缓回圈，形成一个半圆弧，再将其从内向外搭在左臂垂下至裙底，如《簪花仕女图》中女子的帔帛一样（图4-17）。因此宋氏和翟氏供养像及同窟大多数着汉式礼服女供养像的帔帛都只看到从人物左臂外侧垂下的一端，而看不到被遮掩的另一端。

敦煌文书中提到帔帛的面料主要为罗、绢和绫这些轻薄的丝绸品种，而且多以暗提花装饰，所以敦煌壁

图4-15　莫高窟北凉272窟西壁龛内北侧胁侍菩萨像

（图片来源：敦煌文物研究所. 中国石窟·敦煌莫高窟（一）[M]. 北京：文物出版社，东京：平凡社，1987：10.）

图4-16　莫高窟中唐第468窟西壁女供养人像

（图片来源：敦煌研究院，谭蝉雪. 敦煌石窟全集·服饰画卷[M]. 香港：商务印书馆，2005：179.）

敦煌五代时期供养人像服饰图案及应用研究

画中唐代以前世俗女性的帔帛多为素色。从唐代开始，壁画中的帔帛出现明显的花纹，至五代时期花纹更加缤纷多彩，这种表现与当时丝质品印染工艺的进步有很大关系。宋氏、翟氏供养像的帔帛均为白地红色菱格四簇忍冬纹，与法国吉美博物馆藏EO.3579五代至北宋时期《不空绢索观音曼荼罗》和MG❶.17662北宋时期《披帽地藏菩萨十王图》中右下方女供养人的帔帛（图4-18、图4-19）一致。这种红色在敦煌文书中被称为"襢"或"绯"，均指浅红或浅赭的颜色。

图4-17 《簪花仕女图》（局部），唐，（传）周昉，绢本设色，辽宁省博物馆藏

（图片来源：杨新，班宗华. 中国绘画三千年[M]. 北京：外文出版社，纽黑文：耶鲁大学出版社，1997：81.）

图4-18 不空绢索观音曼荼罗（局部），五代－北宋，绢本着色，法国吉美博物馆藏

（图片来源：ジャン・フランソワ・ジャリージュ，秋山光和. 西域美術（全2巻）：ギメ美術館 ペリオ・コレクション[M]. 東京：株式会社講談社，1994：99-5.）

图4-19 被帽地藏菩萨十王图（局部），北宋太平兴国八年（983），绢本设色，法国吉美博物馆藏

（图片来源：ジャン・フランソワ・ジャリージュ，秋山光和. 西域美術（全2巻）：ギメ美術館 ペリオ・コレクション[M]. 東京：株式会社講談社，1994：63-3.）

从纹样绘制的效果来看，菱格边缘有朦胧的色晕，应该是敦煌文书中所称的"晕"或"蕴"，如P.2583《申年比丘尼修德等施舍疏（十三件）》"红蕴披子一施入合城大众"、P.2567（背）《癸酉年（793）二月沙州莲台寺诸家散施历状》"晕绢被子"❷等，指的就是这种表现晕染效果花纹的帔帛。依据壁画中帔帛的主体纹样，作者推断这是用夹缬工艺制作，除了前文提到的敦煌文书记载可以印证以外，还因为菱格的大小、

---

❶ "MG."：此为法国集美博物馆藏敦煌文物编号。伯希和将敦煌所获文物收藏卢浮宫，这些文物资料在1947年前全部移入集美博物馆之前，就有少量文物入藏该馆，编在MG.号下。下同。

❷ 杜朝晖. 敦煌文献名物研究[M]. 北京：中华书局，2011：206-208.

形式错落有致，其规律性的排布说明其制作工艺具有批量加工的特点。根据以上推测，作者绘制了染得这种花纹的夹缬版示意图（图4-20）。使用时先将面料对折，然后将布条以折扇方式正反折叠，最后固定以夹板入染红色染料，染后水洗、除去夹板，展开织物可得此种白地红色菱格花纹，

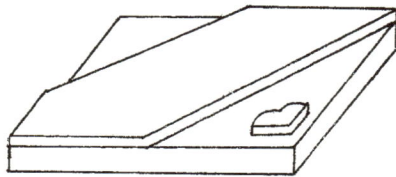

图4-20　夹缬版示意图
（图片来源：作者绘制，2018.）

其上的四簇忍冬纹可以在染色后以画绘或刺绣方式表现。目前在敦煌藏经洞所出夹缬纺织品大多为多色，亦称彩色夹缬，但是这类白地红花的单色夹缬帔帛反复出现在敦煌五代时期供养人像中，必然有其现实对应。如出土于敦煌莫高窟的唐代夹缬绢幡和出土于敦煌藏经洞的唐代团花纹夹缬绫（图4-21），便是在绢和绫上以夹缬工艺表现菱形花纹的实例。王㐨先生曾研究复原这种花纹的制作方法，并将其视为绞缬工艺，指出这种方法多用作条带织物的退晕处理❶。此工艺发展到五代时期又发生进一步变化，主要是由原来的色（蓝）地白花发展为白地色（红）花，这就需要大型的夹板而非简单的菱形木板才能制作，所以对此种工艺的表现也是由绞缬发展至夹缬的证明之一。

图4-21　团花纹夹缬绫，唐，敦煌藏经洞出土，英国维多利亚与阿尔伯特博物馆
（图片来源：赵丰. 敦煌丝绸艺术全集（英藏卷）[M]. 上海：东华大学出版社，2007：201.）

（四）裙子图案

从敦煌石窟图像看，归义军节度使夫人供养像均着红裙，裙摆无纹饰，裙裾曳地。裙腰上提束在胸前，装饰着一道较宽的花纹条带。因为供养人多捧花盘或其他供器，多有遮挡，从目前能够收集整理的资料来看，这条饰带的纹样地色多为红色或浅土红，有的是一整二破式五瓣小团花纹，有的是一整二破式如意团花纹（图4-22），这应是敦煌文书中提到的"红锦腰"。

从唐代起，女子为了显示身材的修长，往往将裙子束得很高，并在裙子顶端大约相当于胸前的位置束一条宽阔的装饰条带。如孙棨《题妓王福娘墙》诗中所说："东邻起样裙腰阔，剩蹙黄金线几条。"❷传为唐代画家张萱的名作《捣练图》中也有这样的形象，但是画中人物胸前条带的宽度还不是非常明显。到了晚唐时期，敦煌文书P.2613

❶ 王㐨. 染缬集 [M]. 北京：北京燕山出版社，2014：75-76.
❷ 赵崇祚. 花间集校注·卷六 [M]. 杨景龙，校注. 北京：中华书局，2017：863.

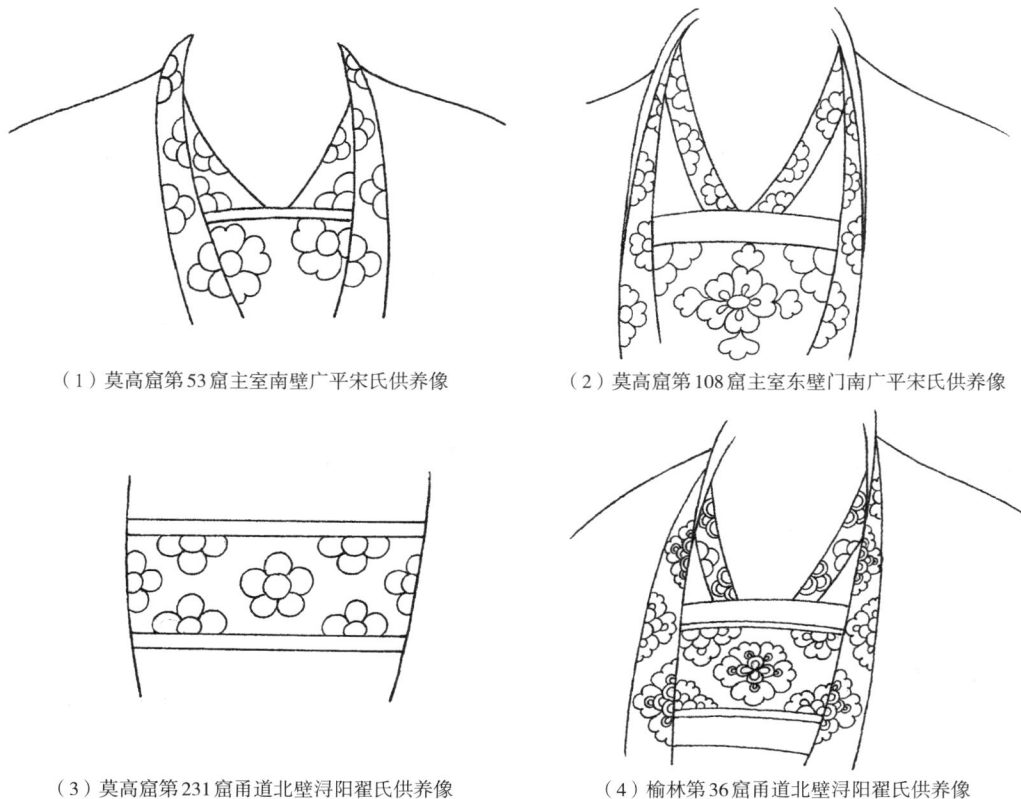

（1）莫高窟第53窟主室南壁广平宋氏供养像　　　　　（2）莫高窟第108窟主室东壁门南广平宋氏供养像

（3）莫高窟第231窟甬道北壁浔阳翟氏供养像　　　　　（4）榆林第36窟甬道北壁浔阳翟氏供养像

图4-22　广平宋氏与浔阳翟氏供养像领缘与裙腰纹样汇总

（图片来源：作者绘制，2018.）

《唐咸通十四年（873年）正月四日沙州某寺常住什物等点检历》记载道："龟背青绫裙、红锦腰，阔五寸……红锦腰，阔四寸，青夹缬里。"❶可知这件服饰名称应为"红锦腰"，与裙子配套使用，而且宽度为唐代的4～5寸。按照日本正仓院现藏唐尺的长度来看，唐代一尺约为现代的30厘米，因此红锦腰大概宽12～15厘米，这与壁画中体现出来的裙腰宽度与人物比例基本相似，说明这种装饰的风气在敦煌一直延续到五代时期。

（五）腰襻图案

腰襻即束腰的带子。从图像中看，宋氏和翟氏的腰襻为淡红色，上面有褐色或红色的忍冬纹，间或波纹，竖向排列，形成二方连续纹样（图4-23）。

（六）鞋履图案

因为供养像所绘履大都处于壁画的下部，损毁较为严重，所以目前所见履的图像均为翟氏的供养像。其样式有两种：一种为云头履，如莫高窟237窟甬道北壁和榆林

❶ 叶娇.敦煌文献服饰词研究 [M].北京:中国社会科学院出版社,2012:298-299.

图4-23 莫高窟第61窟东壁门南广平宋氏供养像之腰襻

（图片来源："数字敦煌"网站[DB/OL]. https://www.e-dunhuang.com/index.htm.）

窟第34窟甬道北壁翟氏供养像所着，履头高翘翻卷为三五团卷云形，装饰二方连续式四瓣花纹或其简略形纹样；另一种为花头履，如莫高窟第5窟甬道北壁和榆林窟第36窟翟氏供养像所着，履头高翘翻折为三团卷云纹，装饰四方连续式四瓣花纹或五瓣小团花纹（图4-24）。二者的区别在绘画表现履头转折之处，前者为卷曲的，质地柔软，而后者为折角的，质地坚硬。从这些细微之处，可以结合文物推测其真实质地。与前者类型相似的有我国新疆阿斯塔那墓地出土的锦鞋（图4-25）和日本正仓院藏绣线鞋（图4-26），为织锦和刺绣制作；与后者类型相似的有日本正仓院藏履（图4-27），为革制涂漆彩绘。可见当时的鞋和履已有多种制作加工工艺。此外，S.5572《失调名·出家赞文》中提到"吾本出家之时，舍却高头绣履，惟有草鞋相随"❶的字句，也说明当时女子流行穿着高头绣履。

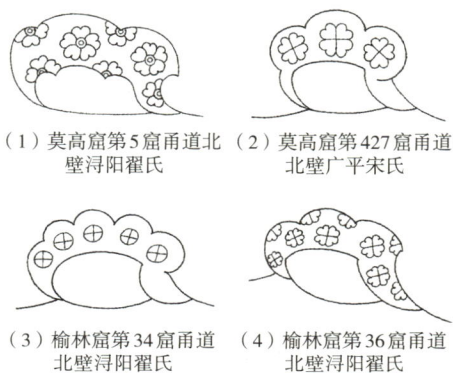

（1）莫高窟第5窟甬道北 （2）莫高窟第427窟甬道
壁浔阳翟氏 北壁广平宋氏

（3）榆林窟第34窟甬道 （4）榆林窟第36窟甬道
北壁浔阳翟氏 北壁浔阳翟氏

图4-24 广平宋氏与浔阳翟氏供养像之履汇总

（图片来源：作者绘制，2018.）

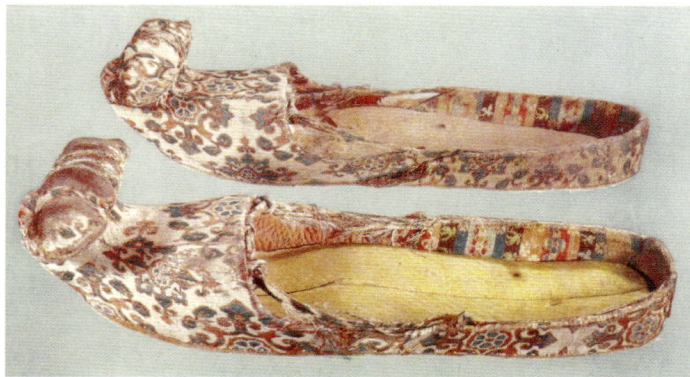

图4-25 变体宝相花纹锦鞋，唐，1968年新疆阿斯塔那北区出土

（图片来源：新疆维吾尔自治区博物馆出土文物展览工作组. 丝绸之路：汉唐织物[M]. 北京：文物出版社，1973：42.）

---

❶ "国际敦煌项目：丝绸之路在线"网站[DB/OL]. http://idp.nlc.cn/.

图4-26 绣线鞋，八世纪，日本正仓院藏

（图片来源：日本正仓院官方网站．http://shosoin. kunaicho. go. jp/. ）

图4-27 履，八世纪，日本正仓院藏

（图片来源：日本正仓院官方网站．http://shosoin. kunaicho. go. jp/. ）

（七）配饰图案

广平宋氏和浔阳翟氏供养像中所绘配饰主要为颈饰和花靥。

比起唐代妇女的颈饰多为单行珠串，五代时期流行将多重珠串连起来，佩戴于颈间，又称璎珞。如第61窟宋氏供养像所绘颈饰（图4-28），就是四行珠串组合起来的。第一行是小颗黑珠与绿珠相间连缀，第二行是稍大一些的黑珠穿饰，第三行

图4-28 莫高窟第61窟东壁门南广平宋氏供养像之颈饰

是蚀有花纹的大颗绿珠和黑珠以半圆形嵌米珠垂链相隔，第四行为黑珠相连，下缀有金属色宝珠，宝珠相间镶嵌如意三瓣形垂饰和黑、绿二色珠子。整件颈饰繁复而华美，与同窟回鹘公主供养像所绘颈饰相似。

花靥分为花钿和妆靥，指的是中国古代女子施于眉心和双颊的面部化妆术，它们的起源都充满了传奇色彩。据《李商隐诗歌集解》引《杂五行书》说：南北朝时"宋武帝女寿阳公主，人日卧于含章殿檐下，梅花落头上，成五出花，拂之不去。皇后留之，看得几时，经三日，洗之乃落。宫女奇其异，竞效之，今梅花妆是也。"❶关于妆靥的起源，据说来自东吴。唐代段成式《酉阳杂俎》前集卷八记载道："近代妆尚靥如射月，曰黄星靥。靥，钿之名。盖自吴孙和邓夫人也。和宠夫人，尝醉舞如意，误伤

---

❶ 刘学锴，余恕诚. 李商隐诗歌集解 [M]. 北京：中华书局，1988：1069.

邓颊，血流，娇婉弥苦，命太医合药，医言得白獭髓杂玉与虎魄屑，当灭痕。和以百金购得白獭，乃合膏。虎珀太多，及痕不灭，左颊有赤点如意（痣），视之更益甚其妍也。"❶敦煌文书中称妆靥为靥子，如P.5001《俗务要名林·女服部》记载曰："妆，饰面。音妆。奁，妆奁。音廉。靥子，上，乌协反。"❷这些传说虽然美丽，但都不是十分可信。按孙机先生的研究，这两种化妆术均与印度和中亚的影响有关，但是在中国也有使用的传统，并非无迹可寻❸。

以莫高窟第61窟宋氏供养像为例，像中人物眉心的花钿为五叶绿珠，这种花钿也称为翠钿，就像温庭筠词"脸上金霞钿，眉间翠钿深"❹所描写的那样。此外，宋氏供养像还在额上、眼睑、酒窝处、面颊上下绘出妆靥，有凤鸟、彩蝶、绿点等多种形状和色彩的，正如《女冠子》词"薄妆桃脸，满面纵横花靥"❺的生动场景。

除了面上，宋氏和翟氏供养像的额发中央也装饰有花钿，从供养像中绘的效果来看，是一个立体的如意云头托着宝珠，描绘的大概是嵌着宝石的花钿（图4-29）。这种宝石花钿背后装有钗梁，可以直接插于发髻边，与唐代李倕墓出土的公主头饰相似（图4-30），据此便可以想象张柬之所写"艳粉芳脂映宝钿"❻诗句描绘的情形。

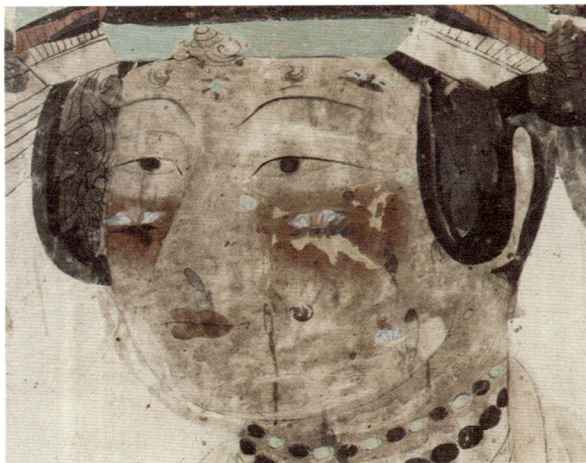

图4-29 莫高窟第61窟主室东壁门南广平宋氏供养像之妆靥和花钿

图4-30 李倕墓公主花钿，唐，陕西咸阳国际机场贺若氏墓出土

（图片来源：王苗. 珠光翠影：中国首饰史话 [M]. 北京：金城出版社，2016：326.）

❶ 段成式,西阳杂俎.
   刘俊文.北京爱如生数字化技术研究中心研制.中国基本古籍库 [DB/OL].黄山书社出版.
❷ 叶娇.敦煌文献服饰词研究 [M].北京:中国社会科学院出版社,2012:287.
❸ 孙机.中国古舆服论丛 [M]. 2版（增订本）.上海:上海古籍出版社,2001:238-239.
❹ 温庭筠.温庭筠全集校注 [M].刘学锴,校注.北京:中华书局,2007:927.
❺ 赵崇祚.花间集校注 [M].杨景龙,校注.北京:中华书局,2017:875.
❻ 郭茂倩.乐府诗集卷·第六十八 [M].北京:中华书局,1979:979.

四、回鹘公主供养像

（一）头冠与首饰图案

回鹘公主供养像所绘头冠，又称桃形冠，另外在鬓上簪花钿，左右各插一钗和步摇。人物头发在装扮时均以红绢带束起结在头顶正上方，红绢带后垂至背部甚至腿部（图4-31）。《新五代史》记载回鹘夫人"总发为髻，高五六寸，以红绢囊之；即嫁，则加毡帽"❶。像中人物头顶立冠，常以叶片纹或花瓣纹为底座，头冠主体外缘简洁，形如尖桃。冠上的主体纹样均为凤纹，表现出典型的唐代凤纹造型特征。其凤首左向，叼衔璎珞，身躯饱满，昂首阔步，展双翅，尾部后甩上翘，演变为卷云纹，并适合于桃形外缘（图4-32）。根据谢静学者对敦煌藏经洞出土的P.4518（24）白描画《粟特女神图》（图4-33）等图像的研究，推测回鹘桃形冠可能和祆教的流行有关❷。但是这幅图中粟特女神的桃形冠所饰纹样一个为斜线格纹，一个为鳞片纹，不同于回鹘公主桃形冠上出现的凤纹题材，这个现象可能体现出回鹘与唐朝及中原汉文化圈的密切联系，使之将传统的冠形与外来的纹样进行了有机结合。

图4-31　莫高窟第61窟回鹘公主供养像

图4-32　敦煌莫高窟第61窟回鹘公主供养像之桃形冠

（图片来源：作者绘制，2018.）

图4-33　粟特女神图，敦煌藏经洞出土，法国国家图书馆藏

（图片来源：法国国家图书馆官网网站. http://www. bnf. fr/fr/acc/x. accueil. html. ）

❶ 欧阳修. 新五代史·卷七十四 [M]. 北京：中华书局，2015：916.
❷ 谢静. 回鹘桃形冠探源 [J]. 装饰，2009（4）：112-113.

（二）袍服图案

壁画中回鹘公主陇西李氏供养像均着翻领长袍。其闭合方式基本为右衽，如莫高窟第61窟、108窟之供养像，但是也有左衽，如榆林窟第16窟之供养像。长袍为大翻领，小袖、收口，在领子和袖口绘有相似的花鸟纹。领子和袖口色彩通常为浅于袍身的土黄地或蓝地，纹样为赭色，以墨线勾勒。从造型上看，纹样主要为两类：一类为凤衔花枝（图4-34），另一类为鹘衔花枝（图4-35）。前者与桃形冠上的凤纹一样，显示了汉族文化的影响，而后者则反映了回鹘特有的民族历史和文化。

根据杨圣敏学者的研究，回鹘的前身回纥源于北狄，是中国最古老的几个古代民族之一，在商周时期，被称为"翟"或"狄"。这个称呼除了与回鹘语言发音相近之外，还因为其图腾崇拜为翟，也就是一种草原上轻捷善飞的猎鹰❶。所以唐德宗贞元四年（788年），合·骨咄禄·毗伽可汗遣使，奏请改回纥为回鹘，原因就是取回旋轻捷如鹘之意。所以，作为本民族崇拜的鸟类，与汉族自古崇拜的凤鸟，同时出现在回鹘公主供养像的长袍上，显示了汉和回鹘两种民族文化的交融。

从敦煌石窟图像来看，此类翻领长袍多为褐色，以红绢带系结，系结多在中间，如莫高窟第61、108窟之供养像（图4-36）；有时系在人物右侧胸前，如莫高窟第121

图4-34 莫高窟第205窟回鹘公主供养像之领缘与袖缘的凤衔花枝与五瓣小团花纹

（图片来源：常沙娜．中国敦煌历代服饰图案[M]．北京：中国轻工业出版社，2001：214.）

图4-35 莫高窟第61窟回鹘公主供养像之领缘与袖缘鹘衔花枝

（图片来源：常沙娜．中国敦煌历代服饰图案[M]．北京：中国轻工业出版社，2001：226.）

图4-36 莫高窟第108窟回鹘公主供养像

（图片来源：敦煌文物研究所．中国石窟·敦煌莫高窟（五）[M]．北京：文物出版社，东京：平凡社，1987：40.）

❶ 杨圣敏．回鹘史[M]．广西师范大学出版社，2008：5.

窟；但是在榆林窟第16窟的秦国天公主陇西李氏供养像中，左右两边皆有垂下的系带，只是因为没有标明颜色，所以不太明显。由于供养像的特殊属性及姿态的着意安排，人物多双手捧香炉或花盘供养，这些供养器遮挡了长袍前面的画面，因此不易准确判断翻领长袍真正的系结方式。

回鹘公主供养像中所着翻领长袍外，常常在腰间搭配菱形装饰，所绘纹样与翻领、袖口相仿，均为花鸟纹。从莫高窟第61窟之供养像来看，此装饰安置在腰的两侧，由红色绢带系结，样式类似于腰袱，在莫高窟第401窟的回鹘公主供养像中也明确绘出了系扎的蝴蝶结。在莫高窟第121窟的供养像中，此菱形安置在胸前的一块，似乎作为翻领的延续，或者仅仅是胸前的装饰。

与以上所述较为不同的是莫高窟第98窟回鹘公主供养像之袍（图4-37），为红色圆领拖裾长袍，因遭涂抹毁坏，壁画现状中人物供养像之长袍有白色斑块，已无法辨认具体纹样。作者实地考察时观察斑块布局，推测原为四方连续的小团花纹，因贴有金箔，而招致毁坏。

图4-37　莫高窟第98窟回鹘公主供养像

（图片来源：敦煌文物研究所．中国石窟·敦煌莫高窟（五）[M]．北京：文物出版社，东京：平凡社，1987：12．）

（三）内衣图案

此外，回鹘公主供养像所着交领长袍内均穿着圆领内衣，所饰均为白地黑花或浅褐地红花的五瓣小团花纹（图4-34），连同其他几位天公主供养像也不例外。有些画像中团花花瓣的根部为锯齿形，有的画像进行了简省，但是从总体表现来看，明显显示出雕版印花工艺的特点。关于此种工艺的特征和表现，在第三章第五节中已有论述，此处不再展开。但是值得注意的是，敦煌五代时期的回鹘女子均以此种纹样的纺织品作为内衣面料，相信不是巧合，而是反映了一种既定的民族风俗和穿着习惯。

（四）鞋子图案

莫高窟第121窟甬道北回鹘公主供养像，保存状况较好，可以清楚地看到交领长袍下露出的绣花鞋（图4-38），为浅口尖头平底，土红色为地，上面装饰着绿色的茶花纹和祥云纹。对比英国斯坦因在中国新疆高昌发现的绣线鞋（图4-39），可以发现不少共

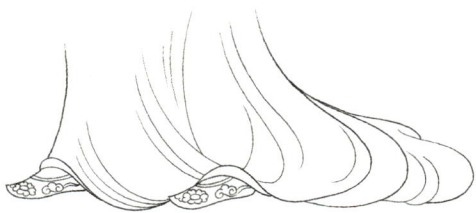

图4-38 莫高窟121窟回鹘公主供养像之绣花鞋

（图片来源：作者绘制，2018.）

图4-39 绣线鞋，八世纪，高昌故城，大英博物馆藏

（图片来源：大英博物馆官方网站. http://www. britishmuseum. org/.）

同之处。这件文物亦为浅口尖头平底鞋，鞋底为皮革，鞋面材质为羊毛、麻和丝，上有刺绣花纹。较为奇特的是，鞋面中间向内翘起一尖。无论是敦煌石窟中所反映的回鹘公主供养像之鞋，还是高昌回鹘之鞋，它的造型与汉族女子所穿高头履完全不同，都是回鹘女子特有的服饰。

（五）配饰图案

上文提到，回鹘公主与宋氏、翟氏供养像一样，颈间佩戴着层层璎珞，自内向外为墨绿相间小圆珠串、墨色小菱形珠串、垂幔式红色珠串、椭圆形墨玉珠串（图4-40）。此外，与汉族女子不同的是，回鹘公主穿有耳洞，戴着双环套叠、缀有宝珠的耳环。在汉代以后，耳饰在中原地区近于绝迹，[1]《旧唐书》中记载着中土之南的林邑国有"穿耳附珰"的风俗，将其视为异域风俗。五代时候，穿耳戴环之风又开始悄悄兴起，后蜀欧阳炯《南乡子》云："耳坠金环穿瑟瑟"，可见回鹘等少数民族穿耳的习俗又开始逐渐影响中原地区的装扮。

图4-40 莫高窟第61窟主室东壁门南回鹘公主供养像之颈间配饰

❶ 刘昫,等.旧唐书·卷一百五十七 [M].北京:中华书局,1975:5271.

第三节　于阗皇后曹氏供养像与服饰图案

一、于阗皇后曹氏事迹

于阗皇后即于阗国王李圣天的皇后，是归义军节度使曹议金与夫人回鹘公主之女，因此也被称为曹皇后。据 J. 汉密尔顿（J.Hamilton）先生研究，曹氏是在934年出嫁于阗的[1]。这桩婚姻一方面是曹议金延续中原王朝和亲的传统做法，另一方面也是李圣天与归义军政权建立政治联盟并与中原王朝交好的上好策略。敦煌文书中有多件与于阗皇后有关，显示其父亲曹议金和兄弟曹元德、元深、元忠多曾次遣使致礼问候，可见她是联络归义军政权和于阗国政治来往的重要人物。

二、于阗皇后曹氏供养像概述

于阗皇后曹氏供养像在敦煌壁画中出现在莫高窟第98、61、454窟中，其中前两身绘制精美，具有较高研究价值。

莫高窟第61窟主室东壁门南侧供养人像列北向第三身为于阗皇后曹氏供养像，题记曰："大朝大于阗国大政大明天册全封至孝皇帝天皇后"[2]。像中人物戴花钗凤冠，着赭色大袖衫，披帔帛，穿花头履。

莫高窟第98窟主室东壁门北供养人像列第二身为于阗皇后曹氏供养像，题记曰："大朝大于阗国大政大明天册全封至孝皇帝天皇后曹氏"[3]。像中人物头戴花钗凤冠，着赭色大袖衫，披帔帛，穿绣花履。

莫高窟第454窟主室东壁门北下供养人像列第二身为于阗皇后曹氏供养像，画像中人物面部轮廓经后人墨线重绘，已失原意。目前可见画像头部模糊，可辨认人物戴凤冠，嵌有绿玉，身着褐色大袖衫，披红色帔帛，无纹。

三、于阗皇后曹氏供养像服饰图案

本节将以莫高窟第61窟（图4-41）和莫高窟第98窟（图4-42）于阗皇后曹氏供养像为主要研究对象，对供养像中绘出的人物头冠与首饰、上衣、帔帛、裙、履、配饰等进行分述。需要说明的是第61窟画像中虽绘出腰襷，但是无纹饰表现，若加论述恐内容与前述重复，故不再单列一节。

[1] 荣新江, 朱丽双. 于阗与敦煌 [M]. 兰州: 甘肃教育出版社, 2013: 154–155.
[2] 敦煌研究院. 敦煌莫高窟供养人题记 [M]. 北京: 文物出版社, 1986: 21.
[3] 敦煌研究院. 敦煌莫高窟供养人题记 [M]. 北京: 文物出版社, 1986: 32.

（一）头冠与首饰图案

于阗皇后曹氏供养像均戴高耸的凤冠，在供养人像列中，她的凤冠比回鹘公主和广平宋氏等供养人像的桃形凤冠都要高大，其细节描绘也有两个明显特点。首先，凤冠底座是由矩形方块连续起来的一圈底，上有一层或两层莲瓣，其上为单体凤纹，昂首挺胸，张开双翅，尾部翘起，其中第98窟供养像头冠中为凤衔璎珞纹。其次，整个凤冠上布满绿色装饰点，无论是底座还是其上的凤纹，这样的绘制效果应与于阗国王冕冠相似，均是为了表示于阗盛产绿玉的物资丰藏。

除了凤冠外，于阗皇后供养像中还绘制了钿钗、花钿和步摇，数量不一。第98窟供养像绘四支钿钗、五组花钿和四支步摇；第61窟供养像绘两支钿钗、十支花钿和两支步摇。钿钗的顶端均为云头纹，

图4-41　莫高窟第61窟于阗皇后曹氏供养像

（图片来源：樊锦诗. 敦煌石窟 [M]. 兰州：世界文化出版社，1998：93.）

与前述女供养人头饰相仿，只是增加了绿玉装饰的数量。花钿布满整个额发和鬓发，第61窟中的花钿是圆形嵌绿玉形的，而第98窟所绘花钿为四瓣圆圈纹，每瓣均以绿玉装饰。这应该是敦煌文书中所记载的"瑟瑟花"或"瑟花子"，指用瑟瑟装饰的花钿，如P.2748（背）《沙州敦煌二十咏》所记："瑟瑟焦山下，悠悠采几年，为珠悬宝髻，作璞间金钿。"瑟瑟是一种碧色宝石，以波斯出产的最为著名，价格十分昂贵，P.2567（背）《癸酉年（793）二月沙州莲台寺诸家散施历状》载："真珠廿壹线，玛瑙珠子八十四枚，琥珀二，瑟瑟五。"[1]此处将瑟瑟与珍珠、玛瑙、琥珀等并列，也说明其价值颇高。步摇的样式亦分为钿钗步摇和凤钗步摇两种，如第61窟所绘即凤钗步摇，钗首为一侧面独凤纹衔着一串璎珞，与同窟翟氏供养像所绘步摇类似。

---

❶ "国际敦煌项目:丝绸之路在线"网站 [DB/OL]. http://idp. nlc. cn/.

图4-42　莫高窟第98窟于阗皇后曹氏供养像

（图片来源：敦煌文物研究所. 中国石窟·敦煌莫高窟（全五卷）[M]. 北京：文物出版社，东京：平凡社，1987：13.）

（二）上衣图案

于阗皇后曹氏供养像所绘人物穿着上衣搭配基本为内衣和大袖衫，但是细节有所区别。莫高窟第98窟供养像中人物着浅赭色圆领内衣，外罩右衽交领褐色大袖衫，与前列于阗国王李圣天供养像所着内衣相似。而第61窟供养像中人物着褐色圆领内衣，外罩对襟式褐色大袖衫。

供养像中所绘褐色大袖衫均无纹样，但是结合敦煌藏经洞出土纺织品和敦煌文书的记载，可以推测这种服饰面料的来源和质地。据P.2638《后唐清泰三年（936年）六月沙州儭司教授福集状》第42行载："破用数，楼机绫壹疋，寄上于阗皇后用。"❶这件文书讲述的是归义军节度使曹元德统治时期，沙州僧团根据官府指令，寄给于阗皇后一匹楼机绫。楼机绫指的是用楼机，即束综提花机织造的斜纹丝织物。因为操作织机时需要两人合作，一位织工在下面负责投梭打纬织造，另一位织工在上面按花本提花，故名楼机❷。赵丰、王乐曾对敦煌文书中记载的楼机绫或楼绫进行了统计❸，可知楼机绫是10世纪敦煌各级官员、僧官赠送的礼品，贵族的衣料，以及民间借贷中的罚金。因为楼机绫织造复杂、图案含蓄精美、价格昂贵，所以是敦煌地区上等的丝织品，并非一般人可以享用❹。敦煌藏经洞出土的一些大循环图案斜纹绫，也可以印证文献中的记载。

据此推测壁画中，于阗皇后及归义军节度使、节度使夫人所着无纹的袍衫也许是皆为楼机绫制作。此外，万鄂在《辽史拾遗》卷一五中提到"清平内装御样合线楼机绫"❺，可与《续资治通鉴长编·宋真宗景德二年》中

---

❶ 池田温. 中国古代籍帐研究 [M]. 东京：东京大学东洋文化研究所，1979：649.
❷ 王进玉. 敦煌学和科技史 [M]. 兰州：甘肃教育出版社，2011：458-467.
❸ 赵丰，王乐. 敦煌丝绸 [M]. 兰州：甘肃教育出版社，2011：77.
❹ 童丕. 敦煌的借贷：中国中古时代的物质生活与社会 [M]. 余欣，陈建华，译. 北京：中华书局，2003：103、108.
❺ 万鄂，辽史拾遗.
　　刘俊文. 北京爱如生数字化技术研究中心研制. 中国基本古籍库 [DB/OL]. 黄山书社出版.

提到的"清平内制样合线缕机绫"❶对照，说明楼机绫织造的纹样有一类为皇家专用，这与于阗皇后的身份也是相符的。

（三）帔帛图案

于阗皇后曹氏供养像均戴帔帛，除第454窟所绘模糊外，第98、61窟中均清晰绘出帔帛的纹样。其中，第98窟中帔帛为二方连续折枝纹，间或有雀鸟衔折枝纹（图4-43）。第61窟中帔帛为二方连续鸟衔柳枝纹。柳枝蔓延卷曲，有的在尾端翻卷为云纹。鸟纹从造型上看分为鸾凤和长尾鸟两种，鸾凤纹位于人物双肩（图4-44），造型较清瘦，仅从冠和下颚看出凤的特征，尾部为简洁的飘带状。其余均为长尾鸟纹（图4-45），其造型与第61窟于阗天公主曹延禄姬供养像中所绘帔帛纹样一致。这种长尾造型的鸟纹，在纺织品实物中也有类似的例子，比如时代较早的有日本正仓院藏紫地花鸟纹夹缬罗中的长尾鸟纹，时代较晚的可见瑞士阿贝格（ABEGG）基金会藏鸟纹刺绣短襦（图4-46）中的长尾鸟纹，以及耶律羽之墓出土袍子上的长尾鸟纹（图4-47），辽国画家萧融的画中也出现过这种长尾鸟。更有参考意义的是河北曲阳县五代王处直墓壁画，墓室内北壁墙壁的壁画上方也出现了这种长尾分叉的鸟，通过对比推测这种鸟为山鷚，又名山鹊，是五代花鸟画中常见的题材（图4-48、图4-49）。通过以上分析可知，于阗皇后曹氏帔帛上的鸟纹反映出于阗与中原汉族政权以及辽国纺织品和绘画艺术之间的交流。

图4-43　莫高窟第98窟于阗皇后供养像之帔帛纹样

（图片来源：作者绘制，2018.）

关于帔帛的披搭法，还可以发现一个有趣的现象。前文所述宋氏、翟氏供养像中帔帛均为一端绕左肩后垂下、另一端绕右肩后再搭于人物左臂，在裙前形成一道弯弧。但是第98窟、454窟于阗皇后像中所绘帔帛均为绕肩后交叉，一端搭于左臂、一端搭于右臂，在裙前形成两道弯弧。类似的披搭方式自隋代起在敦煌石窟壁画中反复出现在菩萨像中（图4-50），是菩萨帔帛披搭的两种主要形式之一❷。可见在敦煌石窟中，帔帛虽然都是菩萨像和供养人像的服饰装饰，但是在披搭方式上却有区别，主要在于帔帛

❶ 李熙撰. 续资治通鉴长编.
　　刘俊文. 北京爱如生数字化技术研究中心研制. 中国基本古籍库 [DB/OL]. 黄山书社出版.
❷ 菩萨像中另一种披搭方式是帔帛绕双肩后两端垂下.

敦煌五代时期供养人像服饰图案及应用研究

图4-44 莫高窟第61窟于阗皇后
供养像之帔帛

图4-45 莫高窟第
61窟于阗皇后供养
像之帔帛

图4-46 鸟纹刺绣短襦（局部），1151–
1264，瑞士ABEGG基金会藏

（图片来源：Regula Schorta, Dragons of
Silk. Flowers of Gold: A Group of Liao-
Dynasty Textiles at The Abegg- Stiftung[M].
Switzerland: Abegg- Stiftung, 2007: 235. ）

图4-47 辽代花树对狮对
鸟妆花绫袍图案，赵丰绘制

（图片来源：赵丰. 锦程：中国
丝绸与丝绸之路[M]. 合肥：黄
山书社，2016：260. ）

图4-48 河北曲阳县五代王处直墓后室北壁壁画

（图片来源：河北省文物研究所，保定市文物管理处. 五代王处直墓[R]. 北京：
文物出版社，1998：彩版二七. ）

图4-49　河北曲阳县五代王处直墓后室北壁壁画摹本

（图片来源：河北省文物研究所，保定市文物管理处. 五代王处直墓[R]. 北京：文物出版社，1998：33.）

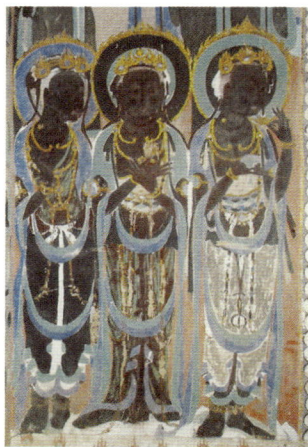

图4-50　莫高窟隋代第420窟西壁龛外南侧供养菩萨像

（图片来源：敦煌研究院，罗华庆. 敦煌石窟全集·尊像画卷[M]. 香港：商务印书馆，2002：97.）

绕左肩的一端是否交叉后搭在人物右臂之上。为了区别于菩萨像，汉族女供养人的帔帛均只搭于人物左臂，而于阗公主供养像中帔帛无此区别，与菩萨像完全一致。究其原因，想来是为了与菩萨像加以区别、以示恭敬。但是第61窟中于阗皇后供养像中的帔帛却是例外，本应从人物两臂垂下的帔帛却只画了左臂一侧，右臂一侧无披帛。这样的表现与裙前交错的双弧形成了矛盾，应该是画师在作画时出现的疏忽。

壁画中于阗皇后曹氏供养像所绘帔帛地色为褐色或浅土红色，上面的花纹以墨线或灰线勾勒，结合敦煌文书P.2567（背）《癸酉年（793）二月沙州莲台寺诸家散施历状》中的"紫银尼罗被子"、S.4609《宋太平兴国九年（984）十月邓家财礼目》中的"黄画被子"、P.3250《纳赠历》中的"紫绣被子"、P.4957《年代不明付绢练物等历》中"王义恩淡绣帔子一""紫绣帔子一付善藏""善胜黄画帔壹条"❶等相关记载，可以推测这类帔帛是以刺绣或彩绘的工艺制作而成的，而画绘的材料有可能为银泥。虽然目前没有发现银泥绘帔帛实物，但是在敦煌藏经洞出土过许多以银泥绘制的幡，如银泥练鹊衔枝纹绢幡（图4-51）、银泥花鸟祥云纹绢幡等，从中也可以想见以此种工艺绘制的帔帛样式。

（四）裙子图案

从敦煌图像中看，第61窟于阗皇后曹氏供养像着裙，裙腰高系，腰襻下垂。但是由于供养像手捧花盘，遮住人物前胸部分，因此无法判断其具体纹样。但是结合一件

❶ "国际敦煌项目：丝绸之路在线"网站[DB/OL]. http://idp. nlc. cn/.

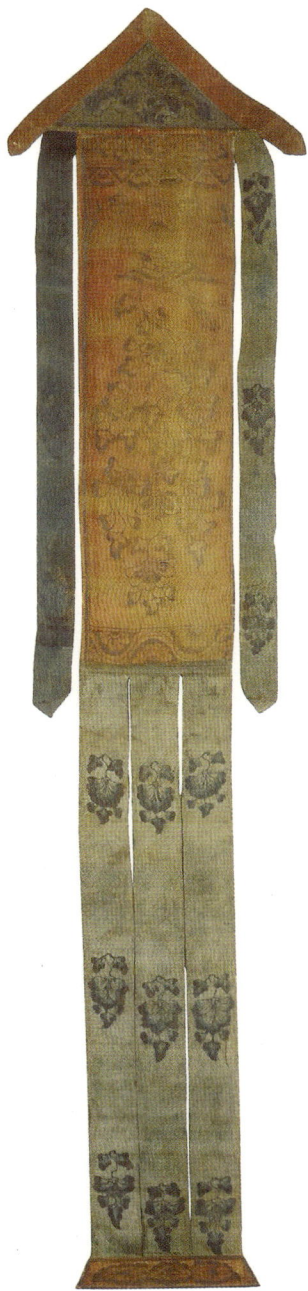

图4-51 银泥练鹊衔枝纹绢幡，晚唐－五代，敦煌藏经洞出土，法国吉美博物馆藏

（图片来源：赵丰. 敦煌丝绸艺术全集：法藏卷[M]. 上海：东华大学出版社，2010：68.）

敦煌文书，可以从侧面了解裙腰部分的情况。俄藏文书Дx.2148（2）+Дx.6069（1）[1]《于阗天寿二年（964）弱婢祐定等牒》是在敦煌伺候于阗公主和太子的女婢写给于阗公主的书信，其中提到："今要胡锦裙腰一个，般次来时......"[2]这里提到的胡锦在唐代时一般指的是波斯锦或粟特锦，特别是具有异域风情纹样的斜纹纬锦，例如，新疆吐鲁番和青海都兰出土的一些唐代对兽纹锦。荣新江、朱丽双两位学者认为在五代宋初时期，于阗制作的锦也可以称作胡锦。但是作者认为于阗本国人应该不会如此称呼当地出产的织锦，所以此处的胡锦应当指的是外来的波斯锦或粟特锦，上面的纹饰也是于阗人喜欢的异域主题。

值得注意的是，供养像中裙上无纹，但在裙侧绘有一组鸟衔柳枝纹，据作者推测这是对帔帛未绘为对称披搭的补笔，而非裙上的纹饰。

（五）鞋履图案

从图像中看于阗皇后曹氏供养像中穿着两种款式的鞋履：一种是第98窟中的绣花鞋，与回鹘公主像所着一样，另一种是第61窟所绘花头履，与同窟宋氏、翟氏供养像所着一样。从这一点上看，于阗皇后的服饰的确融合了汉族和回鹘两者的特点和风格。

（六）配饰图案

于阗皇后供养像都戴着层层叠叠的璎珞式项饰，十分华美，其中又以第98窟为最。整件项饰共分为五层，除第二层为绿、褐两色串珠间或贯穿之外，其余几层均用石绿色表示绿玉，外围三层在串饰下又悬垂绿玉垂饰，充分体现了于阗皇后的尊贵身份和当地物产。

此外，于阗皇后供养像亦佩戴耳环，考虑到曹氏出嫁时已经成年，耳洞应该是在小时所穿，所以推测她是按照

---

[1] "Дx. 2148(2)+Дx. 6069(1)"：此为俄罗斯科学院东方研究所圣彼得堡分所藏敦煌写本编号，有俄文 дуньхуан（敦煌）二字译音的缩写字母命名，拉丁字母转写作 Dx. 或 Dh. 。下同。

[2] 荣新江，朱丽双. 于阗与敦煌[M]. 兰州：甘肃教育出版社，2013：237.

母亲回鹘公主的民族习俗进行装扮的。耳环的造型为环下坠圆珠，且都镶嵌绿玉花钿，与头冠、首饰、项饰相配。

第四节　归义军眷属及世族女供养人像服饰图案

一、归义军眷属及世族女供养人题记及身份

敦煌石窟中归义军眷属及世族女供养人像的数量十分可观，远大于归义军节度使夫人、少数民族贵族女供养人和侍女供养像的数目。如莫高窟第98窟主室东壁门南北两侧、南壁、北壁绘有曹议金家族女眷供养像，共34身，占此窟供养人像总数的15%。从题记中看，这些画像除了曹议金夫人和曹议金之女于阗皇后曹氏之外，其他分别为曹议金的祖母、母亲、姊妹、儿媳、侄女、侄媳等。在供养人题记中，均用小字注明其姊妹、女儿"出适某氏"的字样，并写清儿媳、侄媳的姓氏，以表明是她们出嫁和来自哪个家族，体现出强烈的族群思想。将这些与曹氏家族联姻的姓氏进行统计，形成表4-2，可以看出曹议金政权基础与敦煌世族的紧密联系。

表4-2　莫高窟第98窟归义军眷属及世族女供养人像出适及出身姓氏统计表

姓氏	翟	阴	阎	张	索	慕容	汜	李	宋	邓	陈	罗
人数	4	3	3	3	2	2	2	2	1	1	1	1

在莫高窟第61窟的供养人画像中，也充分体现了归义军眷属及世族女供养人的身份地位。此窟甬道南北壁男供养人像已全被覆盖，所余主室东壁门两侧、南壁和北壁全部为女供养人像，共52身。除归义军节度使夫人、回鹘公主、于阗皇后、于阗公主、比丘尼供养像之外，其他供养像共计41身。根据题记判断其身份为窟主曹元忠的伯母、姨母、姑姑、姊、嫂、侄女、外甥女、儿媳等，与第98窟一样，题记中注明她们与之联姻的姓氏，统计如表4-3所示。

表4-3　莫高窟第61窟归义军眷属及世族女供养人像出适及出身姓氏统计表

姓氏	翟	阴	慕容	索	邓	曹	阎	陈	李
人数	4	4	2	2	2	1	1	1	1

第108窟亦为五代时期的代表洞窟之一，也是女供养人像较为集中的洞窟。窟主为归义军应管内衙前都押衙张淮庆，是归义军节度使曹议金的妹夫，P.2482《张府君邈真赞》中说他"联亲于台庙"。窟内女供养人像在东壁门南下绘5身、东壁门北下绘

3身、南壁绘10身、北壁绘9身，除了曹议金之妻回鹘公主、矩鹿索氏、广平宋氏的供养像之外，其他均为张氏家族姻亲眷属，从题记中统计其出适和出身姓氏如表4-4所示。

表4-4　莫高窟第108窟世族女供养人像出适及出身姓氏统计表

姓氏	翟	氾	慕容	罗	陈	曹	阴
人数	3	3	2	1	1	1	1

从上述三表可以看出，在归义军节度使主持修建的洞窟中，女供养人的身份均为曹氏家族的亲属或姻亲，体现出敦煌当地大族联络有亲、一荣俱荣的社会背景。另外在一些归义军节度使亲眷、官吏或世族捐建洞窟中，也保存有相当规模的女供养人像和题记，表明她们都是当地较为富庶和有权势家族的眷属。

二、归义军眷属及世族女供养人像概述

从作者现场调研的情况来看，敦煌五代时期归义军眷属及世族女供养人像分布非常广泛，较为集中和保存较好的洞窟为莫高窟第98、61、100、108窟。其中，第98、61窟的窟主分别为归义军节度使曹议金和曹元忠，因此窟内所绘女供养人均为曹氏家族姻亲眷属。第100窟又名天公主窟，窟主为曹议金之妻回鹘公主，由曹元德主持修建。前室北壁绘有回鹘公主、曹议金之女、广平宋氏及7身女供养人像，虽然题记大多湮灭不存，但是推测应与前两窟一样，其主要为曹氏家族眷属。此外，前文已提到第108窟中女供养人身份主要为张氏家族的姻亲眷属，画像和榜题保存现状较好。

除了以上4个代表洞窟之外，还有一些相关供养像散布在敦煌莫高窟和榆林窟各洞窟中，与归义军官吏及世族男供养人像位置相对。从实地调研情况来看，有的女供养人画像较为清晰，表情和服饰造型突出个性，极富研究价值；而有的画像尺寸较小、颜色模糊，且描绘较为程式化，甚至有的像列几乎完全重复，服饰图案并没有太大区别，因此在研究时作为辅助材料进行参照。

经作者实地调研，现将五代时期部分归义军眷属及世族女供养人像分布洞窟、所在位置及数量统计如表4-5所示。

表4-5　五代时期部分归义军眷属及世族女供养人像分布情况统计表

窟号	归义军眷属及世族女供养人像所在位置及数量
39	主室西壁龛下存5身；主室南壁龛下存7身（下部损毁）
61	主室南壁存16身；主室北壁存16身；主室东壁门南下存4身；主室东壁门北下存4身
98	主室南壁存17身；主室北壁存10身；东壁门北下存7身
100	前室北壁存7身

窟号	归义军眷属及世族女供养人像所在位置及数量
108	主室南壁存10身；主室北壁存9身 东壁门南下存2身；东壁门北下存3身
121	主室北壁下存12身；主室东壁门北下存4身
144	主室西壁龛下存17身
311	主室西壁龛外北侧存5身
329	主室南壁下存23身
334	甬道北壁存2身，后1身模糊
341	主室东壁门北下存3身
360	主室西壁龛下北侧存7身
384	主室南壁下存9身；主室北壁下存9身
387	主室北壁存2身；主室东壁门北下存11身
390	主室南壁下存9身
468	前室北壁下存3身
榆林12	甬道北壁存5身
榆林19	主室北壁西侧下存18身（下部漫漶） 主室西壁门北下存7身（下部漫漶）

需要说明的是，归义军眷属及世族女供养人像应包括曹议金回嫁给甘州回鹘阿咄欲可汗的女儿，也称"天公主"，在莫高窟第55、61、98、100窟中均绘有她的供养像，其中第61、98窟的画像保存较好，位于其母回鹘公主供养像之后，第61窟中题记曰："姊甘州圣天可汗天公主一心供养"。因为她是曹议金与回鹘公主所生，所以在敦煌壁画中她的服饰图案与其母相似，所以不再做单独讨论。

三、归义军眷属及世族女供养人像服饰图案

（一）头冠与首饰图案

敦煌五代时期归义军眷属及世族女供养人像所绘头冠主要有凤冠和花钗冠两种。与宋氏、翟氏供养像所戴凤冠一样，从造型上看也有桃形凤冠和镂空凤冠的区别。前文已述这两款凤冠在造型和工艺上的异同，此处不再赘述。

需要注意的一点是，桃形凤冠明显吸收和融合了回鹘式桃形冠的外形和汉族凤冠的纹饰，这在莫高窟第61窟中表现得十分明显。据作者考察，此窟中所有出身曹氏和翟氏的女供养人像均戴桃形凤冠，如主室东壁门南侧广平宋氏供养像之后的四身女供养人像（图4-52），从题记可知此四人均为窟主曹元忠的姐姐，分别出适翟氏、阴氏和邓氏。此外主室南壁供养人像列东向第15、17身供养像，亦戴桃形凤冠，从题记可知

二人分别为新妇小娘子翟氏和外甥新妇小娘子曹氏。此窟中其他汉族女供养人均带镂空凤冠，明显区别于曹氏和翟氏女供养人（图4-53）。从表4-2、表4-3中也可以得知曹氏家族与翟氏结为姻亲的数量最多，节度使曹元忠之妻即为浔阳翟氏。再结合唐代时翟氏家族在敦煌开凿第220窟、85窟的史实，充分说明了翟氏家族在敦煌本地绵延几十年，势力强大，并一直与曹氏归义军家族保持最为密切的联系。荣新江[1]、陈菊霞[2]等学者曾推测敦煌归义军曹氏统治者和敦煌翟氏均为粟特后裔，受到祆教信仰的影响。从供养像及题记来看，两个家族以联姻的形式延续同盟关系和密切来往，而女供养人像所戴凤冠又皆为桃形，这种现象也恰好体现出两个家族族属相同的深层次原因。

除了凤冠之外，归义军眷属及世族女供养人像多佩戴花叶钗。从壁画中人物身份地位及所戴头冠和首饰的序列来看，花叶钗比凤冠略低一级，有时作为凤冠的陪饰，有时也单独佩戴。作为用于礼仪场合的首饰之一，花叶钗在敦煌晚唐时期的壁画中已经出现，样式变化不大（图4-54）。唐制规定，一品夫人戴花钗9只，二品夫人戴花钗8支。宋沿其制，并规定大小花钗的最高数为24支。但是从壁画表现来看，五代时期女供养人所戴花叶钗数目多为4~6支（图4-55），有的也多达10支，造型上与西安出土的银鎏金花树钗相似（图4-56），正如敦煌曲子词《虞美人》赞道："金钗头上缀芳

图4-52　莫高窟第61窟南壁第二身女供养人像

图4-53　莫高窟第61窟主室东壁门南第五身女供养人像

❶ 荣新江. 敦煌归义军曹氏统治者为粟特后裔说 [J]. 历史研究，2001(1)：65-72.
❷ 陈菊霞. 敦煌翟氏研究 [D]. 兰州：兰州大学，2008：13-18.

图4-54　莫高窟晚唐第9窟女供养人像，常沙娜整理

（图片来源：常沙娜.中国敦煌历代装饰图案（续编）[M].北京：清华大学出版社，2014：68.）

图4-55　莫高窟第108窟东壁女供养人像

（图片来源：敦煌研究院，谭蝉雪.敦煌石窟全集·服饰画卷[M].香港：商务印书馆，2005：238.）

图4-56　银鎏金花树钗，西安西郊电缆厂出土

（图片来源：扬之水.中国古代金银首饰[M].北京：故宫出版社，2014：91.）

菲，海棠花一枝。刚被蝴蝶绕人飞。"[1]这种现象说明花叶钗虽然不及凤冠端庄和高级，但是以其活泼生动的装饰特点深受归义军眷属及世族女供养人喜爱。

此外，壁画中还绘有花钿、簪、梳钗、钿钗、折股钗、钿钗步摇、凤钗步摇等多种首饰，因与归义军夫人供养像所戴首饰类似，此处不再赘述。需要说明的是，在榆林窟第19、第34窟中出现了仅佩戴梳钗和簪的女供养人像，无其他首饰装扮。

（二）上衣图案

归义军眷属及世族女供养人所着上衣与归义军节度使夫人所着搭配一样，均为白色襦和红色或绿色大袖衫。上衣领缘和袖缘多装饰半破式团花纹和一整二破式团花纹，花型有四瓣和五瓣之分。有的女供养人像中上衣缘边为半圆纹和波纹，其实这是对半破式团花纹的简化（图4-57）。有的袖口内里还装饰有五瓣小团花纹，十分讲究。

无纹大袖衫出现在排列较为靠前的少量女供养人像身上，说明暗花织物的等级是较高的，而大部分归义军眷属及世族女供养人的大袖衫上装饰各种纹样，依据造型特点可分为散花、折枝花、团花、动物纹等四大类型（图4-58）。这些纹样有的单独出现，有的成对使用，有的呈四方连续。此时服装上的动物纹已经退居其次，而以大面积的植物纹为主，大多为抽象和简化的花头和叶，有时是花枝组合而成的散点纹

---

[1] 任半塘.敦煌歌辞总编[M].上海：上海古籍出版社，1987：610.

（1）莫高窟第380窟东壁门南下第二身　（2）莫高窟第384窟主室北壁下第二身　（3）莫高窟第100窟甬道北壁第四身　（4）莫高窟第100窟甬道北壁第五身　（5）莫高窟第428窟甬道北壁第二身　（6）莫高窟第428窟甬道北壁第三身　（7）榆林窟第19窟甬道北

图4-57　女供养人像之领缘和袖缘纹样汇总

（图片来源：作者绘制，2018.）

图4-58　女供养人像之衫身纹样汇总

（图片来源：作者绘制，2018.）

样，大多数供养像上衣会装饰两种以上的纹样，显得花团锦簇、热闹非常。敦煌文书P.2880《习字杂写》中提到一种织物，名为"闹花楼机绫"，杜朝晖先生认为这是一种花纹稠密、颇为热闹的纹样，想来就是多种折枝花和鸟纹结合的纹样形式（图4-59）。在敦煌藏经洞出土的纺织品实物中，不乏这样的例子，且多为刺绣制品，如白色绫地彩绣缠枝花鸟纹（图4-60）、淡红色罗地彩绣花卉鹿纹等，据此推测壁画中女供养人像上衣所绘纹样以刺绣工艺制作的居多。

（三）帔帛图案

帔帛是五代时期女子服装的重要组成部分，如《中华古今注》卷中"女人披帛"条目所载："古无其制。开元中，诏令二十七世妇及宝林御女良人等，寻常宴参侍，令披画帔帛，至今然矣。"❶前文所述，归义军节度使夫人供养像均绘白地红色菱格四簇忍冬纹帔帛，于阗皇后供养像绘鸟衔柳枝纹帔帛，相较之下归义军眷属及世族女供养人像所绘帔帛出现了更多新的纹样，按照造型可以分为几何纹、条段式云纹、柳条纹、鸟衔花枝纹等四大类型（图4-61）。

其中，条段式帔帛和在条段纹地上绘云纹的帔帛是十分有特点的。这类帔帛上的条纹成斜向段状，通常为一段白色、一段红色，且两色之间有朦胧的过渡。这种效果类似于S.6208《杂集时要用字》中所载"偏晕"和P.3391《杂集时要用字》中所载"节晕"。文书中"偏晕""节晕"与"锦綢、竖綢""条綢"并列，从古籍记载中看，"綢"是唐代生产的一种彩条锦，如《唐六典》载官营织染署"织纴之作有十"，其中第九为綢❷。《唐大诏令集》也曾记载一种"大綢锦"，因织品华丽费功耗料，于大历六年（771年）朝廷下令禁织。因织物的经丝按逐渐过渡的色阶排列组成彩条，形成晕色效果，则又称"晕綢锦"❸。《笺注倭名类聚抄》中详细记载了"晕綢"的色彩效果："按晕綢本彩色之名，故续日本纪云：染作晕綢色。而其色各种相间，皆横终幅。假令白次之以红、次之以赤、次之以红、次之以白、次之以缥、次之以青、次之以缥、次之以白之类，渐次浓淡，如日月晕气杂色相间之状，故谓之晕间，以后名锦，俗从丝。"❹因此，"晕""綢"并置是因为二者效果相似，可指单色浓淡或多色色阶排列的效果，且"綢"为织锦，那么"晕"为绞缬或夹缬的可能性更大。再联系S.5652《辛巳年（982？）金光明僧保真贷红綯契》中提到的"采段"一词，应与"偏晕""节晕"一样，是一种白色与彩色相间隔、色彩衔接处较为朦胧的织造或染色技术。

此外，在敦煌文书中还记载有多种装饰帔帛的工艺方法，如前文提到的"紫银尼

❶ 马缟.中华古今注·卷中 [M].苏鄂撰.吴企明点校.苏氏演义:外三种 [M].北京:中华书局.2012:105.
❷ 李林甫,等.唐六典·卷二十二 [M].陈仲夫,点校.北京:中华书局,1992:576.
❸ 宋敏求.唐大诏令集·卷一零九 [M].北京:商务印书馆,1959:566.
❹ 狩谷棭斋.笺注倭名类聚抄·卷3[M].京都帝国大学文学部国语学国文学研究室编,大阪:全国书房,1943:175.

图4-59 莫高窟第98窟东壁女供养人像,范文藻摹

(图片来源:敦煌研究院,谭蝉雪. 敦煌石窟全集·服饰画卷[M]. 香港:商务印书馆,2005:332.)

图4-60　白色绫地彩绣缠枝花鸟纹，晚唐－五代，敦煌藏经洞出土，大英博物馆藏

（图片来源：赵丰. 敦煌丝绸艺术全集（英藏卷）[M]. 上海：东华大学出版社，2007：225.）

（1）莫高窟第384窟主室北壁下第二身　（2）莫高窟第428窟甬道北壁第二身　（3）榆林窟第19窟甬道北　（4）莫高窟第407窟主室北壁下第七身　（5）榆林第34窟主室东壁门北下第四身　（6）莫高窟第311窟龛外北下第二身　（7）莫高窟第256窟主室东壁门北下第二身　（8）莫高窟第7窟甬道北壁第二身　（9）莫高窟第98窟主室东壁门北第五身

图4-61　女供养人像之帔帛纹样汇总

（图片来源：作者绘制，2018.）

罗被子""黄画被子""紫绣被子"等，分别是以画绘和刺绣的方式施以花纹的帔帛。模拟这些工艺制作的帔帛纹样在壁画中也经常见到，例如，第98窟中女供养人像帔帛上的鹊衔花枝纹与敦煌藏经洞出土的菱格纹绮地刺绣鸟衔花枝残片（图4-62）和银泥练鹊衔枝纹绢幡（图4-63）就十分近似，充分说明了壁画所绘服饰图案与纺织品实物的对应关系。

（四）裙子图案

归义军眷属及世族女供养人像所绘裙子大多为红色曳地长裙，有少数的例子穿着绿裙如莫高窟第311、380窟等。裙子与大袖衫一样，有些裙身为素色无纹，但是多

图4-62 菱格纹绮地刺绣鸟衔花枝，晚唐－五代，敦煌藏经洞出土，法国吉美博物馆藏

（图片来源：赵丰. 敦煌丝绸艺术全集（法藏卷）[M]. 上海：东华大学出版社，2010：216.）

数都装饰了丰富的纹样，数量最多的是散花和折枝花（图4-64）。装饰纹样最为集中的仍然是高束的裙腰，纹样主要有四种形式：第一种裙腰中间饰团花，四角饰角隅团花，这是一整二破式团花纹的局部；第二种裙腰上下左右均为半团花，这是半破式团花纹的局部；第三种也有团花和散花的组合纹样；第四种类似大袖衫纹样的雁踏莲盘纹和凤踏莲盘纹（图4-65）。出现次数最多的团花纹变化最多，有五瓣团花纹、如意团花纹、花叶形团花纹等多种简洁和繁缛的变形。

图4-63 银泥练鹊衔枝纹绢幡，晚唐－五代，敦煌藏经洞出土，法国吉美博物馆藏

（图片来源：赵丰. 敦煌丝绸艺术全集（法藏卷）[M]. 上海：东华大学出版社，2010：71.）

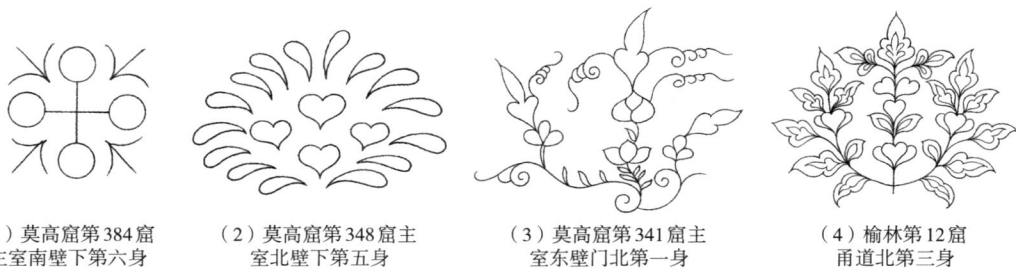

（1）莫高窟第384窟　　（2）莫高窟第348窟主　　（3）莫高窟第341窟主　　（4）榆林第12窟
主室南壁下第六身　　　室北壁下第五身　　　　室东壁门北第一身　　　甬道北第三身

图4-64　女供养人像之裙身纹样汇总

（图片来源：作者绘制，2018.）

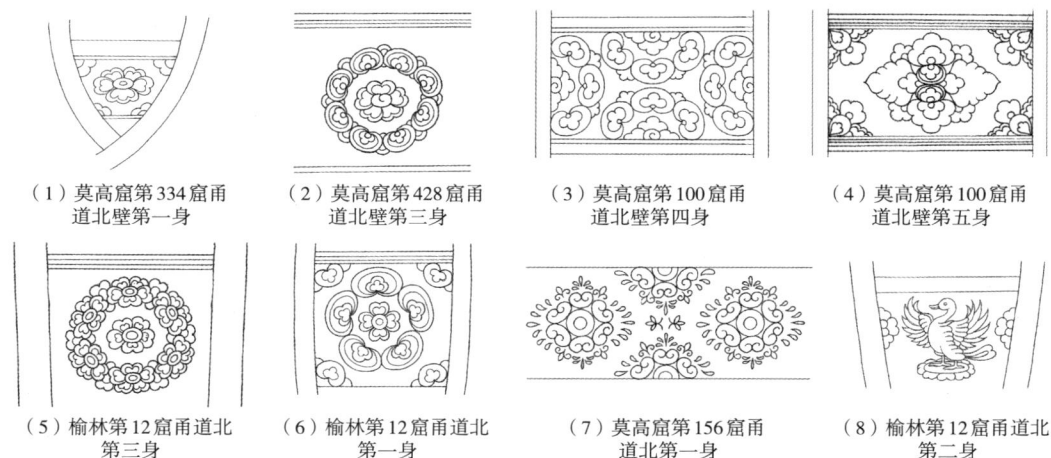

（1）莫高窟第334窟甬　　（2）莫高窟第428窟甬　　（3）莫高窟第100窟甬　　（4）莫高窟第100窟甬
道北壁第一身　　　　　道北壁第三身　　　　　道北壁第四身　　　　　道北壁第五身

（5）榆林第12窟甬道北　　（6）榆林第12窟甬道北　　（7）莫高窟第156窟甬　　（8）榆林第12窟甬道北
第三身　　　　　　　　第一身　　　　　　　　道北第一身　　　　　　第二身

图4-65　女供养人像之裙腰纹样汇总

（图片来源：作者绘制，2018.）

（五）腰襻图案

供养人腰襻在腰间束结，有红色、绿色、褐色等多种颜色。其上纹样种类较多，包括白地绿色菱格四簇花纹、白地红色菱格四簇花纹、绿地白点纹、忍冬纹等（图4-66）。多数纹样为简洁的几何纹或散点纹，并呈现出二方连续纹样的连贯特点。

（六）鞋履图案

壁画中有的女供养人像绘制比较简略，所穿履亦无纹，如莫高窟第360、384、407窟只绘出履的云头轮廓，用红色、浅土红或浅土黄区分云头和履底。有的洞窟绘制便相对清晰，如第61、341窟等，可见履的造型均为云头履，云头和履底均以颜色区分。履底色彩一般较浅，有的云头为浅土红色，有的为蓝色。云头上装饰着四瓣花纹，纹样以土红线勾边，花瓣填饰蓝色或褐色（图4-67）。

（七）配饰图案

女供养人像所戴配饰主要为颈饰和花靥。其颈饰虽然不如前文所述归义军节度使

图4-66　莫高窟第61窟女供养人像腰襻纹样汇总

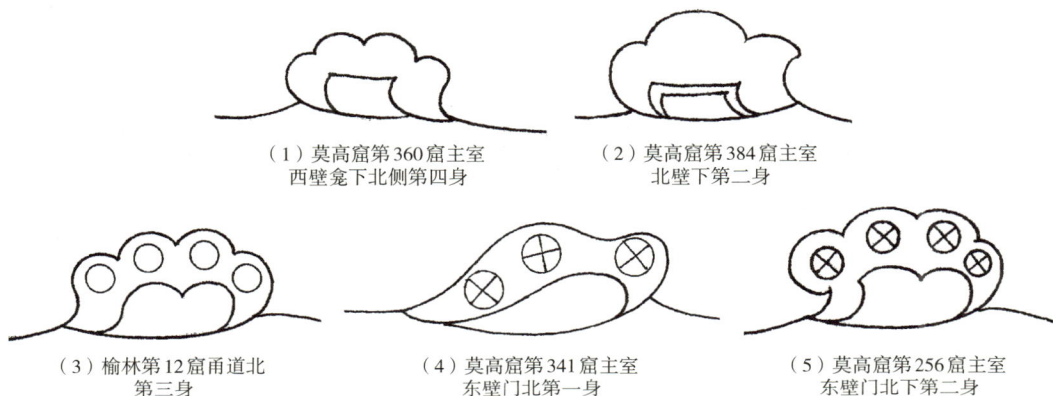

（1）莫高窟第360窟主室　　　　　　（2）莫高窟第384窟主室
　　　西壁龛下北侧第四身　　　　　　　　北壁下第二身

（3）榆林第12窟甬道北　　　（4）莫高窟第341窟主室　　　（5）莫高窟第256窟主室
　　第三身　　　　　　　　　　东壁门北第一身　　　　　　　东壁门北下第二身

图4-67　女供养人像之鞋履纹样汇总

（图片来源：作者绘制，2018.）

夫人、回鹘公主和于阗皇后供养像般华丽，但是一般也佩戴二至三层的璎珞，层叠为饰。面上贴饰凤纹、宝珠、粉蝶等形状的妆靥，正是南唐词人孙光宪所写"腻粉半沾金靥子"❶的写照。额发中央的花钿有的呈云头形，有的呈桃形，如莫高窟第341窟，且在桃形花钿下悬缀水滴形垂饰，精致异常。

第五节　侍女供养像与服饰图案

一、侍女供养像概述

　　敦煌五代时期侍女供养像是跟随在主体人物供养像之后，承担随侍、仪仗、供养等任务的女子画像，多绘于壁画中供养人像列的尾部，且没有题记。虽然不能确知人物的身份，但是从壁画中画像性质和表现形式上看，侍女供养像与侍从供养像较为相似。

❶ 赵崇祚. 花间集 [M]. 李保民，等注评. 上海：上海古籍出版社，2002：321.

侍女供养像常以群组人物形式出现在壁画中，人物画像位置前后遮挡、错落有致，因而有些看不到服饰全貌。但是从整体上看，侍女供养像同样具有画幅尺寸较小、服饰色彩丰富等特点。与前文所述身份地位较高的女供养人像比较起来，侍女供养像的服饰中礼仪性的因素大大降低了，更具世俗性和简便性，并吸收了同时期男装的一些特点。其服饰纹样缺乏大型的单独纹样，而多为小型散花，呈四方连续排布，显得较为生动活泼。此外，侍女供养像常手捧花盘、团扇、隐囊、伞等供器、仪仗具和生活用具，进一步表明其身份的多重性。

二、侍女供养像服饰图案

（一）头饰图案

侍女供养像通常佩戴首饰而无冠，其首饰图案与前文所述女供养人像有所异同。相同之处是有些侍女像也同样佩戴花钗、簪、梳钗、折股钗等，只是在等级、大小和数目上低于主体女供养人像。不同之处是有些侍女像仅梳髻，而无首饰，如莫高窟第98窟东壁最后排执双雁衔枝踏莲盘纹团扇的一身侍女像，便是将乌发拢至头顶，用绛色丝带束成一个大发髻，不加其他首饰（图4-59）。又如第108窟主室南壁最后排的一身侍女像，将头发中分至两侧用红绢带梳髻，下挽双环，也没有佩戴首饰。推测这类侍女像未戴首饰的主要原因是一方面配合所着袍服，所以发式和首饰相对简洁，另一方面，可能为了突出画像中侍女年龄较小，所以未加过多的首饰。

有的侍女像还以彩色的花朵为头饰，如第98窟东壁的三身侍女像头上除了装饰梳钗之外，还以红、褐色的花叶为头饰（图4-68）。这种簪花习俗从唐代开始，如五代王仁裕在《开元天宝遗事》中写道："戴插以奇花，多者为胜"，形成"斗花"习俗。头上所戴花朵可以是新鲜的，也可能是用沙罗、绒绢制作的假花。这种装扮在五代王处直墓中浮雕侍女像中也可以看到（图4-69），后来至宋代逐渐形成了"一年景"的花卉装饰观念。

（二）襦裙图案

侍女供养像的服装主要有两种款式：其中一种延续了汉族传统的襦裙。壁画中可见其搭配与主体女供养人像相似，通常为内襦外衫，披帔帛，束高腰裙。大袖衫通常也为红色，有的无花纹，如莫高窟第108窟主室南壁侍女像，有的衫上装饰着简单的四方连续式四瓣花纹，如莫高窟第121窟主室东壁门下侍女像。

（三）袍服图案

除了上述着襦裙的侍女之外，五代时期侍女供养像中还有模仿着男装者，着圆领袍或缺胯圆领袍、帛带束腰，这种着装本是为了便于骑乘和劳作，但是在敦煌壁画中

姪女小館子出適孝戊

图4-68　莫高窟第98窟东壁侍女像

（图片来源：Roderick Whitfield, Seigo Otsuka. Dunhuang-Caves of the Singing Sands: Buddhist Art From The Silk Road[M].

London: Textile & Art Publications,1995:186.）

图4-69　河北曲阳县五代王处直墓浮雕侍女像

（图片来源：河北省文物研究所，保定市文物管理处. 五代王处直墓
[R]. 北京：文物出版社，1998：彩版三五.）

女着男装，却成了一种流行的风尚。比如，莫高窟第256窟东壁门北下侍女供养像便着
窄袖圆领白色缺胯袍，束黑色革带。此类袍服的装饰纹样通常为团花纹，从造型上看
有两种：一类为自然形态归纳而成的五瓣团花纹，多为土红地彩色花，另一类为齿状
团花纹，即前文所述模拟木版印花工艺的纹样，地色有绿地、浅蓝地之分，但是花纹
均为褐色或黑色，有的还在花纹中穿插细巧的忍冬纹，显得精致活泼（图4-70）。

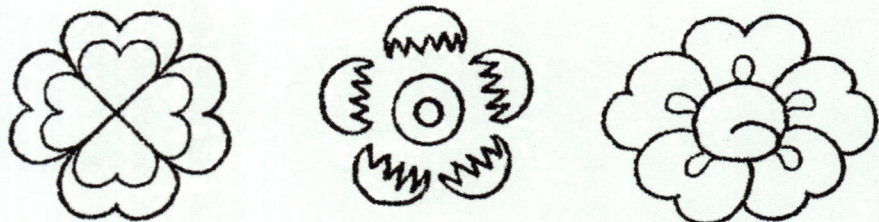

（1）莫高窟第205窟甬道北　　　（2）莫高窟第138窟主室北壁　　　（3）莫高窟第121窟主室东壁门下

图4-70　侍女供养像之袍服纹样汇总

（图片来源：作者绘制，2018.）

（四）配饰图案

侍女供养像所戴配饰主要为颈饰和妆靥，总体上看比较简单。颈饰通常为一层或
两层，妆靥也不似主体女供养人那么丰富多样，有的仅在眉心加红色四簇点状妆靥。

第五章
敦煌五代时期比丘和比丘尼
供养像服饰图案

敦煌自古以来是丝绸之路上佛教文化传播的枢纽。西晋时，竺法护已在敦煌一带讲学、译经，经十六国、南北朝到隋唐五代时期，佛教信仰和石窟造像盛行，敦煌成为名副其实的中古时期佛教文化中心。

归义军政权建立时的宗教局面是"切以河西风俗，人皆臻敬空王，僧徒累阡，大行经教"❶，此外，在当地各阶级和阶层中，都有为数众多的世俗信徒。因此，归义军历任首领都积极倡导佛教信仰和从事石窟造像活动，并加强对佛教僧团的控制和管理。首任归义军节度使张议潮建立归义军政权后，便按照唐朝制度，确立了"都僧统—副僧统—都僧政—僧政—法律—判官"的敦煌佛教僧官体系❷，并与首任都僧统洪辩一起调查了管内16所寺院和3所禅窟的僧尼、常住百姓和常住物，加强对寺产的管理和保护。此后，曹氏归义军也继承了热衷和发展佛教的传统，积极开窟造像，抄经施舍，佛教呈现出一派繁荣发展的景象。由于与石窟造像和归义军政权的密切关系，有为数不少的僧尼形象出现在敦煌五代时期的石窟造像中，且常常位于供养人像列中最为显赫的起首位置，成为供养人像的重要组成部分。本章通过对敦煌五代时期比丘和比丘尼供养像服饰图案的概况和个案分析，阐明此时僧尼服饰中反映的佛教传统和世俗化倾向。

第一节　敦煌五代时期比丘和比丘尼供养像题记和身份

比丘（梵文Bhikṣu），又称苾刍，含有净乞士、破烦恼、净持戒、能怖魔等四义❸，是出家为佛弟子、受具足戒❹者男子的统称。比丘尼（梵文Bhikṣuṇī），是女子出家受具足戒者的统称，梵语尼者，显女性之声。以阿难尊者恳请佛陀初度佛陀之姨母大爱道为僧，为比丘尼之始。本章所述主体为敦煌五代时期以供养人形象出现在石窟壁画和题记、藏经洞绢画及文书中的男性及女性出家人，简称比丘和比丘尼供养像。

---

❶ 上海古籍出版社,法国国家图书馆.法藏敦煌西域文献·第27卷[M].上海:上海古籍出版社,2002:113.

❷ 竺沙雅章.中国佛教社会史研究[M].京都:同朋舍,1982.

❸ 大智度论·卷三:"云何名比丘? 比丘名乞士。清净活命故名为乞士……复次比丘破,丘名烦恼,能破烦恼故名比丘……复次受戒时自言:我某甲比丘尽形寿持戒,故名比丘。复次比名怖,丘名能,能怖魔王及魔人民。当出家剃头著染衣受戒,是时魔怖。何以故怖? 魔言是人必得入涅槃。" CBETA[M/CD], T25, no. 1509, p. 0079, b24.

❹ 丁福保.佛学大辞典[M]."具足戒"条目:"为比丘、比丘尼当受之戒,别解脱戒中之至极也。比丘为二百五十戒,比丘尼为五百戒(实为三百四十八戒),比丘之二百五十戒,为四波罗夷,十三僧残,二不定,三十捨堕,九十波逸提,四提舍尼,百众学,七灭净。比丘尼之三百四十八戒,为八波罗夷,十七僧残,三十捨堕,一百七十八波逸提,八提舍尼,百众学,七灭净。戒之总数,诸律不同。宜视后世之作为,然要严守佛陀制戒之意,专心保持比丘之面目,今对比四分、五分、南传。则波逸提以下之细目,有如图之相违。观此可知戒之数目,指大数也。今所以名为具足者,非依上之戒数。戒数惟标榜其紧要者,使由此于一切之境界离罪之意,故谓之具足戒。"
中华电子佛典协会.丁福保《佛学大辞典》电子档[M/CD].

自唐代起，敦煌石窟中便出现了许多以寺院僧尼为供养主体，如盛唐第387窟窟主康僧统、中唐第188窟窟主僧统思云、第365窟窟主吴僧统、晚唐第12窟窟主沙门释门都法律和尚金光明寺僧索义辩、第85窟窟主翟僧统、第144窟窟主龙兴寺上座索龙藏、第196窟窟主何大法律等。敦煌五代时期石窟中出现的供养比丘和比丘尼像多处于男女供养人画像的起首位置，是行进供养人队列的带领者，其身份位于世俗供养人之上。并且，在男供养人像列前导行的多为比丘，在女供养人像列之前导行的多为比丘尼。这种出家众在前、世俗大众在后、男众和女众分列的顺序是佛教法会及仪式中的常用方式，并一直沿用至今。依据作者现场考察所见，敦煌莫高窟五代时期新建洞窟中有5个洞窟保存有供养比丘和比丘尼像及题记，现列表5-1。

表5-1　敦煌莫高窟五代时期新建石窟现存供养比丘和比丘尼题记统计表

窟号	供养比丘和比丘尼像位置及题记
36	南壁供养人像列东起第三身："……僧□……"
	西壁供养人像列南起第六身："龙兴寺僧愿就一□□□"
	同列起第七身："龙兴……"
	西壁北侧供养人像列南起第二身："□寺□□□（道）……养"
	同列第三身："□（住）□（窟）……"
	同列第四身："……郎业……"
	同列第五身："……□（寺）僧……"
	同列第六身："龙兴寺僧证□（果）供养"
	北壁供养人像列西起第一身："□□□（寺）……□（心）德……"
	同列第二身："……僧……□（一）□（心）供养"
	同列第四身："□（龙）寺□（僧）□□……"
	同列第五身："龙兴……"
61	东壁门北侧供养人像列南向第二身：故□大□……沙门供养
	同列第三身：故姨安国寺法律尼临坛大德沙门性真供养
98	南壁贤愚经变下端供养人像列东向第一身：释门法律□（临）坛供奉大德沙门胜明一心□（供）养
	同列第二身：释门法律临坛供奉大德沙门□惠一心供养
	同列第三身：释门法律临坛供奉大德沙门增受一心供养
	同列第四身：释门法律临坛供奉大德沙门庆林一心供养
	同列第五身：释门法律临坛供奉大德沙门庆福一心供养
	同列第六身：释门法律临坛供奉大德沙门道崇一心供养
	同列第七身：释门法律临坛供奉大德沙门慈恩一心供养
	同列第八身：释门法律临坛供奉大德沙门□（筑）□（寂）一心供养
	同列第九身：释门法律知使宅内阐扬三教大法师临坛大德沙门□□一心供养

窟号	供养比丘和比丘尼像位置及题记
98	同列第十身：释门法律临坛供奉大德沙门定真一心供养
	同列第十一身：释门法律临坛供奉大德阐扬三教讲论大法师沙门广信一心供养
	同列第十二身：释门法律临坛供奉大德沙门广达一心供养
	同列第十三身：释门法律临坛供奉大德沙门道岸一心供养
	同列第十四身：释门法律临坛供奉大德沙门净□一心供养
	同列第十五身：释门法律兼管内储司都判官临坛供奉大德沙门法胜供养
	同列第十六身：释门法律临坛供奉大德沙门灵寂一心供养
	同列第十七身：释门法律临坛供奉大德沙门法建一心供养
	同列第十八身：释门法律临坛供奉大德阐扬三教讲论大法师沙门绍宗一心供养
	同列第十九身：释门法律临坛供奉大德沙门□果一心供养
	同列第二十身：释门法律临坛供奉大德沙门海岩一心供养
	同列第二十一身：释门法律临坛大德沙门玄德一心供养
	同列第二十二身：释门法律临坛大德沙门庆力供养
	同列第二十三身：释门法律临坛供奉大德阐扬三教大法师……
	同列第二十四身：释门法律知福田判官临坛大德沙门惠净供养
	同列第二十五身：释门法律知五尼寺判官临坛大德沙门□□一心供养
	同列第二十六身：释门法律临坛大德沙门法界一心供养
	同列第二十七身：释门法律……一心供养
	同列第二十八身：释门法律知□使……表白法师沙门恒明一心供养
	同列第二十九身：释门法律临坛大德沙门□□一心供养
	同列第三十身：释门法律临坛大德沙门法润一心供养
	同列第三十一身：释门法律临坛大德沙门聪进一心供养
	同列第三十二身：□门法律临坛大德……一心供养
	同列第三十三身：释门法律……沙门……
	同列第三十四身：释门法律临坛□（大）德沙门□□一心供养
	同列第三十五身：释门法律临坛大德沙门智通一心供养
108	东壁门北侧供养人像列南向第二身：故姊普光寺法律尼念定一心供养
	同列第四身：故女普光寺法律尼最胜喜
346	南壁供养人像列西向第一身：□□（官）报恩寺首座尊宿□（沙）门慈惠供养
	同列第二身：社子释门法律知应管内二部大众诸司都判官兼常住仓务阐扬三□（教）法师临□（坛）大德沙门法眼一心供养
	同列第三身：……□（知）福田□（司）□（判）□（官）阐扬三□……临坛大德沙门慧净一心供养

除了五代时期新建洞窟内现存供养比丘和比丘尼像及题记之外，依据作者现场考察所见，此时重修洞窟中尚有7个洞窟保存有供养比丘和比丘尼像及题记，现列表5–2。

表5–2　敦煌莫高窟五代时期重修石窟现存供养比丘和比丘尼位置及题记统计表

窟号	供养比丘和比丘尼像位置及题记
33	东壁门北供养人像列南向第一身：释门法律临坛供奉大德兼表白大法师沙门法松一心供养俗姓翟氏
	同列第二身：释门法律临坛大德兼宣白法师道行一心供养俗姓刘氏
39	东壁门北侧供养人像列南向第一身：应管内释门法律临坛供养大□阐扬三教大德□（兼）毗尼藏□沙门□□供养
	同列第二身：释门法师临坛供奉大德沙门……
	同列第三身：管内释门法律临坛供奉大德沙门……
	同列第四身：释门法师临坛供奉大德沙门……
53	北壁供养人像列西向第二身：……法律尼临坛大德□□□□一心供养
	南壁供养人像列西向第一身：故姨安国寺法律尼临坛大德沙门性□（真）……
144	西壁龛下供养人像列南向第一身：……姑灵修寺法律尼妙明一心供养
	同列第二身：亡妹灵修寺……性一心供养
	同列第三身：妹尼普光寺律师巧相一心供养
	同列第四身：妹尼普光寺都维证信一心供养
	西壁龛下供养人像列北向第一身：管内释门都判官任龙兴寺上座龙藏修先代功德永为供养
	同列第二身：释门龙兴寺上座□□一心供养
165	西壁龛下南侧：施主释门临坛供奉大德……法师沙门……
	西壁龛下北侧：师文殊……□□法师
217	东壁北侧：应管内释门都僧政京城外内临坛供奉大德毗尼藏主阐扬三教大法师赐紫沙门洪认一心供养
387	西壁龛下南侧供养人像列北向第一身：……释门都僧统兼门□□□京城□□临□供奉大德阐扬三教大法师赐紫沙门□（香）□□（维）□（宥）供养俗姓康氏
	同列第二身：……律师兼大众都□（维）□（那）应愿一心供养俗姓康氏
390	西壁龛下南侧下排供养人像列北向第一身：叔僧永安寺□（律）师□虔一心供养
	同列第八身：释门法律临坛供奉大德表□法师□□一心供养

从现存敦煌莫高窟供养比丘和比丘尼题记来看，担任较高官职的僧尼多出身豪门望族，特别是贵族妇女出家为尼的数量众多，因此供养比丘尼与世俗女供养人像服饰图案之间的密切关系是一个值得关注的问题。根据陈大为学者的研究，现将敦煌石窟中所出现张、曹、索、李、翟、阴氏等大族中投身寺院的重要女眷及僧职列于表5–3[1]。

---

[1] 陈大为. 唐后期五代宋初敦煌僧寺研究 [M]. 上海：上海古籍出版社，2014：190–191。有删减及修改.

表5-3 敦煌石窟所示出身大族之比丘尼及僧职

法号	所属寺院	僧职	俗家身份	来源
了空	—	登坛大德兼尼法律	张议潮之姊	莫高窟第156窟
德胜	—	登坛大德尼	张淮深之妹	莫高窟第94窟
念定	普光寺	法律尼	张淮庆之姊	莫高窟第108窟
最胜喜	普光寺	法律尼	张淮庆之女	莫高窟第108窟
性真	安国寺	法律尼临坛大德	曹元忠之姨母	莫高窟第53、55、61窟
宝□	圣光寺	尼众法律	曹延禄之婆婆	榆林窟第35窟
长胜	圣光寺	比丘尼	曹氏家族	榆林窟第35窟
善□	灵修寺	寺主	索龙藏之妹	莫高窟第144窟
妙明	灵修寺	法律尼	索龙藏之姑	莫高窟第144窟
□性	灵修寺	—	索龙藏之妹	莫高窟第144窟
巧相	普光寺	律师	索龙藏之妹	莫高窟第144窟
证信	普光寺	都维	索龙藏之妹	莫高窟第144窟
□□	□（安）国寺	律师	李明振之侄女	莫高窟第148窟
□□	普光寺	□□	翟氏家族	莫高窟第85窟
坚进	普光寺	比丘尼	翟氏家族	莫高窟第85窟
智□	普光寺	比丘尼	翟氏家族	莫高窟第85窟
□智	普光寺	比丘尼	翟法荣之侄女	莫高窟第85窟
智惠性	安国寺	法律	阴氏家族	莫高窟第138窟
□□	安国寺	比丘尼	阴氏家族	莫高窟第138窟

综上所述，敦煌五代时期供养比丘和比丘尼像及相关题记反映出以下三点问题：首先，作为大规模且长期延续的石窟造像活动，与敦煌本地大型寺院的支持密不可分，如题记中出现的龙兴寺、报恩寺、普光寺、安国寺、灵修寺、圣光寺等，这些寺院作为本地佛教僧团代表，积极介入和参与了石窟的开凿和建设。其次，在石窟造像中出现的供养比丘和比丘尼多具有较高的僧职，他们不仅因为是石窟造像活动的主导者而受到信众的尊重，同时也因与政治权利之间的密切关系而存身立命。最后，供养比丘尼题记体现出当时上层社会妇女出家为尼的风气。这些特点为研究其服饰及服饰图案中的仪轨制度、本土特色、世俗变化等特点提供了有力的背景资料。

第二节　佛教律典中的比丘和比丘尼服饰

在佛教律典中，关于比丘和比丘尼的服饰规范散见于《大正藏》中，如《四分律》《十诵律》《摩诃僧祇律》《毘尼母经》《根本萨婆多部律摄》《根本说一切有部毘奈耶》等典籍。

依据佛教律典的规定，比丘只可以拥有三种衣服，称为三衣。《十诵律》卷二十七记载道：起初，一些佛教比丘拥有居士施舍的多件衣服，佛陀认为携带多件衣服行走不便，后来佛陀"告阿难言。吾欲向维耶离国游行。阿难受敕寻从。既到会值冬节。八夜寒风破竹。佛时著一割截衣。初夜空地经行。初夜过中夜来。佛身寒告阿难。持第二割截衣来。阿难即取衣授佛。佛取衣著。中夜空地经行。中夜过后夜来。佛身寒告阿难。持第三割截衣来。阿难即授衣。佛取衣著空地经行。佛思惟。诸比丘尔所衣足。"❶可见，三衣的规定是来自当初佛陀在维耶离国冬日夜间的亲身体验，在温度最低的后夜穿三件衣足以御寒，因此不需要更多衣服。

由于制作三衣的布料皆为坏色（浊色，即袈裟色），故又统称为袈裟（kasāya）。三衣的名称和用途如下：

僧伽梨（Saṅghāṭi）：即大衣、重衣、杂碎衣、入聚落衣、高胜衣，为比丘上街托钵或奉召入王宫时所穿。僧伽梨是三衣中最为厚重和庄重的，通常用来御寒及重大礼仪场合穿着，多由9~25条布片缝制而成，又称九条衣。

郁多罗僧（Uttarāsaṅga）：即上衣、中价衣、入众衣，为礼拜、听讲、布萨时所穿着，适用场合最普遍，多由七条布片缝制而成，故又称七条衣。

安陀会（Antarvāsaka）：即内衣、中宿衣、中衣、作务衣、五条衣，为比丘做日常劳务时或就寝时穿着，不能在出席正式场合时外穿。

比丘尼除了拥有以上三衣之外，还另外加上两件衣服，总称为五衣。一件为僧祇支（Saṃghāṭi），即覆肩衣，穿在三衣之内，用以裹覆左肩与两腋；另一件为厥修罗（Kusūla），即下裙，是覆于腰部之衣。

按照佛教律典的规定，比丘和比丘尼应穿着三衣和五衣。应当注意的是，这些关于服饰的规定诞生于印度当地天热多雨的气候条件之下。由于印度属热带气候，三衣可直接穿着于身体。而在佛教传入中国及日本之后，由于自然环境与印度不同，所以关于衣的使用已经发生了很大的改变，一般将袈裟披着在僧服或偏衫之外，袈裟与衣共同构成袈裟衣。敦煌五代时期供养比丘和比丘尼像中，其服饰在外层保留了大衣（僧伽梨）的形制和特点，而内层发生了较大变化，比丘多着袍服，比丘尼多着襦裙，

---

❶ 十诵律. CBETA[M/CD]. T23, no. 1435, P. 194, c12.

此外还增加了帽、履等律典中未有规定的御寒物品。下文将从形制、材质、色彩和披着方式等四个角度对比丘和比丘尼服饰进行分析。

一、比丘和比丘尼服饰的形制

一件完整的袈裟应包括坛、叶、缘、角贴、绚、纽、台座等组成部分（图5-1），其制法规范各不相同。

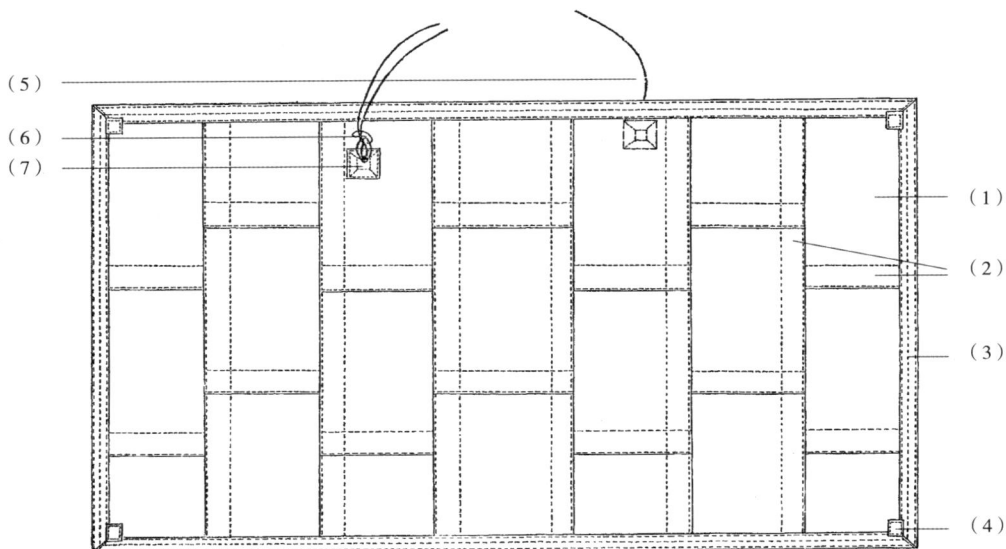

图5-1　袈裟（七条衣）形制与各部分名称示意图
（1）坛（条）（2）叶　（3）缘　（4）角贴　（5）（巾+句）（6）纽　（7）台座
（图片来源：久马慧忠. 袈裟の研究[M]. 沢木兴道, 监修. 东京：大法轮阁, 1967：75. 作者另加标示.）

袈裟最直观的形象是其长条状齐截缝缀的田相外观，因此又被称为割截衣、福田衣。据《十诵律》的记载，信奉佛教的王舍城洴沙王曾误将沙门认作是外道，因此恳求佛陀规定僧侣衣服形制，以便与外道衣服进行区别，后来"佛告阿难，汝见彼稻田畦畔齐整不？答言见。佛告阿难，此深摩根衣能法此田作衣不？阿难言能，即以衣与阿难。阿难受已小却，即割截簪缝中脊衣叶两向收襞展张还奉佛。佛赞善哉善哉，此衣割截如是作应法。"❶可见，佛陀为了令本教团之衣区别于当时其他教团的服装外观，参考了稻田畦畔的格式，特制割截衣。同时，这种制作袈裟之前将面料先割截成片然后缝缀起来的做法，实际作用主要有两个：一是用割截的方法制成的袈裟不同于俗人衣服，不能再用于市场流通和贩卖贸易，二是割截后的面料降低或失去价值，去除了强盗或盗贼夺取之念。此外，寓意佛弟子应舍弃对衣服的执着。

袈裟上最小单位的面料称为坛，然后缀坛成条，又称条巾。后世通常以袈裟的条

❶ 十诵律. CBETA[M/CD]. T23, no. 1435, P. 194, c12.

数来进行区分和命名，如五条衣、七条衣、九条衣等。袈裟的条数为奇数，每一条均由长短不一的面料组成，如两长一短、三长一短、四长一短等，称为坛隔或条巾。无论条数多少，最中间一条皆以较短的坛隔为始，其余各条以此为据倒置排列。缝缀各条时，左条顺次压左方各条，右条顺次压右方各条，中条压左右两边。无论是横堤或竖条，缝缀时皆不可两头缝合，而是用一布片叠在上面，称为叶。正如《摩诃僧祇律》卷二十八记载："复次有比丘作衣画作叶。佛言，不听画作叶。比丘氎作叶。佛言，不听氎作叶，应割截。有比丘对头缝。佛言，不听对头缝，应作叶。极广齐四指，极狭如穬麦。复有比丘一向作叶，佛言，不听，应两向。有比丘作衣横叶相当。佛言，不听，五条应一长一短，七条乃至十，三条两长一短，十五条三长一短。"❶

此外，袈裟四周加缘、四角加贴，用于加固，防止速坏。袈裟胸前缘边里面和左肩处缘边外面，分别缝以正方形的台座，里面施钩，外面施纽，以防穿着时脱落。

除了具有田相特点的袈裟，还有一种通漫无条的袈裟，称为缦衣，是沙弥和沙弥尼所穿着的。虽然三衣应以割截为法，但是如果遇到财少难办之时，也可以将叶叠缝到缦衣之上，名为揲叶。佛教律典中对于揲叶的针脚也有规定，缝法可分为马齿缝和鸟足缝两种，据《四分律行事钞资持记》卷下一："马齿缝，旧云偷针刺，若马齿阔。或作鸟足缝，疏云，押叶丁字有三叉相是也。"❷

二、比丘和比丘尼服饰的材质

佛教初创时期，僧侣袈裟的面料主要是施主所供养，其中有一些是品质上好而大幅的珍贵面料，有一些是闲置的小块面料。此外，僧侣也会从垃圾堆捡回一些被人丢弃的面料，从坟墓捡回一些污秽的裹尸布，甚至老鼠咬过的旧衣面料，制成的袈裟又称粪扫衣（Paṁsukulika）。

袈裟大部分由面料构成，可供使用的纤维在律典中虽无一定的规定，但通常为绵（木棉）、麻、树皮、野蚕丝、绢、羊毛、鸟毛制成，绫罗、锦绮、纱縠、细绢等细薄精美的面料不可用于袈裟。关于绚的材质，律典中有几种不同的说法。《四分律》卷四十曰："应安纽若紻。诸比丘用宝作。佛言，不应用宝。若用骨、若用牙、若角、若铁、若铜、若白镴、若铅锡、若綖、若木、若胡胶作。不知云何按紻。佛言，以帛缝若穿孔著。"❸《根本萨婆多部律摄》曰："于此帖中穿为小孔，安细绦绚，可长两指。"❹《南海寄归内法传》卷二曰："当中以锥穿为小孔，用安衣绚。其绚或条或帛，粗细如

❶ 摩诃僧祇律. CBETA[M/CD]. T22, no. 1425, P. 454, c27.
❷ 四分律行事钞资持记. CBETA[M/CD]. T40, no. 1805, P. 360, a8.
❸ 四分律. CBETA[M/CD]. T22, no. 1428, P. 855, a20.
❹ 根本萨婆多部律摄. CBETA[M/CD]. T24, no. 1458, P. 551, c27.

衫绚相似。"❶可见，绚的材质不可以十分贵重，可用硬质的骨牙、金属、木材、胶质等，也可以用柔软的绦带或丝帛，形状有圆形和长形两种。中国古代袈裟的绚常以丝帛、木材、象牙做圆环代钩，置于胸前缘边表面。

三、比丘和比丘尼服饰的色彩

袈裟原意为浊，意译为坏色、不正色、赤色或染色等，指佛教僧众身上所着法衣的色彩。《根本说一切有部毗奈耶》卷三九记载，有六群比丘穿着白色衣，受到居士讥嫌，故佛陀规定比丘需着坏色衣。因此，是否染着合乎规范的色彩是袈裟的重要标志。

佛教中正色有五种，分别为青、黄、赤、白、黑，又称大色、纯色、如法色，除五正色之外的色彩为不正色，即坏色、不如法色。据记载，染缸为僧团常备之物，可将新衣或制作袈裟的面料染为坏色，或供袈裟褪色后重新染制。关于袈裟的坏色有不同的说法，《四分律》卷十六曰："若比丘得新衣应三种坏色。一一色中随意坏。若青、若黑、若木兰。"❷《十诵律》卷十五曰："三种坏色者，若青、若泥、若茜。"❸除了以上律典中提到的青❹、黑❺、木兰❻、泥、茜五种坏色外，元照《四分律行事钞资持记》卷下一则记载绯、红、紫、绿、礓黄等五间色为不如法色，也在可以使用的范畴。

用于染制袈裟坏色的染料主要是泥、植物的皮和根等，例如，《毗尼母经》记载了用于染制袈裟的染料包括泥、陀婆树皮、婆陀树皮、非草、乾陀、胡桃根、阿摩勒果、佉陀树皮、施设婆树皮等。《摩诃僧祇律》卷二十八还规定丘佉染、迦弥遮染、俱鞞罗染、勒叉染、卢陀罗染、真绯郁金染、红蓝染、青染、皂色、华色等用于高级衣服染色的材料和色彩不可用于袈裟。

总之，合乎佛教规范的袈裟应为青、黑、木兰、泥、茜等诸多浑浊而不明艳的色彩，其目的是不令僧侣生其对色彩的执着之心，正如《大乘本生心地观经》中记述袈裟十利之第六条所云："本制袈裟染令坏色，离五欲想不生贪爱。"❼此外，关于佛教各部派所著袈裟色彩的规定也不尽相同。在我国，依据《大宋僧史略》卷上"服章法式"条所载，印度的昙无德部先到汉土弘法，其所着袈裟为绛赤色，所以沿袭其传统，"案汉魏之世，出家者多著赤布僧伽梨"❽，吉藏《金刚般若疏》卷二、《玄应音义》卷十五、

---

❶ 南海寄归内法传. CBETA[M/CD]. T54, no. 2125, P. 215, a12.
❷ 四分律. CBETA[M/CD]. T22, no. 1428, P. 676, b20.
❸ 十诵律. CBETA[M/CD]. T23, no. 1435, P. 108, c28.
❹ 坏色之"青"不同于正色之"青"，据《摩诃僧祇律》卷十八记载,坏色之"青"分为三种:铜青、长养青（蓝淀）和石青.
❺ 黑灰色.
❻ 赤黑色.
❼ 大乘本生心地观经. CBETA[M/CD]. T3, no. 159, P. 313, c17.
❽ 大宋僧史略. CBETA[M/CD]. T54, no. 2126, P. 237, c25.

《有部百一羯磨》卷九义净之注、《南海寄归内法传》卷二皆谓袈裟以浊赤色为本制。汉魏之后又有黑衣（缁衣）、青衣、褐色衣等不同色彩的袈裟色彩，至唐宋以后，朝廷常赐予当世高僧紫衣、绯衣，以示身份和荣宠。明朝以降，佛教分禅（禅宗）、讲（天台、华严、法相宗）、教（律宗）三种类别，规定禅僧穿茶褐色衣和青绦玉色袈裟，讲僧穿玉色衣和绿绦浅红色袈裟，教僧穿皂衣和黑绦浅红色袈裟。

四、比丘和比丘尼服饰的披着方式

在古印度，比丘三衣和比丘尼五衣的形状都是一块长方形的布片，其披着方式主要有两种：一种为披覆双肩，又名通肩、通披如图5-2佛陀立像；另一种覆盖左肩而露出右肩，又名偏袒右肩，如图5-3佛陀坐像。据《舍利弗问经》及《南海寄归内法传》卷二记载，佛弟子修供养时应偏袒右肩，以便作事，如见佛、礼佛、同评三师、入众等时；遇国王请食、入里乞食、坐禅诵经、巡行树下时，应披着通肩袈裟，现福田相。

图5-2　佛陀立像，四世纪末至五世纪初，马图拉出土，印度新德里国立博物馆藏
（图片来源：克雷文. 印度艺术简史[M]. 王镛，等译. 北京：中国人民大学出版社，2003：94.）

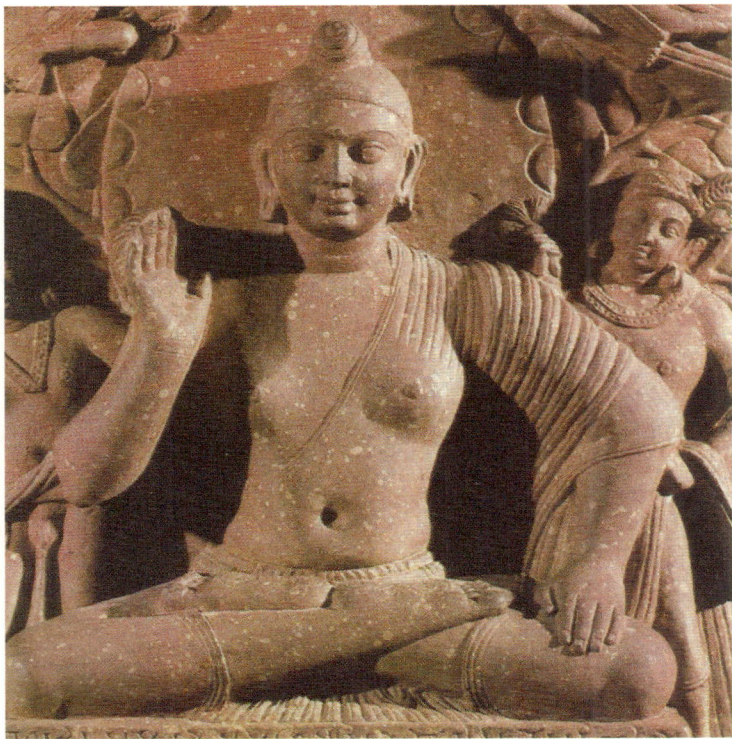

图5-3　佛陀坐像，约公元130年，马图拉卡特卡土丘出土，印度马图拉考古博物馆藏
（图片来源：克雷文. 印度艺术简史[M]. 王镛，等译. 北京：中国人民大学出版社，2003：90.）

第三节　比丘供养像与服饰图案

一、比丘供养像概述

敦煌五代时期的比丘供养像多与男供养人同列，并处于画像队列的最前端，手持供器。从这样的排列顺序上看出在敦煌这个佛教圣地，在仪式中一直沿袭和遵守佛教仪轨，比丘的地位不仅高于世俗供养人，同时也高于比丘尼。

比丘供养像中不乏与真人等大尺寸并且极为写实的画像，如莫高窟第217窟东壁北侧的比丘供养像（图5-4）。像中人物是都僧政洪任，与都僧统、都僧录同为当地都司中最为重要的僧官领袖。而第98窟中南壁下绘的29身比丘供养像，多任法律之职，属于负责具体事务的中层执行僧官，由于人数较多，其描绘便较为程式化。可见，画师对于重点比丘和一般比丘供养像的刻画具有主动的选择意识。

比丘供养像中的服装穿搭形式融合了印度和中国传统服饰的一些特点，在佛教律典的基础上，结合本地的气候特点和穿着习惯加以改造，比如在内里着袍、外披袈裟，有的还绘出覆膊。袈裟和僧袍的色彩均突出"坏色"，以土黄、土红、褐色等明度不高、纯度不纯的色彩为主，体现出佛俗融合的趋势。

图5-4　敦煌莫高窟第217窟东壁北侧比丘供养像

（图片来源：敦煌文物研究所. 中国石窟·敦煌莫高窟（五）[M]. 北京：文物出版社，东京：平凡社，1987：80.）

比丘供养像中的服饰装饰花纹大都比较含蓄，一般在袖口内绘出简单的几何或散花纹饰，而袈裟或僧袍上的花纹则是具有佛教意义和内涵的山水纹、树皮纹等。经过考证，这些纹样的加工工艺十分复杂，其真实面料也十分珍贵，但是在表面的花色上却不甚讲究，依旧保持修行人的本色。

二、比丘供养像服饰图案

（一）帽子图案

敦煌石窟中比丘供养像中戴帽的图像仅见两例，一例为莫高窟第386窟主室西壁下北向第一身比丘供养像，人物戴红色风帽，整体呈兜状，帽身后部及两侧有较长的下摆，戴着可以遮挡耳朵甚至肩部，即前文所述之鲜卑帽。江苏徐州狮子山楚王陵出土的北齐时期彩绘陶俑就戴着这样一顶帽子（图5-5）。从出土实物看，风帽可用薄丝绸制作，也可以用厚实的布帛加棉絮制成（图5-6）。另一例为莫高窟第39窟主室东壁门下第一身比丘供养像，人物戴红色小圆帽。

按照《四分律》卷四十记载，佛陀允许在边地修行的比丘在寒冷的冬季以毳或劫贝（棉类）裹头❶。在敦煌文书中也反复出现一种与袈裟并列的"庐山帽"，如P.3410《年代为向（840）沙州僧崇恩处分遗物凭据》："吴三藏紫绫裘裟壹条，紫绫庐山冒（帽）壹顶。"又"崇恩亡后衣服：……紫绫柒条，袈裟壹条，紫罗庐山冒子壹顶。"可见，这是僧人帽子的一种专用称呼，当时的庐山帽还用价值较为昂贵的紫绫制作，十分讲究❷。这个命名来自东晋高僧惠远，因其住庐山、结莲社，倡导净土法门，所以至今仍称净土宗所用法衣为庐山衣，而以"庐山帽"称呼僧帽。所以，敦煌五代时期比丘供养像所戴两款帽子：一款来自鲜卑族传统，以御寒实用为主要目的；另一款为僧人所用的庐山帽，款式简洁，不仅用于御寒，而且是净土宗在敦煌地区兴盛的表现。

（二）袈裟（大衣）图案

敦煌的比丘供养像所着袈裟多有田相，所以绘制有时将田相用墨线勾出，有时将叶、缘和坛绘用不同的颜色以示区别，如莫高窟第345甬道南壁的比丘供养像均着

图5-5 陶俑，北齐，江苏徐州狮子山楚王陵出土

（图片来源：高春明. 中国历代服饰艺术[M]. 北京：中国青年出版社，2009：74.）

图5-6 织金锦棉风帽，辽，内蒙古兴安盟代钦塔拉墓出土

（图片来源：高春明. 中国历代服饰艺术[M]. 北京：中国青年出版社，2009：75.）

❶ 慈怡法师. 佛光大辞典[M]. 星云大师，监修. 北京：北京图书馆出版社，2004：4937.
❷ 叶娇. 敦煌文献服饰词研究[M]. 北京：中国社会科学院出版社，2012：192.

红色袈裟，而田相格则被涂为褐色（图5-7）。

袈裟主体色彩多为红色或赭色，如第7窟东壁门北第一身比丘供养像所着赭色袈裟、同窟东壁门南比丘第一身供养像所着浅土红色袈裟等。还有一些图像可以看到袈裟为双层，表里色彩各异，如第85窟甬道北比丘供养像所着土红色为表、绿色为里的袈裟，第386窟主室西壁下北向第三身、南向第一身比丘供养像着红色为表、绿色为里的袈裟。以上均为单色或者表里异色、但是无纹的袈裟图像。

有些供养像中的袈裟地色为单色，上面用白色点绘制出竖向缝线痕迹，如第449窟主室西壁北下第二、三身比丘供养像所着袈裟均为绿色地，坛中有白色竖向缝线。同窟同列第一身比丘供养像所着袈裟为褐色，每道叶的缘边都有白色缝线。

除了在袈裟的田相中有缝线装饰外，有的图像中袈裟内里也有花纹，如第44窟主室南下第六、十、十六身比丘供养像中，袈裟内里均有四簇点纹，分别为浅土红地土红色点、土红地褐色点、白色地土红色点的组合（图5-8）。第345窟甬道南壁第三身比丘供养像也着内里为红地褐色四簇点纹的袈裟。

五代时期供养比丘像所绘袈裟中还有一种装饰有山水纹，又称山水衲袍，这是从唐代沿袭下来的袈裟样式，莫高窟晚唐第16窟洪辩塑像所着即为此类（图5-9）。俄弗96号《双恩记》："身挂纳袍云片片，手摇金锡响玲玲……或有身披百衲，袈裟上点点云生。"[1]纳袍即衲袍，指的是以布片缝缀起来的百衲衣，本身是为了破除僧人对于着装

图5-7 敦煌莫高窟第345甬道南壁比丘供养像

（图片来源：敦煌文物研究所. 敦煌艺术宝库·四[M]. 台北：地球出版社，1988：194.）

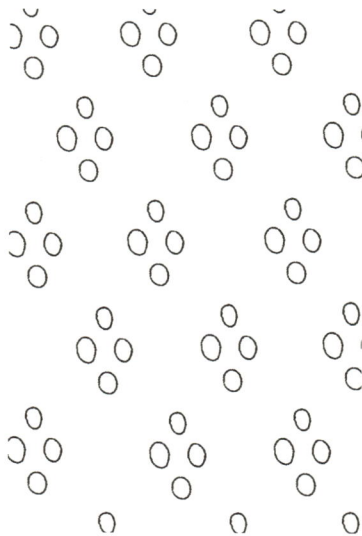

图5-8 敦煌莫高窟第44窟主室南下第六、十、十六身比丘供养像之袈裟内里纹样

（图片来源：作者绘制，2018.）

图5-9 敦煌莫高窟晚唐第16窟洪辩法师塑像

（图片来源：敦煌文物研究所. 中国石窟·敦煌莫高窟（五）[M]. 北京：文物出版社，东京：平凡社，1987：126.）

❶ 杜朝晖. 敦煌文献名物研究[M]. 北京：中华书局，2011：185.

和面料的执着。但是后来的发展却适得其反，成为讲究穿着的僧侣服装。《四分律行事钞资持记》中记载说："然此衣竝世人所弃零碎布帛收拾斗缀以为法衣，欲令节俭少欲省事，一纳之外更无余物。今时禅众多作纳衫而非法服，剪裁缯綵，刺缀花纹，号山水衲，价直数千，更乃各斗新奇，全乖节俭。"❶从记载中可以得知，这种山水衲不同于法衣，它不仅有裁剪，而且运用高档面料，此外还加饰了多种装饰工艺表现山水纹，如刺绣等。如此一来，"纳"或"衲"便失去了本来的意义，人心自然为物所累。宋郭彖《睽车志》中记载了一则小故事："刘先生者，河朔人。年六十余，居衡岳紫盖峰下，间出衡山县市，从人丐得钱，则市盐酪径归……县市一富人，尝赠一衲袍，刘欣谢而去……越数日，见之（刘欣），则故褐如初。问之，云：'吾几为子所累！吾常日出庵，有门不掩，既归就寝，门亦不扃。自得袍之后，不衣而出，则心系念。因市一锁，出则锁之。或衣以出，夜归则牢关以备盗。数日营营不能自决。今日偶衣至市，忽自悟：以一袍故，使方寸如此，是大可笑。适遇一人过前，即脱袍与之，吾心方淡坦然无复系念。'"❷这则故事从侧面说明了两个问题：其一，衲袍是一种附加值价值较高的服装，或因面料，或因工艺，总之是富人才拥有及施舍的物品之一；其二，因为衲袍价值较高，容易引来盗贼，所以成为主人公的心病，"营营不能自决"。这也正好印证了佛教律典中对于袈裟的规定确实是十分有道理且有必要的。

（三）僧袍图案

僧袍即袍服，是佛教传入中国后，僧人将原来印度的祇支和覆肩衣合并，代之以汉族传统右衽长袍的一种非法衣，一般穿在袈裟里面。较为特殊的例子是图5-4和图5-7比丘供养像中所绘僧袍均为左衽，说明敦煌地区少数民族聚居因而存在左衽服饰习俗影响僧袍的现象。在敦煌石窟中，比丘供养像所穿僧袍多数为土黄色或红色，没有纹饰。有的在袍袖内里装饰花纹，如莫高窟第386窟主室西壁下北向第一身比丘供养像，袍袖内里透出土黄地土红色团花纹。这种装饰习惯从唐代时就开始兴起，如第144窟甬道北壁的比丘供养像袖子内里白地红色四簇菱格纹样（图5-10）。

此外，在第449主室西壁北下第三、四身比丘供养

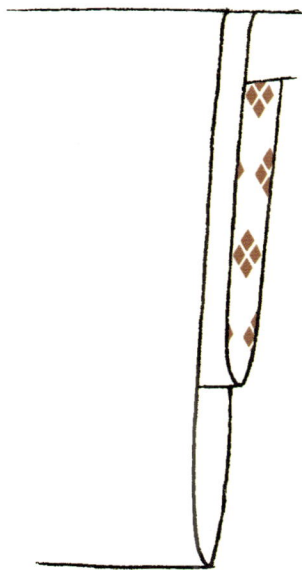

图5-10　敦煌莫高窟第144窟甬道北壁比丘供养像袖子内里纹样

（图片来源：作者绘制，2018.）

❶ 四分律行事钞资持记. CBETA[M/CD]. T40, no. 1805, P. 390, b05.

❷ 睽车志·卷六.
　刘俊文. 北京爱如生数字化技术研究中心研制. 中国基本古籍库 [DB/OL]. 黄山书社出版.

像所着僧袍上还可以见到一种树皮纹。这种纹样为褐色地上布满不规则的土红色和绿色斑块，再饰以如袈裟一般的缝线纹样（图5-11）。根据S.6208《杂集时要用字》所载"布部：火麻。高机。树皮。单纊。土纊。"可知"树皮"是一种面料的称谓，早在隋代时已用于对袈裟的称呼。如隋炀帝《入朝遣使参书》："弟子总持和南：

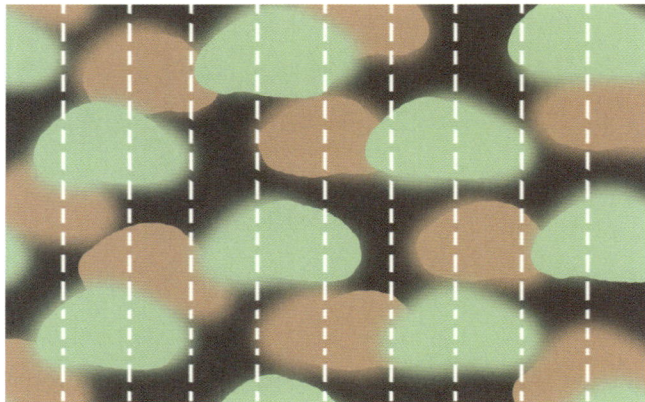

图5-11 敦煌莫高窟第449窟主室西壁北下第三、四身比丘供养像僧袍的缝线纹样

（图片来源：作者绘制，2018.）

垂赐万春树皮袈裟一缘，述是梁武帝时外国唯献四领，今余一而是建初乌琼法师所披。谨寻菩萨戒称所著袈裟，皆染使坏色，况复自然嘉树，妙采天成，相应之言，无劳外假。万春表长生之称，二翼合善譬之辞，永服周旋，恒充布萨。常事半月，岂唯元日？著如来衣，深荷慈奖。谨和南。"❶

与此图像和记载可以对应的实物是日本正仓院的袈裟藏品。在北仓玻璃巨函内藏的九领"御袈裟"❷中，有两条为"九条刺纳树皮色袈裟"（图5-12、图5-13）和"七条刺纳树皮色袈裟"，以各种杂色绫锦缀成纹样，横为九条和七条，色彩犹如树皮。按傅芸子考证❸，刺纳应为纳刺，《东大寺献物帐》中即作"纳刺"。《急就篇》颜注："纳刺谓之紩。"❹《说文》解释曰："紩，缝也。"❺《论衡·程材篇》也说："刺绣之师能缝帷裳，纳缕之工不能织锦。"❻所以纳缕有刺绣之意，沈从文先生认为这种

图5-12 九条刺纳树皮色袈裟，八世纪，日本正仓院藏

（图片来源：正仓院官方网站. http://shosoin. kunaicho. go. jp/. ）

图5-13 九条刺纳树皮色袈裟（局部），八世纪，日本正仓院藏

（图片来源：正仓院官方网站. http://shosoin. kunaicho. go. jp/. ）

❶ 张薄辑. 汉魏六朝百三名家集. 5 册 [M]. 南京：江苏古籍出版社，2002：579.
❷ 按日本正仓院官网介绍，正仓院原藏有九领御袈裟，现存三领.
❸ 傅芸子. 正仓院考古记 [M]. 上海：上海书画出版社，2014：68.
❹ 钱绎. 方言笺疏·卷第四 [M]. 李发舜，黄建中点校. 北京：中华书局，1991：142.
❺ 许慎. 说文解字·卷十三 [M]. 徐炫，校定. 1963：275.
❻ 黄晖. 论衡校释 [M]. 北京：中华书局，1990：543.

工艺是于两纬之间顺纬向绕经线刺绣，需要绣工具有极好的目力和心力，完成后的面料表面看上去非常像纬线显花的织锦，因此称之为"纳锦绣"或"纳缕绣"❶。

此外，日本正仓院还藏有一件名为"七条织成树皮色袈裟"（图5-14、图5-15），"织成"的名称曾出现在《后汉书》："衣裳玉佩备章采，乘舆刺（绣），公侯九卿以下皆织成，陈留襄邑献之云。"❷《中华古今注》中记载："天宝年中，西川贡五色织成背子。玄宗诏曰：观此一服，费用百金。其往金玉珍异，并不许贡。"❸学界关于"织成"工艺的观点并不一致，日本学者大村西崖认为织成锦就是古代的缂丝❹，中国学者朱启钤则认为很难真正区分缂丝和织成❺。英和《恩福堂笔记》曰："于文襄公尝语同列云：所谓缂丝者，乃用之于册页手卷，不闻施之于衣。盖往时朝衣蟒袍皆织成，岂独无缂丝，即顾绣亦后来踵事也。"❻朱启钤先生评价道："此条于织成、缂丝之区别，虽甚浅近，却至明晰。"简言

图5-14　七条织成树皮色袈裟，八世纪，日本正仓院藏

（图片来源：正仓院官方网站. http://shosoin. kunaicho. go. jp/. ）

图5-15　七条织成树皮色袈裟（局部），八世纪，日本正仓院藏

（图片来源：正仓院官方网站. http://shosoin. kunaicho. go. jp/. ）

之，这种以通经断纬为特色的工艺有两个不同的名字，用于衣物时称"织成"，用于册页时称"缂丝"。另外，织成还有另一个名称"缀织"，因为在《东大寺献物帐》中称呼这件袈裟为"缀织袈裟"，所以日本学者中江克己认为缀织即为中国的缂丝❼。对比中国工艺家对缂丝和日本学者对缀织的组织分析来看（图5-16、图5-17），两者确实同属一类织物品种。

据此看来，比丘供养像中所着树皮纹袍服很可能是以刺纳和织成的工艺制作而成的。而且因为这种面料制作费工费时，所以用其制成的袈裟或僧袍应是十分高级的物品，穿着者的地位也相应较高。

❶ 沈从文. 中国古代服饰研究 [M]. 上海：上海书店出版社，2002：128-129.
❷ 范晔. 后汉书·志第三十 [M]. 李贤，等注. 北京：中华书局，1965：3664.
❸ 马缟. 中华古今注·卷中 [M]. 苏鹗，苏氏演义：外三种 [M]，吴企明点校. 北京：中华书局，2012：103.
❹ 傅芸子. 正仓院考古记 [M]. 上海：上海书画出版社，2014：68.
❺ 朱启钤. 丝绣笔记·卷下 [M]. 台北：广文书局，1970：20.
❻ 英和，恩福堂笔记.
　　刘俊文. 北京爱如生数字化技术研究中心研制. 中国基本古籍库 [DB/OL]. 黄山书社出版.
❼ 中江克己. 染织事典 [M]. 东京：泰流社，1981：279.

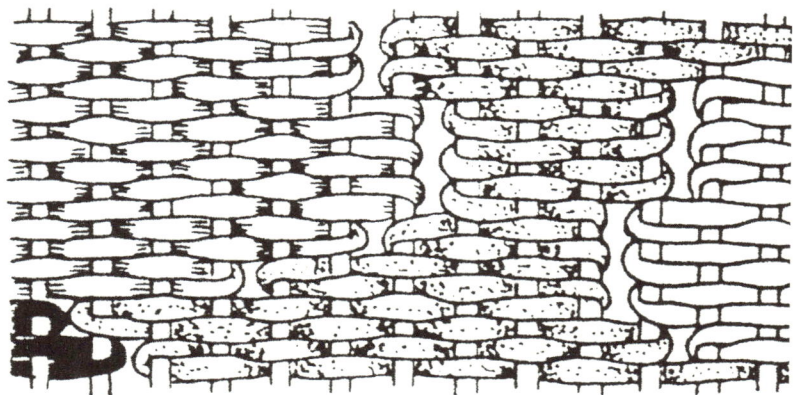

图 5-16　缀织组织结构

（图片来源：京都国立博物馆. 高僧と袈裟 [M]. 香港：香港大学出版社，2010：212.）

图 5-17　缂丝组织结构示意图

（图片来源：王金山. 苏州缂丝 [M]. 上海：上海文艺出版社，2013：47.）

（四）裳（裙）图案

裳是下衣，梵语称泥洹僧、涅槃僧，按照印度的传统，指的是裙。《四分律行事钞资持记》曰："此云内衣即是裙也。以西土裙法横叠围身，长绳四绕抽拔使正，多致不齐。此间作裙并连腰带，但著有高下亦违律制。"❶《大唐西域记》曰："泥缚些那，既无带襻其将服也。集衣为襵，束带以绦。襵则诸部各异，色乃黄赤不同。"从以上记载中可以得知贴身穿裙是印度的传统，这种裙子无系带或扣襻，穿着时将布料缠身，最后以绳子系扎。这种裙在佛教传入中国后，逐渐被裈所取代。

目前在作者调研范围内只见到一例，即莫高窟第449窟主室西壁北下第一身比丘供养像。此像人物上身仅披一件袈裟，搭覆右肩，下着裙，依然保持着印度式的穿着习惯。裙子表面分割为竖条，一道浅土红色，一道绿色地饰白色竖向缝线，每道间隔排列（图5-18）。虽然人物面部模糊不清，无法确认，但是根据这身比丘像的穿着，推测他很可能是来自印度西行传法的一位僧人。

（五）鞋履图案

敦煌五代时期比丘供养像所穿多为红色浅口圆头履，

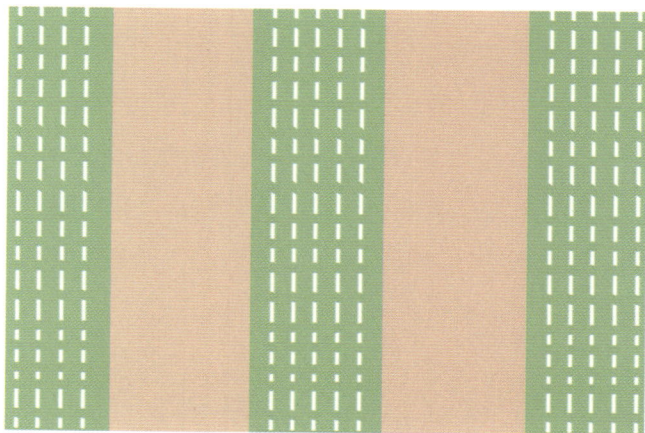

图 5-18　敦煌莫高窟第449窟主室西壁北下第三、第四身比丘供养像僧袍纹样

（图片来源：作者绘制，2018）

---

❶ 四分律行事钞资持记，CBETA[M/CD]. T40, no. 1805, P. 330, a14.

透出白袜。但是在莫高窟第345窟甬道南壁的供养像中人物着浅口云头式翘头履（图5-19），与敦煌藏经洞出土的纸本墨画《高僧像》（图5-20）和莫高窟第217窟东壁北侧比丘供养像中云头式翘头履的式样一样，说明在当时这样的履是被较高地位的比丘在正式场合穿着的。

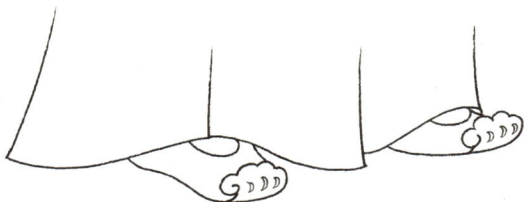

图5-19　敦煌莫高窟第345窟甬道南壁比丘供养像翘头履

（图片来源：作者绘制，2018.）

图5-20　高僧像（局部）之翘头履，绢本着色，敦煌藏经洞出土

（图片来源：马炜，蒙中. 西域绘画·9[M]. 重庆：重庆出版社，2010.）

第四节　比丘尼供养像服饰图案

一、比丘尼供养像服饰概述

敦煌五代时期的比丘尼供养像通常位于壁画中女供养人队列的最前端，用以引导队伍，彰显其尊贵身份。与比丘供养像一样，画师会对重点的比丘尼像进行精细的描绘，如莫高窟第61、98、108窟等窟中，有的比丘尼像如真人般大小，面容和服饰也都较为个性和写实。

从表5-3中可以得知，许多画像中的比丘尼实际上出身于世族家庭，正如敦煌诗里所写："寺内数个尼，各各事威仪。本是俗人女，出家挂佛衣。"[1] 因此，画像中人物的服装和妆容明显的体现了这种世俗性因素，除了披袈裟和覆膊之外，比丘尼像的其他装束基本与敦煌世族女供养人像相仿，服饰纹样也体现了当时的流行趋势。

二、比丘尼供养像服饰图案

（一）袈裟（大衣）图案

比丘尼供养像中所绘袈裟大多为双层，表里色彩有所区别，例如，第138窟中比

---

[1] 张锡厚. 全敦煌诗[M]. 北京：作家出版社，2006：1101.

丘尼像所着土红色表、绿色里的袈裟。敦煌藏经洞出土的《观世音菩萨像》中比丘尼像所绘袈裟内里还有土黄地褐色四簇点纹装饰（图5-21）。

此外，在莫高窟第108窟供养比丘尼像中绘出了十分清晰的絇和纽，敦煌文书中称为带缋和纽缏，是袈裟上用以系结的部分。按《南海寄归内法传》卷二"著衣法式"条："其著法衣及施絇纽法式，依律陈之……周刺四边，当中以锥穿为小孔，用安衣絇。其絇或条或帛，粗细如衫絇相似，可长四指，结作同心，余者截却。将絇穿孔，向外牵出，十字反系，便成两絇，内纽其中。其胸前叠处，缘处安纽，亦如衫纽，即其法也。先呈本制，略准大纲，若欲妙体其法，终须对面而授。衣之下畔，絇纽亦施，随意倒披，是圣开许。两头去角可八指许，各施一絇一纽。"[1]。图像中絇为条带，纽安于柿蒂形台座上（图5-22），两相系结。

（二）上衣图案

比丘尼供养像所着上衣通常为大袖的襦和衫，襦身束结在裙腰中，有黑、土黄等色，露出的领缘上多装饰半破式团花纹（图5-23）。第108窟东壁的比丘尼供养像中还在襦外加大袖衫，衫的领缘与襦的领缘一样，均为半破式团花纹，这种服饰搭配从晚唐时已经开始流行（图5-24）。

（三）裙子图案

比丘尼供养像下着裙，其主体色彩与襦、

图5-21 观世音菩萨像（局部），五代，绢本着色，敦煌藏经洞出土

（图片来源：马炜，蒙中. 西域绘画·3[M]. 重庆：重庆出版社，2010：16.）

❶ 义净.南海寄归内法传校注 [M]. 王邦维，校注. 北京，中华书局，1995：97.

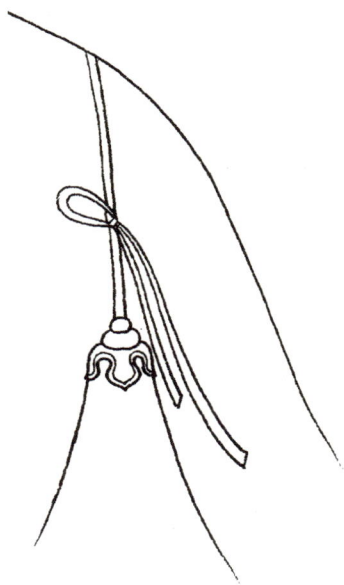

图 5-22　敦煌莫高窟第108窟主室东壁门北第一身比丘尼供养像

（图片来源：作者绘制，2018.）

图 5-23　敦煌莫高窟第61窟主室东壁门北第二、三身比丘尼供养像

图 5-24　敦煌莫高窟晚唐第138窟北壁比丘尼供养像

（图片来源：敦煌研究院，谭蝉雪. 敦煌石窟全集·服饰画卷[M]. 香港：商务印书馆，2005：184.）

衫相同，但是像世俗女供养人一样，将裙子提至腋下，高高束起，装饰着一道较宽的裙腰，即红锦腰。裙腰部分是整个画像中纹样最为明显和集中的部分，从整理的资料来看，有小团花纹、大团花纹、五瓣如意团花纹、四瓣如意团花纹和龟背纹等（图5-25）。前几种纹样均见于前文中男女供养人像中，但是龟背纹却是第一次出现在五代时期比丘尼供养像上（图5-21）。这是一种以六角形为基本骨架、可连缀为二方连续和四方连续的几何形纹样，因为形状似龟背的纹路而定名。P.2613《唐咸通十年（873年）正月四日沙州某寺交割常住物等点检历》中便记载有"龟背青绫裙"❶，《新唐书》记载唐太宗时曾规定绿色"龟甲双巨十花绫"❷为七品官员服色，敦煌藏经洞也出土了绿色龟背小花纹绫纺织品残片（图5-26），可见这种纹样在服装上使用范围较广，并且预示着纹样造型的一种重要发展趋势，即从自然写实花卉向几何化的转变。

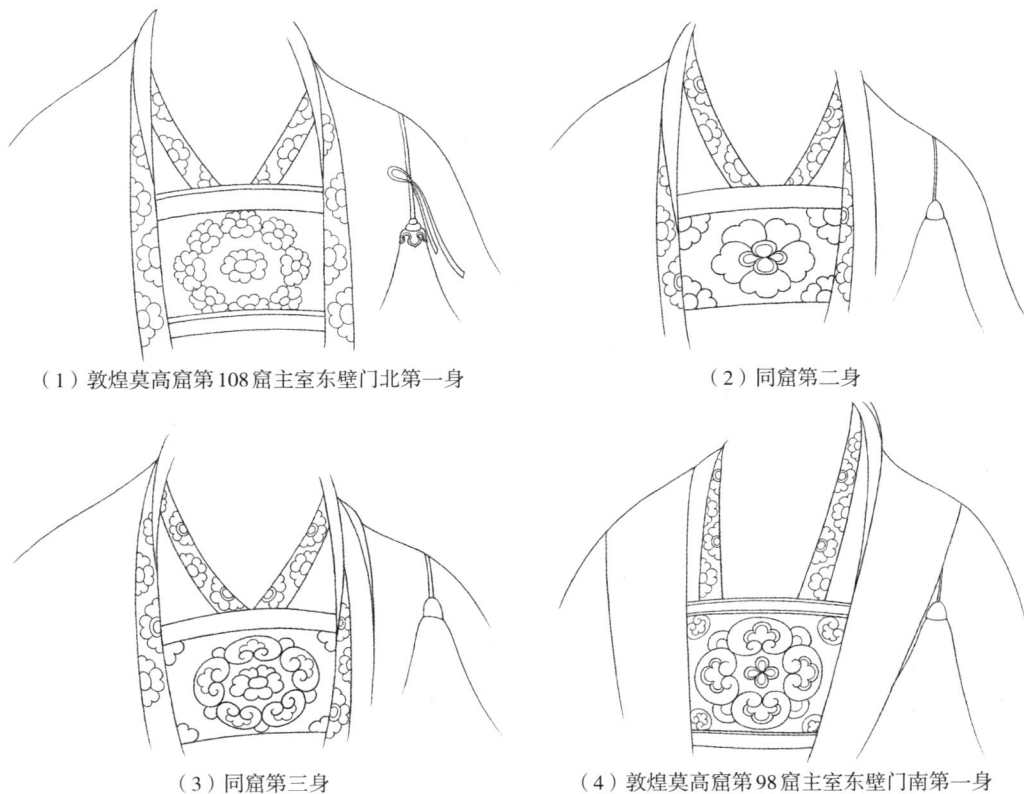

（1）敦煌莫高窟第108窟主室东壁门北第一身

（2）同窟第二身

（3）同窟第三身

（4）敦煌莫高窟第98窟主室东壁门南第一身

图5-25 比丘尼供养像领缘、裙腰纹样汇总

（图片来源：作者绘制，2018.）

❶ "国际敦煌项目：丝绸之路在线"网站 [DB/OL]. http://idp. nlc. cn/.
❷ 欧阳修，宋祁. 新唐书·卷二十四 [M]. 北京：中华书局，1975：527.

图5-26 龟背纹小花纹绮，唐–五代，敦煌藏经洞出土，法国吉美博物馆藏

（图片来源：赵丰. 敦煌丝绸艺术全集（法藏卷）[M]. 上海：东华大学出版社，2010：183.）

（四）鞋履图案

　　比丘尼供养像所着履大多为红色，露出内里的白袜。图5-21中的比丘尼供养像着黑色镶红边的浅口云头式翘头履，想来是较为高级的样式。按照敦煌文书S.5572《失调名·出家赞文》的记载："吾本出家之时，舍却罗衣锦绣，惟有覆膊相随。吾本出家之时，舍却高头绣履，惟有草鞋相随。"❶可知，比丘尼在现实生活中的着装应较为朴素，主要穿着草鞋。但是因为出身的原因，一些比丘尼十分讲究穿着和妆容，以至于文书中有两件关于禁止比丘尼着华服的记载，其一是S.2575《天成四年三月六日都僧统海晏置道场条令牓》："俱不许串绮缲之裳，锦绣覆其身体。锦腰锦襻，当便弃于胸前，杂晕绣口纳鞋，即目捐于足下。"另一条是S.3879《为释迦降诞大会念经僧尼于报恩寺云集帖》："若有不亦稞条流，面扫装眉，纳鞋赴众，发长逐伴者，施罚不清。"❷这里描绘的锦绣服饰、绣口纳鞋其实就是壁画和绢画中的图像，可见当时比丘尼衣着华丽已成为一种社会风气，已经渐渐背离了佛教律令中对于服饰的要求和规范。

---

❶ "国际敦煌项目：丝绸之路在线"网站 [DB/OL]. http://idp. nlc. cn/.
❷ "国际敦煌项目：丝绸之路在线"网站 [DB/OL]. http://idp. nlc. cn/.

第六章
敦煌五代时期供养人像服饰图案的设计应用

第一节　设计应用的意义

敦煌五代时期供养人像服饰图案的设计应用，是整个敦煌图案体系设计应用的有机组成部分。在当代艺术设计中，根据敦煌五代时期供养人像服饰图案的特点，结合新材料、新技术和审美流行趋势，对其进行多种形式、多种方法的创新运用，具有文化符号的继承和装饰审美的创新两方面的意义；同时，在结合时尚和市场需求的艺术设计中，带有中国传统文化内涵的商品生产，也具有促进经济发展的现实意义。

一、文化符号的传承

文化是相对于政治、经济而言的精神活动及其产品，是人类在社会发展过程中创造出来的具有符号学意义和现象的抽象价值。在文化流转的过程中，由可以代替抽象之物又可以被感知的因素来进行传达和继承，即符号，所以"符号是能指与所指的结合物"❶。所以，文化符号的传承即世代传递、承接文化的过程，由此形成特定的文化脉络——文脉。

延续千年的敦煌图案，其时代特征明确，风格演变脉络清晰，发展到五代，上承晚唐、下启北宋，是一个重要的承上启下时期。就五代时期供养人像服饰图案而言，集中体现了当时汉、于阗、回鹘等多个民族的审美观念和文化特征，体现出文化符号的象征和传承。例如，这时归义军节度使供养像的整体服饰图案深受汉族官服体系的影响，其特征从款式、纹样、色彩等各个方面体现出来。而于阗国王李圣天供养像的冕服图案，遵从了汉族传统符号体系的运用规则，充满了政治学中的宇宙观意味。通过对归义军节度使夫人供养像头冠图案的对比研究，也可以看出代表汉族的凤纹和代表回鹘的桃形冠其实是这两个民族的文化符号，是来自于各自文化中根深蒂固的宗教图腾投射到服饰图案中的形象显现。

在进行设计应用时，同样也需要传承和使用文化符号的象征意义，融合多种元素的特点进行创新。对于文化符号的传承，不仅仅指符号的使用，同样也包括符号的规避。例如，应用于冕服的十二章纹，具有明确的观察主体与客体的对应关系和明显的等级性特征。因此，在传承这类文化符号时需要根据实际情况和设计使用主体的身份标识，对服饰图案的选择和应用进行甄别和筛选，在适用的前提下考虑美观，才不会出现符号的错位。因此，通过各种形式和方法，将文化符号恰到好处地应用于当代艺术设计中，具有文化传承和符号识别的重要意义。

❶ 张宪荣,季华妹,张萱.符号学·1·文化符号学[M].北京:北京理工大学出版社,2013:73.

二、装饰审美的创新

基于历史发展的文化符号传承是一个动态过程，人类在传承历史文化的过程中，也在不断创造新的文化。所以，文化符号的传承不仅仅是传递和承接，其重要意义是在传递、承接基础上进行新的创造，其中非常重要的一方面是装饰审美的创新，这是人类社会发展的重要表征。如上所述，敦煌五代时期处于唐宋之间，其服饰图案也体现出对于前代尚繁的延续和对于后代尚简的开启，如对于植物花卉题材的应用，从唐代富有规则性和层叠感的团花纹逐渐转变为富有自然趣味和写生触感的折枝花。这种转变的主要原因来自于人们审美心理的诉求，联系同时期相伴的花鸟画和花间词的兴起，便可知这些都属于同样语境下的审美新趋势。

时代在不断发展和进步，要求设计与时代同步、与时尚共融，与人们的审美观念相一致。因此，当代艺术设计可以吸收敦煌五代时期供养人像服饰图案中具有恒定性的装饰审美主题，通过深入研究对其图案风格、造型、美感等进行消化、吸收，结合特定功能、环境的需要，予以转化、再造，通过具体表达方式的创新设计，在传承文化的同时进行装饰审美的创新。

除了上述文化符号的传承意义和装饰审美的创新意义之外，对敦煌五代时期供养人像服饰图案的设计应用还具有促进经济发展和引领行业进步的现实意义。经济发展离不开经济结构、社会结构等多领域的高级化创新，而艺术设计涉及社会、文化、经济、市场和科学技术等众多方面，这些因素影响和制约着设计思维与设计表达，在审美标准随时代发展而变化的艺术设计领域，与时代同步的创新必然契合市场的需求，带来巨大经济利益。正如前文所述，敦煌五代时期供养人像服饰图案的设计应用，也正是以延续文脉、追求时尚、锐意创新为出发点的，对促进经济发展起着重要作用。

第二节　设计应用的对象

艺术设计是与材料、工艺、功能等密不可分的，对敦煌五代时期供养人像服饰图案的设计应用，同样需要通过材料、工艺技术来实现特定功能的设计，是艺术与科学的具体体现。敦煌五代时期供养人像服饰图案的设计应用对象，涵盖了现代设计领域的方方面面。

一、服饰纺织品设计

敦煌五代时期供养人像服饰图案本质上是当时人们现实生活的反映，在很大程度上体现出了当时的审美流行样式和工艺技术水平，将其经过重新设计，结合当代审美和科学技术，应用于当代的服饰设计，有非常广阔的发展空间。

当代经济的发展，使人们的生活方式发生着巨大变化，审美观念也随之不断改变，根据衣服和装饰的种类、材料质地、穿着场合、色彩变化等需求，将传统服饰图案进行复原和研究，再加以解构、重叠、融合、意象等装饰手法进行创新设计，服务当代社会，是传统服饰图案活化传承、创新利用的可靠路径。早在20世纪50年代，时任清华大学营建系助教的常沙娜老师在林徽因先生指导下，结合当时亚洲太平洋和平会议礼品设计需求，进行了一系列丝巾设计（图6-1），是把敦煌图案应用于服饰设计的先例，也为今天的服饰设计提供了很好的范例。近几年来，以刘元风为代表的多位现代服装设计师将敦煌传统图案进行创新应用，产生了风格迥异、异趣横生的设计效果，同时也取得了良好的社会反馈（图6-2）。

图6-1　丝巾，1953年，设计师：常沙娜

[图片来源："皇锦"品牌（北京弘华之锦服饰有限公司）提供.]

图6-2 敦煌意象，2018年，设计师：刘元风

（图片来源：设计师提供.）

二、室内纺织品设计

纺织品指纺织纤维经过梭织、针织织造的面料及其产品，应用于家庭和宾馆、公司、机关、交通工具等公共空间的纺织品，都属于室内纺织品范畴，它是对人们生活环境起美化、装饰作用的实用性纺织品，在满足功能需要的同时，强调视觉美感效果。

在敦煌五代时期供养人像服饰图案中，有大量花、鸟、云等人们喜闻乐见的题材，非常适合以单独图案、二方连续、四方连续等组合形式用于室内纺织品设计。当代室内纺织品材料丰富，工艺多样，在保证实用性和安全性的前提下，其装饰性在市场中的作用越来越大。这种图案和设计应用在中外室内纺织品设计中，一直是设计师热衷和使用者喜爱的主题。例如，英国工艺美术运动的创始人、设计师威廉·莫里斯（William Morris）的作品常以花鸟为主题（图6-3），其设计的壁纸、沙发、面料等多款设计在一个半世纪后的今天都具有高度的生命力和亲和力，仍然是英国现代设计的重要标签。此外，中国北京市政府会议厅的沙发巾、茶几垫设计等（图6-4），也是将敦煌图案应用于室内纺织品设计的优秀先例。因此，敦煌五代时期供养人像服饰图案在地毯、窗帘、沙发等室内纺织品设计中的应用，是我国纺织品设计民族化、国际化的重要环节。

除了服饰纺织品和室内纺织品设计之外，敦煌五代时期供养人像服饰图案所具有的高度装饰性和概括化的元素表达，还可以广泛应用于宽泛的设计场合，如建筑装饰和工艺品设计等。建筑装饰设计是美化建筑与建筑空间的艺术设计，在设计过程中，

图6-3　纺织品设计《草莓小偷》，1883年，设计师：威廉·莫里斯

（图片来源：V&A Museum. V&A Pattern: William Morris. London, 2009:12. ）

图6-4　北京市委会议厅纺织品设计，1998年，设计师：杨建军

（图片来源：设计师提供.）

　　需要根据特定建筑物的环境、功能、性质和诸多标准，综合运用材料、工艺等物质、科技手段，创造功能适用、符合需求、整体统一、个性鲜明的建筑内外环境，营造有益于人们学习、工作、生活、休闲、娱乐的环境氛围。

　　在北京人民大会堂、民族文化宫、北京展览馆等建筑装饰设计中，成功运用了敦煌图案，堪称典范。将折枝花纹和团花纹与建筑设计相结合，根据特定环境、功能需要，经过恰当选用和重新设计，很好地应用于建筑内外的装饰设计，使功能与审美有机统一，体现了独特的视觉美感（图6-5、图6-6）。

图6-5　北京人民大会堂外立面须弥座设计，1958年，设计师：常沙娜

（图片来源：设计师提供.）

图6-6　北京人民大会堂北京厅木雕墙饰设计，2000年，设计师：杨建军

（图片来源：设计师提供.）

工艺美术品种类繁多，凡是以材料、工艺制成的兼具实用价值、欣赏价值，或者具有经济价值、艺术价值的物品，都可称为工艺美术品，简称工艺品，它包括陶瓷、牙雕、木雕、金银器、漆器、玉器、景泰蓝、首饰、地毯、壁毯、花边、刺绣、剪纸等，其精湛的技艺，体现了人类智慧的创造性和艺术性。早在20世纪50年代，林徽因先生指导时任清华大学营建系助教的常沙娜、钱美华等年轻教师，进行了把中国传统图案应用于景泰蓝的创新设计，常沙娜老师把敦煌图案应用于景泰蓝的设计，近年由北京珐琅厂进行了仿制，仍然备受欢迎（图6-7）。近几年，敦煌图案与景泰蓝工艺结合的创新设计作品还在不断推陈出新，不断融合和引领当代审美趣味。所以，把敦煌五代时期供养人像的首饰图案进过提炼加工，应用于陶瓷设计（图6-8），也是传承、发展传统文化的个案探讨和组成部分。

图6-7　景泰蓝设计，20世纪50年代，设计师：常沙娜
（图片来源：设计师提供.）

图6-8　陶瓷设计，2014年，设计师：常沙娜
（图片来源：设计师提供.）

从上文可以看出，敦煌五代时期供养人像服饰图案具有符号化的抽象美、装饰化的形式美和恒定化的审美趣味，其具备的装饰题材、造型、色彩、构图等均可以结合现代设计应用的宽广范畴，不仅为纺织品设计提供题材的创新宝库，还可以延伸到更加广泛的设计领域。特别是前文研究中已经指出广义的图案不仅仅局限于纹样，它可以是形式、材料和工艺的综合表述，而此时敦煌供养人像中具有较高地位的归义军节度使和节度使夫人的服饰图案不同于以往装饰繁缛的纹样，大部分为素色暗纹，这种应用对象与应用主体的倒置关系恰恰与"少就是多"（Less is more）的现代设计理念不谋而合。所以在将其进行创新时可以依据图案的形式特点，针对多种应用对象进行合理设计。

第三节　设计应用的形式

敦煌五代时期供养人像服饰图案内容丰富、形式多样，在系统、深入研究的基础上，将其运用于现代生活、服务于大众，不仅是当代艺术设计师重要的素材来源和提高设计水平的重要方法，还是传承文化符号、重塑装饰审美的重要途径和手段。关于其设计应用形式，可分为显性应用和隐性应用两大类。

一、显性应用

所谓显性应用，就是把作为灵感来源或参考原型的各个时期的图案内容、造型、布局、色彩、表现方法等，经过选择、提炼、加工、变化、整合等手段，创新性应用于当代设计，使两者之间在外在视觉形态上存在着明显的联系，即在应用的艺术设计作品上能够直接发现、找到其参照的确切图案来源。显性应用虽然主要表现为根据具体内容表达的需要，把特定时期的图案经过选取应用于当代艺术设计，但在此过程中必须结合特定实际需要，进行适合功能、材质、色彩、表现意图的技术性改造和艺术性创造，充分发挥、强化原型图案的艺术魅力，凸显视觉的当代艺术审美。因为构成图案的三大要素是造型、布局和色彩，所以造型的应用、布局的应用和色彩的应用是显性应用的具体体现。

（一）造型的应用

图案造型是指通过联想、想象等艺术构思创造出来的具有独特装饰性的艺术形象。敦煌五代时期供养人像服饰图案作为物化的文化载体，题材内容丰富，包含几何、植物、动物等，包罗万象的图案造型体现了不同历史时期的文化特征，具有特殊的艺术美感，是当代艺术设计取之不尽、用之不竭的创作灵感和素材来源。由于图案造型在视觉上具有明确的内容表象和指代意向，最适于直接应用于具有特定时代定位和隐喻内涵的当代设计，也是最能够体现图案原型与设计作品外在形态联系的应用方法。

（二）布局的应用

图案的布局又称为图案的构图或图案的构成等，是指对各种图案内容、造型的全面规划和总体安排，即在特定范围内，根据题材和主题内容，把所要表现的各种造型形象适当地组织起来，构成协调统一的完整整体。在图案布局上，通过对画面的主次、大小、多少、长短、高低、粗细、远近、强弱等矛盾恰到好处地经营，充分体现统一与变化、对称与均衡、对比与调和、节奏与韵律、连续与反复、动感与静感等形式美规律。敦煌五代时期供养人像服饰图案的布局形式丰富，手法多样，表现出灵活多变的艺术氛围，应用范围宽泛，与当代多种环境、多种用途、多种取向的艺术设计具有融洽的结合之处。

（三）色彩的应用

色彩在自然界无处不在，它是通过人的眼睛、大脑和生活经验，产生的一种对光的视觉效应。图案色彩与自然色彩既有联系又有区别，它在表现特定题材内容时不受其本身自然色彩的限制，而是根据需要自由选定色彩属性（色相、明度、纯度），突出人的主观性、装饰性和使用功能，因而图案色彩也称为装饰色彩。由于色彩是为表现特定造型形态服务的，它与造型相互依存，故此在应用设计时，通常根据实际需要把色彩与造型一起进行恰当应用，也可以把特定造型与色彩进行互换应用，使其更加符合当代设计的视觉审美需求。与此同时，因为色彩具有独立的视觉吸引力和心理感召力，在敦煌五代时期供养人像服饰图案中，色彩还具有代表社会阶层的等级化意义。例如，红色是高品阶官服的象征，而青色是低品阶官服的象征，这种色彩等级化产生的原因植根于中国传统色彩的象征观念，同时基于自然染色材料中能够染出纯正红色的染材相对较少、而能够染出青色的染材相对易得的物质资料基础。因此，把具有特定含义的敦煌色彩与当代图案造型或布局手法相结合，通过敦煌色彩的独特历史积淀和沉稳视觉效应，恰当表现特定当代设计内涵和设计理念，也是一种别具一格的应用方法。

二、隐性应用

隐性应用就是把作为灵感来源或参考原型的图案，在对其内容、造型、布局、色彩、表行方法等，在进行深入分析、消化、吸收的基础上，将上升为来自感觉、感知、精神方面的某些元素，创新性应用于当代设计。两者之间在外在视觉形态上似乎没有直接联系，表现为含蓄、隐喻的精神方面的内在意向联系，即在应用的艺术设计作品上难于直接发现、找到其参照的确切图案来源，而是通过感觉才能感知到两者内在的深层意向联系。隐性应用是较为高级的设计应用形式。

隐性应用强调通过各种变化手法使其更好地服务于当代，但这种变化必须以充分尊重、研究、强化原型图案的美感特征为出发点，在结合当代新技术、新材料，满足当代功能需要的同时，使传统图案焕发新的魅力。隐性应用可分为元素化应用、提炼化应用和升华应用，主要指形态上的选取加工和创新应用。

（一）元素化应用

图案元素主要指构成图案的基本符号，不同图案其构成元素也不一样，它是形成图案独特美的点、线、面基础性要素。通过对特定原型图案存在形式进行深入分析，选取基本而带有显著特点的元素单位作为设计基本形态语言进行应用，在传播和宣扬传统文化方面，具有很强的表象符号优势。例如，敦煌五代时期女供养人像帔帛图案中常用的条段式元素，充满着布局的张力和重叠的美感，可应用于现代设计元素的分割与重构，体现设计应用的普遍价值。

（二）提炼化应用

提炼化应用是指在显性应用的基础上，把原型图案的主要特征经过对比分析和概括归纳，将最有代表性的形态特征进行抽取、提炼，以简练式、纯化性的造型表现丰富的内涵取向，最有代表性的表现形式是符号化。敦煌图案中的具象元素，可以通过提炼、夸张的设计手法进行重新解构，赋予其符号化的简洁特征。张怡庄老师的纤维艺术作品《飞天》（图6-9），就是把敦煌飞天在佛国世界的自由飞翔、变化多端的形态特征，简化、提升为单纯的符号化意向形态，通过极简性艺术语言，很好表现出敦煌飞天的独特艺术韵味。这种提炼化应用的设计手法，可以围绕着敦煌五代时期供养人服饰图案中的具象纹样提炼为具有符号化倾向的抽象元素，令观赏者和使用者的关注焦点失焦，从而引导产生丰富的联想和形式化审美。

图6-9　纤维艺术作品《飞天》，2008年，设计师：张怡庄
（图片来源：设计师提供.）

（三）升华应用

升华应用方法是隐性应用形式的高级表现，指在直接应用和间接应用的基础上，将敦煌五代时期供养人像服饰图案的形式美规律和个性化美感，内化、积淀为独特的审美意趣和设计思维模式，上升为具有深层文化载体和文脉传承功能性的精神层面的设计应用。如常沙娜老师在为北京天主教南区教堂进行彩色玻璃设计时，把来自敦煌莫高窟第416窟、302窟、303窟、305窟、390窟等隋代洞窟中表现天宫隔栏的方形适合图案的感觉意向，结合教堂玻璃形态和表现内容的限定，设计出了以麦子（面包）、

葡萄（葡萄酒）为主题的彩色玻璃，成为升华应用的典型案例（图6-10、图6-11）。这种应用形式不再局限于图案原型的造型、布局和色彩，而是根据设计环境、题材、工艺和精神功能的需要，信手拈来，将图案的造型、布局和色彩进行灵活的重构，以期达到"随风潜入夜，润物细无声"的设计目的。

图6-10　北京天主教南区教堂彩色玻璃，20世纪90年代，设计师：常沙娜

（图片来源：设计师提供.）

图6-11　北京天主教南区教堂彩色玻璃，20世纪90年代，设计师：常沙娜

（图片来源：设计师提供.）

第四节　设计应用的意味

设计应用的意味指的是设计主体传达出的所想所感以及设计对象所体现出的抽象所指，它不是具体的某种花纹或色彩，而是在整体设计作品中透露出来的隐含意义和趣味，这将直接决定着设计主体和客体之间的离合关系。依据前文所述，本书讨论的设计应用的意味主要为题材及其反映的风格问题。

敦煌五代时期供养人像服饰图案的设计应用方法是与设计应用形式相对应的，是体现显性应用和隐性应用的具体表现方法。诚如上文所述，图案原型与设计作品有不同程度的明显外在形态联系的应用形式，根据两者联系程度和应用方式的不同，又派生出元素化应用、提炼化应用和升华应用三个类型。隐性的设计应用形式之中，图案原型与设计作品之间几乎没有外在形态联系，而是通过内在意向联系体现两者之间应用与被应用关系的应用形式，体现设计应用所要传达出的意象内核。

敦煌五代时期供养人像服饰图案虽然品种繁多，如几何、植物、动物等，但是数量最大的是植物形象。但是依据人类图案发展历史的脉络，"几何装饰和动物形象总是先于植物的描绘"[1]，从中国图案发展史的角度来看的确如此。从新石器时代几何化的彩陶纹样到商周时期抽象化的动物纹，从汉代规矩化的云气纹到唐代风格化的翼兽纹，在整体上以几何装饰和动物形象为主。而唐代盛行的卷草纹和宝相花，均明显受到当时异域文化的影响。即便回顾中国绘画的历史，也可以看到以人物画和宗教画为主的审美倾向，直至五代时期植物纹才在服饰图案中滥觞，同时带来花鸟画和山水画的兴起。宋元以后人物画和宗教画逐渐衰落，山水和花鸟画称为中国古代画坛的主流。

从人类最初撷取植物作为描绘对象的行为进行分析，无外乎装饰和象征两个原因，特别是后者说明了人类在发展到较高情智交互和文化感知的阶段，才产生了对于静态植物的欣赏和没有生命的风景的眷恋。这种题材的大量使用已经超越了简单的、基本的装饰需要，而是向着更加深层、简洁和抽象的趋势发展。此时，图案的象征意义已经大于装饰意义。因此不难理解，在宋代审美观念影响下产生的对极简设计和装饰的推崇以及山水画中的大量留白，正是五代时期逐步凸显的以植物为主要图案题材的后续发展。

同时，敦煌五代时期供养人像服饰图案的设计应用也体现出"多"与"少"的问题。"多"是指装饰的繁复和设计的附加，如唐代流行的宝相花纹，以中心为圆点形成正面放射状多层花瓣层层叠加，色彩也多采用退晕方法处理，最终形成层次丰富的图案。而"少"指的是摒除多余的装饰元素，以最简洁的形式进行图案的创新设计。这

---

[1] 阿罗瓦·里格尔. 风格问题：装饰艺术史的基础[M]. 刘景联，李薇蔓，译. 邵宏，校. 长沙：湖南科学技术出版社，2000：27.

二者之间是呈交替的螺旋形发展的，如前文所提到的威廉·莫里斯，便是一改之前洛可可式的繁缛琐碎，提倡清新自然的植物纹样的设计先例。这种转变不仅是题材上的，更是风格上的。正如享誉世界的中国宋瓷所体现出的那种简洁圆融的造型特征，器物本身不用或少用附加装饰，充分留白，指引观者的审美思维达至更加成熟的想象空间。而且，从设计史的发展过程来看，过分装饰的结果就会导致过分简单，这二者之间的转折点往往是从繁至简的枢纽。而五代时期的敦煌就处在这样一个中国古代装饰风格的关头，其最终由花鸟题材为主导，掀起了简洁主义的潮流并影响至后代。

综上所述，对于敦煌图案的设计应用，在明确意义的前提下，找准设计对象并把握其全面特点，在形式上一方面需要认真研究原型图案，在其造型、布局、色彩的特殊美感方面进行细化分析，充分掌握其艺术特质；另一方面需要结合实际需要，进行艺术创新，使之与当代审美取向相一致。所以，敦煌五代时期供养人像服饰图案的设计应用，主要是深入研究原型与重在应用创新兼顾。全面、深入地研究原型图案，是应用的前提和基础，也是恰当应用的必备条件。只有结合特定时代背景，对原型图案的产生原因、产生条件和文化内涵，以及特定图案的造型、布局、色彩等艺术特质进行系统研究，理清形成发展脉络和独特的艺术表达语言手段，才能够根据当代功能需要和审美趋势，或采取显性应用形式，或采取隐性应用形式，恰到好处地把敦煌五代时期供养人像服饰图案应用于当代的艺术设计。

全面、深入地研究原型图案是应用的前提性基础，但它是方法、过程而不是目的，目的是应用，是恰当地应用，而应用重在创新、重在发展。纵观敦煌图案从十六国时期，历经北魏、西魏、北周、隋、唐、五代、宋、西夏，一直到元代，其艺术风格、表现手段在各个时期都显露出清晰明确的时代特征，与此同时，随着时代的发展，其艺术风格、表现手段也在不断变化，深入研究这种变化，都是在对前代继承基础上的发展创造。所以，对敦煌五代时期供养人像服饰图案的设计应用，同样重在创新，在设计应用中必须关注、结合当代科技新成果和当代生活方式、审美意趣，将设计应用定位在研究的应用、继承的应用、发展的应用、动态的应用、创新的应用，创新是继承的目的，创新是艺术的生命。

7

第七章

结论

五代时期是绵延一千年的敦煌石窟艺术历史中的一个重要转折时期。在时间脉络上，此时上承唐代，下启宋代，是社会风貌和审美观念的转折时期；在地理范畴上，此时掌握敦煌地区的曹氏归义军政权与中原王朝、回鹘、于阗、辽朝等诸多政权并存，各民族之间的沟通交流愈加频繁；在位置战略上，随着陆上丝绸之路逐渐被海上丝绸之路所取代，敦煌的重要枢纽优势逐渐失去，因此也是敦煌佛教艺术逐渐由盛转衰的转折时期。但是从当时区域政治、经济和文化的发展状况来看，在中原政权更迭频繁、战乱不止的五代时期，敦煌本地实际统治者曹氏归义军政权，通过奉中原王朝为正朔、与周围少数民族政权联姻修好、积极倡导佛教信仰等诸多措施，令瓜沙地区处于相对稳定和独立的状态。因此，这个时期洞窟内绘有大量的绘制精美的供养人像，其服饰图案充分反映了在特定时间和地点下多种艺术、文化、思想的融合。

以此为研究对象，本书选取了具有代表性的105个莫高窟和榆林窟洞窟，几乎涵盖所有现存五代时期供养人像的新建洞窟和重修洞窟，以及部分存有供养人画像的唐、宋、西夏时期的新建和重修洞窟。其中包括莫高窟晚唐时期新建洞窟1个，莫高窟五代时期新建洞窟26个，莫高窟五代时期重修洞窟43个，莫高窟宋代新建洞窟4个，莫高窟宋代重修洞窟14个，莫高窟西夏重修洞窟2个，榆林窟五代时期新建洞窟9个，榆林窟五代时期重修洞窟6个。本书对于以上洞窟中现存五代时期及相邻时期的一千五百余身供养人像服饰图案的现状、尺寸、色彩、搭配、纹样等展开分析研究，可以得到以下四点结论。

第一，通过对敦煌五代时期的历史背景和地缘政治面貌的分析，对供养人像的概念和属性进行定义，进而引申到对其反映的服饰图案的本体研究。五代时期的敦煌偏处一隅，在政治、经济、文化方面都取得了稳步的发展。这时处于曹氏归义军政权的兴盛期，在政治和经济上相对独立，因此倾注较多的人力、物力和财力进行石窟开凿和壁画绘制。限于开凿崖面的空间限制，此时总体的洞窟开凿数量少于唐代，但是偏重于对之前时代遗留下来的大量洞窟进行重修，特别是在原有洞窟的基础上，将甬道部分涂抹重绘供养人像。此外，除了延续在莫高窟的洞窟建造之外，曹氏归义军政权还将开窟造像的中心转向榆林窟。归义军节度使及其家族对于辖区的绝对领导力，使其宗教信仰和审美水平对于敦煌石窟艺术的影响占有主体地位。例如，曹氏归义军政权仿照中原体制设立画院，培养和组织专业的从事开窟、绘画和塑像的人员。通过石窟中的供养人画像与题记，以及敦煌文书中的相关记录，可以得知在当时的画院中已经有了细致的分工，包括打窟人、石匠、木匠、泥匠、塑匠、画匠等不同的职业分类。此时的供养人像在洞窟壁画中的流行，一方面是因为统治者的信仰、权利和财力，另一方面还因为在当时画院内有一批水平高超的肖像画家。结合洞窟壁画中的供养人像和在敦煌藏经洞出土的邈真赞与画像，可以得知这些画家功力精湛，善于捕捉人物神态和服饰图案描绘，他们通过画像的形式着力表现了对归义军节度使、少数民族政权首领、政权官吏、世族女供养人、高僧大德的颂扬和纪念。同时，曹氏归义军政权采取的多民族和平政策，使得多种地域文化和民族文化对服饰图案的面貌带来不可忽视的渗透和影响。

第二，本书将研究对象即供养人像进行分类研究，在每个类别当中又按照人物身份细分，并对应其服饰图案进行深入剖析。本书研究的对象包括世俗供养人像，同时也包括出僧尼供养像所表现的服饰图案；不仅研究装饰华丽的女供养人像服饰图案，同时也研究装饰纹样相对较少的男供养人像服饰图案；本书的研究对象不仅包括地位尊崇的归义军节度使和夫人、于阗国王和王后、归义军官吏和世族男女供养人，同时也包括侍从、侍女等随侍人员的供养像服饰图案分析。以此方法进行分类后的研究对象，充分和具体地代表了敦煌五代时期供养人像服饰图案的全貌。其中，男供养人像的服饰图案代表着五代时期敦煌地区的官服系统，明显受到唐代服制和少数民族服饰的影响；女供养人像服饰图案延续着晚唐礼服的余辉，不仅在装饰上更加华丽，而且带有回鹘、于阗等少数民族地区服饰图案的因素；而比丘和比丘尼供养像服饰图案是宗教性和世俗性的统一，其袈裟（大衣）的纹样和披搭方式还保留着印度式佛教服装的特点，但是内里搭配穿着的袍、襦、衫等服装，明显融合了汉族传统服装的款式和纹样，而且看似含蓄的树皮纹、山水纹袈裟和比丘尼供养像所绘明艳的红锦腰纹样，体现了此时佛教人物和思想的世俗化特征。

第三，本书采取类比分析的方法，将研究对象置于开放讨论和平行研究的境况下，结合现有资料，进行文献、图像、实物的多维度对比。在文献方面，搜集和发掘史籍、小说、解注等资料，以及敦煌文书中关于服饰图案的相关记载，以敦煌图像补史料之不足，以史料之记载印证图像之表现。在图像方面，将敦煌莫高窟、榆林窟中所绘五代时期供养人像服饰图案与敦煌藏经洞出土绢画、纸画、麻布画等，以及中外古代绢画、石窟壁画、墓室壁画、墓志石刻、雕塑、陶俑等图像资料进行印证，发掘不同介质和不同地点中相似图像里的研究点。在实物方面，将敦煌五代供养人服饰图案与同时期丝织品、腰带、配饰等图案进行比较分析，解析图案在不同材料和载体上的表现，对图像中图案的加工工艺进行合理推衍和复原研究。本书从以上三个方面入手，以期以三重证据法将所涉猎的研究对象和相关领域融合对比，构建起较为全面、客观的研究结论。

第四，本书在对敦煌五代时期供养人服饰图案研究的基础上，探讨如何运用相关设计元素，进行带有中国传统文化内涵的商品生产和设计延伸。此外，对于设计过程中的应用意义、应用对象、应用形式、应用方法和应用原则，进行了详尽的分析和概括。在世界文化相互学习和交融的当代大环境中，如何认识、看待和利用传统服饰图案是衡量一个民族是否具有民族自信和文化自信的首要命题。在此环境中，充分学习和研究以敦煌五代时期供养人像服饰图案为代表的中国传统图案，将其造型、布局、色彩进行提炼和加工，加以显性和隐性的手法和形式进行表现，对于发展和推动现代服装、室内纺织品、建筑装饰和工艺美术品设计尤为重要。特别是本书的研究对象体现和代表了五代时期敦煌地区礼服系统的常用搭配和完整的图案系统，是丝绸之路上各民族融合交流的优秀范例，其融合汉族和多个少数民族艺术形式的服饰文化风俗，值得当代服装设计特别是礼服设计的借鉴和学习。

本书采用纵向的时间轴和横向的坐标轴，聚焦敦煌五代时期供养人像的服饰图案。通过比较学、图案学等方法，对研究对象的造型、色彩、搭配、纹样等方面进行了深入探讨。但是由于时间和手段所限，作者认为本书在研究内容和递进层次上仍有继续探讨的空间，未来需要进一步加强和改进。

首先，服饰图案的时效性问题。本书的研究时段定义为五代时期，不可置疑的是此时段内的服饰图案对于后世的流行产生了重要影响，特别是促成了从崇尚丰满华丽到简约清新的重要转变，这种审美趣味的转折同时意味着服饰图案的影响时效可以从五代时期一致延续到宋代。因此，在本书结论的基础上可以继续宋代供养人服饰图案的研究工作。

其次，地理位置的代表性问题。五代时期的敦煌虽是中国版图上的一个点，但是折射出丝绸之路一条线上的服饰风貌，串起东来西往的物质文化史和精神交流史，同时丝绸之路一线又带来对于东西方文化交流局面的扩容。这种从点至线再到面的文化辐射性，可以在未来继续展开研究。

再次，供养人像的局限性问题。本书选取了敦煌五代时期代表性新建和重修洞窟中的男供养人像、女供养人像和比丘、比丘尼供养像一千五百余身，对于样品的数量和质量进行了多方位的考量。但是需要注意的是，能够作为供养人出现在洞窟壁画和绢画中，意味着其在社会阶层和地位上仍然属于当时较为优越的人群，因此画像中人物的社会属性具有一定程度的同质化。在本书的研究基础上，可以结合五代时期的尊像画、经变画、故事画等多种绘画种类，对于各类人群的服饰图案进行更加全面的研究。

最后，服饰图案与其他载体图案的关联性问题。本书的研究对象主要为供养人像中所绘服饰图案，而同时期洞窟中的其他建筑部位也存在大量图案，如藻井、边饰，以及壁画中的地毯、桌帷等，这些图案与服饰图案有许多异曲同工之处。因为在整体的历史背景下具有相似的时代审美观念，所以在同时期或相近洞窟中出现的服饰图案与其他载体图案具有密切的联系，未来应该继续加强此方面的研究。

敦煌五代时期供养人像服饰图案及应用研究

参考文献 ❶

[1] 白居易. 白居易诗集校注 [M]. 谢思炜, 校注. 北京: 中华书局, 2015.

[2] 范晔. 后汉书 [M]. 李贤, 等注. 北京: 中华书局, 1965.

[3] 封演. 封氏闻见记校注 [M]. 赵贞信, 校注. 北京: 中华书局, 2005.

[4] 郭茂倩. 乐府诗集卷 [M]. 北京: 中华书局, 1979.

[5] 黄庭坚. 黄庭坚诗集注 [M]. 任渊, 等注. 刘尚荣, 校点. 北京: 中华书局, 2003.

[6] 孔子. 孝经 [M]. 张广明, 张广亮, 释评. 北京: 经济日报出版社, 2012.

[7] 李林甫, 等. 唐六典 [M]. 陈仲夫, 点校. 北京: 中华书局, 1992.

[8] 李延寿. 北史 [M]. 北京: 中华书局, 1974.

[9] 刘昫, 等. 旧唐书 [M]. 北京: 中华书局, 1975.

[10] 马端临. 文献通考 [M]. 北京: 中华书局, 2010.

[11] 马缟. 中华古今注 [M]. 苏鹗, 撰. 吴企明, 点校. 苏氏演义: 外三种, 北京: 中华书局, 2012.

[12] 马瑞辰. 毛诗传笺通释 [M]. 陈金生, 点校. 北京: 中华书局, 1989.

[13] 欧阳修. 新五代史 [M]. 北京: 中华书局, 2015.

[14] 欧阳修, 宋祁. 新唐书 [M]. 北京: 中华书局, 1975.

[15] 钱绎. 方言笺疏 [M]. 李发舜, 黄建中, 点校. 北京: 中华书局, 1991.

[16] 孙希旦. 礼记集解 [M]. 沈啸寰, 王星贤, 点校. 北京: 中华书局, 1989.

[17] 孙诒让. 周礼正义 [M]. 王文锦, 陈玉霞, 点校. 北京: 中华书局, 1987.

[18] 脱脱, 等. 辽史 [M]. 北京: 中华书局, 1974.

[19] 脱脱, 等. 宋史 [M]. 北京: 中华书局, 1977.

[20] 王钦若, 等. 册府元龟 [M]. 北京: 中华书局, 1960.

[21] 王先谦. 荀子集解 [M]. 北京: 中华书局, 1988.

[22] 魏收. 魏书 [M]. 北京: 中华书局, 1974.

[23] 温庭筠. 温庭筠全集校注 [M]. 刘学锴, 校注. 北京: 中华书局, 2007.

[24] 许慎. 说文解字 [M]. 徐炫, 校定. 北京: 中华书局, 1963.

❶ 按作者姓名或编著单位名称拼音进行升序排序, 同名情况下按出版时间排序.

[25] 玄奘,辩机.大唐西域记校注 [M].季羡林,等校注.北京:中华书局,2008.

[26] 薛居正,等.旧五代史 [M].北京:中华书局,1976.

[27] 义净.南海寄归内法传校注 [M].王邦维,校注.北京:中华书局,1995.

[28] 张华,等.博物志(外七种)[M].王根林,等校点.上海:上海古籍出版社,2012.

[29] 张彦远.历代名画记 [M].杭州:人民美术出版社,2011.

[30] 赵崇祚.花间集校注 [M].杨景龙,校注.北京:中华书局,2017.

[31] 赵彦卫.云麓漫钞 [M].傅根清,点校.北京:中华书局,1996.

[32] 《新疆美术大系》编委会.新疆美术大系·新疆壁画分类全集卷 [M].乌鲁木齐:新疆美术摄影出版社,2012.

[33] 包铭新,李薇,沈雁.中国北方古代少数民族服饰研究·2·回鹘卷 [M].上海:东华大学出版社,2013.

[34] 曾昭岷,等.全唐五代词 [M].北京:中华书局,1999.

[35] 常沙娜.中国敦煌历代服饰图案 [M].北京:中国轻工业出版社,2001.

[36] 常沙娜.中国敦煌历代装饰图案 [M].北京:清华大学出版社,2009.

[37] 常沙娜.中国敦煌历代装饰图案(续编)[M].北京:清华大学出版社,2014.

[38] 陈大为.唐后期五代宋初敦煌僧寺研究 [M].上海:上海古籍出版社,2014.

[39] 陈芳.粉黛罗绮:中国古代女子服饰时尚 [M].北京:生活·读书·新知三联书店,2015.

[40] 全唐诗补编 [M].陈尚君,辑校.北京:中华书局,1992.

[41] 陈维稷.中国纺织科学技术史(古代部分)[M].北京:科学出版社,1984.

[42] 李红春,刘汉林.中国风尚史·隋唐五代宋辽金卷 [M].济南:山东友谊出版社,2014.

[43] 程树德.论语集释 [M].程俊英,蒋见元,点校.北京:中华书局,1990.

[44] 地球出版社编辑部.世界艺术大观·4·世界染织 [M].台北:地球出版社,1979.

[45] 杜朝晖.敦煌文献名物研究 [M].北京:中华书局,2011.

[46] 段文杰.敦煌石窟鉴赏丛书·第一辑·第九分册 [M].兰州:甘肃人民美术出版社,1990.

[47] 段文杰.段文杰敦煌石窟艺术论文集 [C].兰州:甘肃人民出版社,1994.

[48] 段文杰.敦煌石窟艺术·莫高窟第二八五窟(西魏)[M].南京:江苏美术出版社,1995.

[49] 段文杰.敦煌石窟艺术·莫高窟第八五窟附第一九六窟(晚唐)[M].南京:江苏美术出版社,1998.

[50] 段文杰.中国敦煌壁画全集·9·敦煌五代、宋 [M].天津:天津人民美术出版社,2006.

[51] 敦煌文物研究所.敦煌壁画 [M].北京:文物出版社,1960.

[52] 敦煌研究院.敦煌莫高窟供养人题记 [M].北京:文物出版社,1986.

[53] 敦煌文物研究所. 中国石窟·敦煌莫高窟(全五卷)[M]. 北京:文物出版社,东京:平社,1987.

[54] 煌研究院. 中国美术全集·雕塑编·7·敦煌彩塑 [M]. 上海:上海人民美术出版社,1987.

[55] 敦煌文物研究所. 敦煌艺术宝库 [M]. 台北:地球出版社,1988.

[56] 敦煌研究院. 敦煌石窟内容总录 [M]. 北京:文物出版社,1996.

[57] 敦煌研究院. 敦煌藻井临品选:敦煌藻井临摹品选集 [M]. 西安:陕西旅游出版社,1997.

[58] 敦煌研究院. 中国石窟·安西榆林窟 [M]. 北京:文物出版社,东京:平凡社,1997.

[59] 敦煌研究院,关友惠. 敦煌石窟全集·图案画卷 [M]. 香港:商务印书馆,2002.

[60] 敦煌研究院,罗华庆. 敦煌石窟全集·尊像画卷 [M]. 香港:商务印书馆,2002.

[61] 敦煌研究院,谭蝉雪. 敦煌石窟全集·服饰画卷 [M]. 香港:商务印书馆,2005.

[62] 敦煌研究院,樊锦诗. 敦煌石窟全集·藏经洞珍品卷 [M]. 香港:商务印书馆,2012.

[63] 李其琼. 敦煌艺缘:李其琼绘画集 [M]. 敦煌研究院,编. 兰州:甘肃人民美术出版社,2014.

[64] 敦煌研究院. 榆林窟 [M]. 南京:江苏美术出版社,2014.

[65] 樊锦诗. 敦煌石窟 [M]. 兰州:世界文化出版社,1998.

[66] 敦煌研究院,樊锦诗. 敦煌石窟 [M]. 香港:伦敦出版(香港)有限公司,2010.

[67] 洛阳伽蓝记校注 [M]. 范祥雍,校注. 上海:上海古籍出版社,1978.

[68] 冯佳昇. 维吾尔族史料简编(上)[M]. 北京:民族出版社,1981.

[69] 冯培红. 敦煌的归义军时代 [M]. 兰州:甘肃教育出版社,2010.

[70] 佛光大藏经编修委员会. 佛光大辞典 [M]. 星云大师,监修. 高雄:佛光出版社,1998.

[71] 傅芸子. 正仓院考古记 [M]. 上海:上海书画出版社,2014.

[72] 高春明. 中国历代服饰艺术 [M]. 北京:中国青年出版社,2009.

[73] 高春明,周汛. 中国历代妇女妆饰 [M]. 上海:学林出版社,1997.

[74] 郭廉夫. 中国工艺美术大辞典 [M]. 南京:江苏美术出版社,1989.

[75] 郭廉夫,丁涛,诸葛铠. 中国纹样辞典 [M]. 天津:天津教育出版社,1998.

[76] 国家文物局. 丝绸之路 [M]. 北京:文物出版社,2014.

[77] 郝春文,陈大为. 敦煌的佛教与社会 [M]. 兰州:甘肃教育出版社,2011.

[78] 战国策注释 [M]. 何建章,注释. 北京:中华书局,1990.

[79] 贺西林,李清泉. 中国墓室壁画史 [M]. 北京:高等教育出版社,2009.

[80] 黄晖. 论衡校释 [M]. 北京:中华书局,1990:543.

[81] 黄能馥,陈娟娟. 中国丝绸科技艺术七千年:历代织绣真品研究 [M]. 北京:中国纺织

出版社,2002.

[82] 季羡林. 敦煌学大辞典 [M]. 上海:上海辞书出版社,1998.

[83] 姜伯勤. 唐五代敦煌寺户制度 [M]. 北京:中华书局,1987.

[84] 姜德治. 敦煌大事记 [M]. 兰州:甘肃人民出版社,2009.

[85] 金申. 印度及犍陀罗佛像艺术精品图集 [M]. 北京:中国工人出版社,1996.

[86] 金维诺. 中国美术全集·绘画编·2·隋唐五代绘画 [M]. 北京:人民美术出版社,
     1984.

[87] 蓝琪. 金桃的故乡:撒马尔罕 [M]. 北京:商务印书馆,2014.

[88] 雷圭元. 图案基础 [M]. 香港:中华书局,1974.

[89] 廖延彦. 中国现代艺术与设计学术思想丛书·雷圭元文集 [M]. 济南:山东美术出版
     社,2011.

[90] 李其琼. 敦煌艺缘:李其琼论文选 [M]. 敦煌研究院,编. 兰州:甘肃人民美术出版社,
     2014.

[91] 刘进宝. 唐宋之际归义军经济史研究 [M]. 北京:中国社会科学出版社,2007.

[92] 刘学锴,余恕诚. 李商隐诗歌集解 [M]. 北京:中华书局,1988.

[93] 吕思勉. 隋唐五代史 [M]. 上海:上海古籍出版社,2005.

[94] 马德. 敦煌工匠史料 [M]. 兰州:甘肃人民出版社,1997.

[95] 马德. 敦煌莫高窟史研究 [M]. 兰州:甘肃教育出版社,1996.

[96] 马世长. 敦煌图案 [M]. 中国:新疆美术摄影出版社,新西兰:霍兰德出版有限公司,
     1992.

[97] 马炜,蒙中. 西域绘画 [M]. 重庆:重庆出版社,2010.

[98] 欧阳琳. 敦煌图案解析 [M]. 兰州:甘肃文化出版社,2007.

[99] 潘絜兹. 敦煌壁画服饰资料 [M]. 北京:中国古典艺术出版社,1959.

[100] 彭德. 中华五色 [M]. 南京:江苏美术出版社,2008.

[101] 全佛编辑部. 佛教小百科 [M]. 北京:中国社会科学出版社,2003.

[102] 姜伯勤,项楚,荣新江. 敦煌邈真赞校录并研究 [M]. 台北:新文丰出版公司,1994.

[103] 任半塘. 敦煌歌辞总编 [M]. 上海:上海古籍出版社,1987.

[104] 任二北. 敦煌曲校录 [M]. 上海:上海文艺联合出版社,1955.

[105] 荣新江. 敦煌学十八讲 [M]. 北京:北京大学出版社,2001.

[106] 荣新江. 学术训练与学术规范 [M]. 北京:北京大学出版社,2011.

[107] 荣新江. 归义军史研究:唐宋时代敦煌历史考索 [M]. 上海:上海古籍出版社,2015.

[108] 荣新江. 丝绸之路与东西文化交流 [M]. 北京:北京大学出版社,2015.

[109] 荣新江,朱丽双. 于阗与敦煌 [M]. 兰州:甘肃教育出版社,2013.

[110] 蕊传明,余太山. 中西纹饰比较 [M]. 上海:上海古籍出版社,1995.

[111] 沙武田. 敦煌画稿研究 [M]. 北京:民族出版社,2006.

[112] 上海博物馆. 千年丹青:日本中国藏唐宋元绘画珍品 [M]. 上海:东方出版中心,
2010.

[113] 上海古籍出版社. 唐五代笔记小说大观 [M]. 上海:上海古籍出版社,2000.

[114] 上海古籍出版社,法国国家图书馆. 法藏敦煌西域文献·第 27 卷 [M]. 上海:上海古
籍出版社,2002.

[115] 尚刚. 隋唐五代工艺美术史 [M]. 北京:人民美术出版社,2005.

[116] 尚刚. 古物新知 [M]. 北京:生活·读书·新知三联书店,2012.

[117] 沈从文. 龙凤艺术 [M]. 北京:北京十月文艺出版社,2010.

[118] 沈从文. 中国古代服饰研究 [M]. 上海:上海书店出版社,2011.

[119] 沈从文. 花花朵朵、坛坛罐罐:沈从文谈艺术与文物 [M]. 重庆:重庆大学出版社,
2014.

[120] 史岩. 中国美术全集·雕塑编·5·五代宋雕塑 [M]. 北京:人民美术出版社,1988.

[121] 四川省博物馆. 张大千临摹壁画 [M]. 成都:四川美术出版社,香港:和平图书有限公
司,1984.

[122] 苏莹辉. 敦煌文史艺术论丛 [M]. 台北:新文丰出版公司,1987.

[123] 苏州博物馆. 苏州博物馆藏虎丘云岩寺塔、瑞光寺塔文物 [M]. 北京:文物出版社,
2006.

[124] 孙机. 中国古舆服论丛 [M]. 2 版(增订本). 上海:上海古籍出版社,2001.

[125] 孙机. 中国古代物质文化 [M]. 北京:中华书局,2014.

[126] 孙机. 仰观集:古文物的欣赏与鉴别 [M]. 北京:文物出版社,2015.

[127] 孙建华. 内蒙古辽代壁画 [M]. 北京:文物出版社,2009.

[128] 谭蝉雪. 中世纪服饰 [M]. 上海:华东师范大学出版社,2010.

[129] 唐耕耦,陆宏基. 敦煌社会经济文献真迹释录 [M]. 北京:书目文献出版社,1986.

[130] 田自秉. 中国工艺美术史 [M]. 上海:东方出版中心,1985.

[131] 王惠民. 敦煌佛教与石窟营建 [M]. 兰州:甘肃教育出版社,2010.

[132] 王金山. 苏州缂丝 [M]. 上海:上海文艺出版社,2013.

[133] 王进玉. 敦煌学和科技史 [M]. 兰州:甘肃教育出版社,2011.

[134] 王利器. 颜氏家训集解:增补本 [M]. 北京:中华书局,1993.

[135] 王苗. 珠光翠影:中国首饰史话 [M]. 北京:金城出版社,2016.

[136] 王仁波. 隋唐文化 [M]. 香港:中华书局,1990.

[137] 王予. 染缬集 [M]. 北京:北京燕山出版社,2014.

[138] 王重民. 敦煌遗书论文集 [M]. 北京：中华书局，1984.

[139] 魏长洪，何汉民. 外国探险家西域游记 [M]. 乌鲁木齐：新疆美术摄影出版社，1994.

[140] 向达. 唐代长安与西域文明 [M]. 北京：生活·读书·新知三联书店，1957.

[141] 谢静. 敦煌石窟中的少数民族服饰研究 [M]. 兰州：甘肃教育出版社，2015.

[142] 谢生保. 敦煌民俗研究（一）[M]. 兰州：甘肃人民出版社，1995.

[143] 新疆维吾尔自治区博物馆. 新疆石窟·吐鲁番伯孜克里克石窟 [M]. 乌鲁木齐：新疆
人民美术出版社，上海：人民美术出版社，1996.

[144] 新疆维吾尔自治区博物馆出土文物展览工作组. 丝绸之路：汉唐织物 [M]. 北京：文
物出版社，1973.

[145] 宿白. 中国佛教石窟寺遗迹：3 至 8 世纪中国佛教考古学 [M]. 北京：文物出版社，
2010.

[146] 续修四库全书编委会. 续修四库全书 [M]. 上海：上海古籍出版社，2002.

[147] 阎步克. 服周之冕：周礼六冕礼制的兴衰变异 [M]. 北京：中华书局，2009.

[148] 阎文儒，陈玉龙. 向达先生纪念论文集 [M]. 乌鲁木齐：新疆人民出版社，1986.

[149] 扬之水. 曾有西风半点香：敦煌艺术名物丛考 [M]. 北京：生活·读书·新知三联书店，
2012.

[150] 扬之水. 中国古代金银首饰 [M]. 北京：故宫出版社，2014.

[151] 杨富学. 回鹘与敦煌 [M]. 兰州：甘肃教育出版社，2010.

[152] 杨际平，郭锋，张和平. 五～十世纪敦煌的家庭与家族关系 [M]. 长沙：岳麓书社，
1997.

[153] 杨建军，崔笑梅. 中国传统纹样摹绘精粹 [M]. 北京：中国轻工业出版社，2001.

[154] 杨圣敏. 回鹘史 [M]. 桂林：广西师范大学出版社，2008.

[155] 杨新，班宗华. 中国绘画三千年 [M]. 北京：外文出版社，纽黑文：耶鲁大学出版社，
1997.

[156] 杨秀清. 敦煌西汉金山国史 [M]. 兰州：甘肃人民出版社，1999.

[157] 叶娇. 敦煌文献服饰词研究 [M]. 北京：中国社会科学院出版社，2012.

[158] 余欣. 敦煌的博物学世界 [M]. 兰州：甘肃教育出版社，2010.

[159] 袁宣萍. 中国古代丝绸设计素材图系（图像卷）[M]. 杭州：浙江大学出版社，2016.

[160] 袁仄. 中国服装史 [M]. 北京：中国纺织出版社，2005.

[161] 张广达. 史家、史学与现代学术 [M]. 桂林：广西师范大学出版社，2008.

[162] 张广达. 文书、典籍与西域史地 [M]. 桂林：广西师范大学出版社，2008.

[163] 张广达，荣新江. 于阗史丛考 [M]. 上海：上海书店，1993.

[164] 张朋川.《韩熙载夜宴图》图像志考 [M]. 北京：北京大学出版社，2014.

[165] 张锡厚. 全敦煌诗 [M]. 北京:作家出版社,2006.

[166] 张宪荣,季华妹,张萱. 符号学·1·文化符号学 [M]. 北京:北京理工大学出版社, 2013.

[167] 张泽咸. 五代十国史 [M]. 北京:中国大百科全书出版社,2012.

[168] 赵承泽. 中国科学技术史(纺织卷)[M]. 北京:科学出版社,2002.

[169] 赵丰. 唐代丝绸与丝绸之路 [M]. 西安:三秦出版社,1992.

[170] 赵丰. 中国丝绸艺术史 [M]. 北京:文物出版社,2005.

[171] 赵丰. 敦煌丝绸艺术全集(英藏卷)[M]. 上海:东华大学出版社,2007.

[172] 赵丰. 敦煌丝绸艺术全集(法藏卷)[M]. 上海:东华大学出版社,2010.

[173] 赵丰. 丝路之绸:起源、传播与交流 [M]. 杭州:浙江大学出版社,2015.

[174] 赵丰. 锦程:中国丝绸与丝绸之路 [M]. 合肥:黄山书社,2016.

[175] 赵丰,金琳. 纺织考古 [M]. 北京:文物出版社,2007.

[176] 赵丰,罗华庆. 千缕百衲:敦煌莫高窟出土纺织品的保护与研究 [R]. 杭州:中国丝绸博物馆,2013.

[177] 赵丰,罗华庆,许建平. 敦煌与丝绸之路:浙江、甘肃两省敦煌学研究会联合研讨会论文集 [C]. 杭州:浙江大学出版社,2015.

[178] 赵丰,王乐. 敦煌丝绸 [M]. 兰州:甘肃教育出版社,2011.

[179] 赵声良. 飞天艺术:从印度到中国 [M]. 南京:江苏美术出版社,2008.

[180] 赵贞. 归义军史事考论 [M]. 北京:北京师范大学出版社,2010.

[181] 中国社会科学院语言研究所词典编辑室. 现代汉语词典 [M]. 北京:商务印书馆, 2002.

[182] 中国文化大学中国文学系、汉学研究中心. 第二届敦煌学国际研讨会论文集 [C]. 台北:汉学研究中心,1991.

[183] 蓝吉富. 中华佛教百科全书 [M]. 台南:中华佛教百科文献基金会,1994.

[184] 中青雄狮. 最美的中国古典绘画 [M]. 北京:中国青年出版社,2011.

[185] 中央民族学院研究部. 维吾尔族史料简编(上)[M]. 北京:中央民族学院出版社, 1955.

[186] 周峰. 中国古代服装参考资料(隋唐五代部分)[M]. 北京:北京燕山出版社,1987.

[187] 周锡保. 中国古代服饰史 [M]. 北京:中央编译出版社,2011.

[188] 周之骐. 美术百科大词典 [M]. 北京:农村读物出版社,1993.

[189] 朱启钤. 丝绣笔记 [M]. 台北:广文书局,1970.

[190] 诸葛铠. 图案设计原理 [M]. 南京:江苏美术出版社,1991.

[191] ジャン・フランソワ・ジャリージュ、秋山光和監修,西域美術(全2巻):ギメ美

術館　ペリオ・コレクション [M],東京:株式会社講談社,1994.

[192] 阿罗瓦·里格尔.风格问题:装饰艺术史的基础 [M].刘景联,李薇蔓,译.邵宏,校. 长沙:湖南科学技术出版社,2000.

[193] 伯克.图像证史 [M].杨豫,译.北京:北京大学出版社,2008.

[194] 伯希和.伯希和敦煌石窟笔记 [M].耿升,译.兰州:甘肃人民出版社,2007.

[195] 伯希和,等伯希和西域探险记 [M].耿昇,译.北京:中国藏学出版社,2014.

[196] 布尔努瓦.丝绸之路 [M].耿升,译.北京:中国藏学出版社,2016.

[197] 池田温.中国古代籍账研究 [M].龚泽铣,译.东京:東京大学東洋文化研究所,1979.

[198] 池田温.中国古代寫本識語集録 [M].東京:東京大学東洋文化研究所,1990.

[199] 大英博物館監修,西域美術(全 3 卷):大英博物館　スタイン・コレクション [M], 東京:株式会社講談社,1982.

[200] 道尔德·萨顿.几何天才的杰作:伊斯兰图案设计 [M].贺俊杰,铁红玲,译.长沙:湖 南科学技术出版社,2015.

[201] E. H. 贡布里希.秩序感:装饰艺术的心理学研究 [M].范景中,杨思梁,徐一维,译. 长沙:湖南科学技术出版社,2003.

[202] 宫治昭.犍陀罗美术寻踪 [M].李萍,译.北京:人民美术出版社,2006.

[203] 海勒.色彩的性格 [M].吴彤,译.北京:中央编译出版社,2013.

[204] 胡素馨.寺院财富与世俗供养国际学术研讨会论文集 [C].上海:上海书画出版社, 2003.

[205] 京都国立博物館.高僧と袈裟 [M].香港:香港大学出版社,2010.

[206] 久野健,铃木嘉吉.原色日本の美術 2 :法隆寺 [M].东京:株式会社小学馆,1966.

[207] 克雷文.印度艺术简史 [M].王镛,等译.北京:中国人民大学出版社,2003.

[208] 兰登·华尔纳.在中国漫长的古道上 [M].姜洪源,魏宏举,译.乌鲁木齐:新疆人民 出版社,2001.

[209] 劳费尔.中国伊朗编:中国对古代伊朗文明史的贡献 [M].林筠因,译.北京:商务印 书馆,2015.

[210] 栗田功.佛陀の世界 [M].东京:二玄社,2003.

[211] 鲁保罗.西域文明史 [M].耿升,译.北京:中国藏学出版社,2014.

[212] 罗伯尔·萨耶.印度——西藏的佛教密宗 [M].耿升,译.北京:中国藏学出版社,2016.

[213] 栂尾祥云.曼荼罗之研究 [M].高洪,辛汉威,译.香港:志莲净苑文化部,2013.

[214] 芮乐伟·韩森.丝绸之路新史 [M].张湛,译.北京:北京联合出版公司,2015.

[215] 三上次男.敦煌·西夏王国展 [M].北京:中国对外文物展览公司,1988.

[216] 上原芳太郎.新西域記 [M].东京:有光社,1937.

[217] 水野清一. 中国の仏教美術 [M]. 东京:平凡社,1966.

[218] 松本栄一. 炖煌畫の研究 [M]. 东京:东方文化学院东京研究所,1937.

[219] 童丕. 敦煌的借贷:中国中古时代的物质生活与社会 [M]. 余欣,陈建伟,译. 北京:中华书局,2003.

[220] 土井弘. 原色日本の美術 4:正倉院 [M]. 东京:株式会社小学馆,1968.

[221] 吴芳思. 丝绸之路 2000 年 [M]. 济南:山东画报出版社,2008.

[222] 原田淑人. 唐代の服飾 [M]. 东京:东洋文库,1970.

[223] 约翰·马歇尔. 犍陀罗佛教艺术 [M]. 兰州:甘肃教育出版社,1989.

[224] 沢木興道監修,久馬慧忠編,袈裟の研究 [M]. 东京:大法輪閣,1967.

[225] 正仓院事务所. 正仓院宝物:染织 [M]. 东京:朝日新闻社,1963.

[226] 中江克己. 染织事典 [M]. 东京:泰流社,1981.

[227] 竺沙雅章. 中国佛教社会史研究 [M]. 京都:同朋舍,1982.

[228] Aisha Al Deemas. Sharjah Museum of Islamic Civilization[M]. Abu Dhabi:Motivate Publishing, 2003.

[229] Anil De Silva-Vigier. The Life of The Buddha: Retold From Ancient Sources[M]. London: The Phaidon Press, 1955.

[230] F.v.Richthofen. China:Ergebnisse eigener Reisen und darauf gegründeter Studien[M]. Vol. I, Berlin:Nabu press, 1877.

[231] Fredrik Hiebert, Pierre Cambon. Afghanistan: Hidden Treasures from the National Museum, Kabul[M]. New York:The Metropolitan Museum of Art, 2009.

[232] Hermitage Amsterdam. Expedition Silk Road Journey to the West: Treasures from the Hermitage[M]. De Nieuwe Kerk,2014.

[233] Hsing Yun. Encyclopedia of Buddhist Arts·7[M]. Buddha's Light Publications USA, 2016.

[234] Ian Bennett. Rugs & Carpets of the World[M]. Quarto Publishing Ltd., 1977.

[235] Irene Vongehr Vincent. The Sacred Oasis: Caves of the Thousand Buddhas Tun Huang[M]. Chicago Illinois:The University of Chicago Press, 2011.

[236] Irina Popova, Liu Yi. Dunhuang Studies: Prospects and Problems for the Coming Second Century of Research[C]. St.Petersburg, 2012.

[237] James C.Y. Watt, Anne E. Wardwell. When Silk was Gold: Central Asian and Chinese Textiles[M]. New York: The Metropolitan Museum of Art, 1997.

[238] JAO Tsong-yi, Pierre RYCKMANS, Paul DEMIéVILLE, Peintures Monochromes De Dunhuang(Dunhuang Baihua)[M]. Paris:éCOLE FRANÇAISE D'EXTRêME-ORIENT, 1978.

[239] Katsumi Tanabe, Joe Cribb, Helen Wang, Studies in Silk Road Coins and Culture[M]. Kannakura:The Insititue of Silk Road Studies, 1997.

[240] Khaled Azzam, Arts&Crafts of the Islamic Lands: Principles, Materials, Practice[M]. Thames&Hudson Ltd., 2013.

[241] Krishna RIBOUD, Gabriel VIAL, Tissus de Touen-Houang : conservés au Musée Guimet et à la Bibliothèque nationale[M]. Paris : Adrien-Maisonneuve, 1970.

[242] Langdon Warner, Buddhist Wall-Painting: A Study of an Ninth-Century Grotto at Wan Fo Hsin[M]. Cambridge: Harvard University Press, 1938.

[243] Lilla Russell-Smith, Uygur Patronage in Dunhuang: Regional Art Centres on the Northern Silk Road in the Tenth and Eleventh Centuries[M]. Boston: Brill Leiden, 2005.

[244] Lokesh Chandra, Nirmala Sharma, Buddhist Paintings of Tun-huang in The National Museum, New Delhi[M]. New Delhi: Niyogi Books, 2012.

[245] Mario Bussagli, Central Asian Painting: From Afghanistan to Sinkiang[M]. New York:Rizzoli International Publications, INC, 1963.

[246] Mikhail Piotrovsky, Fondazione Thyssen-Bornemisza Villa Favorita, Lugano, Lost Empire of The Silk Road: Buddhist Art from Khara Khoto(X-XIII Century)[M]. The State Hermitage Museum, 1993.

[247] Nota Dimopoulou-Rethemiotaki, The Archaeological Museum of Heraklelion[M]. EFG Eurobank, 2005.

[248] Peter J. Gibbs, Kenneth R. Seddon, Berberine and Huangbo: Ancient Colorants and Dyes[M]. The British Library, 1998.

[249] Pratapaditya Pal, A Pot-pourri of Indian Art[M]. Mary Publications, 1998.

[250] Pratapaditya Pal, Buddhist Art Form&Meaning[M]. Mary Publications, 2007.

[251] Pratapaditya Pal, Light of Asia: Buddha Sakyamuni in Asian art[M]. Los Angeles County Museum of Art, 1984.

[252] Regula Schorta, Dragons of Silk, Flowers of Gold: A G roup of Liao-Dynasty Textiles at The Abegg- Stiftung[M]. Switzerland: Abegg- Stiftung, 2007.

[253] Richard Hadl, Langdon Warner's: Buddhist Wall-Painting[M]. Artibus Asiae, 1946.

[254] Roderick Whitfield, Anne Farrer, Caves of the Thousand Buddhas：Chinese Art From The Silk Route[M]. London: British Museum Publications Ltd, 1990.

[255] Roderick Whitfield, Seigo Otsuka, Dunhuang-Caves of the Singing Sands: Buddhist Art From The Silk Road[M]. London: Textile & Art Publications,1995.

[256] The Metropolitan Museum of Art, Along the Ancient Silk Routes: Central Asian Art from

the West Berlin State Museums[M]. New York:The Metropolitan Museum of Art, 1982.

[257] Tom Greeves, Sue Andrew, Chiris Chapman, The Three hares: A Curiosity Worth Regarding[M]. Skerryvore Productions Ltd., 2016.

[258] V&A Museum, V&A Pattern: William Morris, London,2009.

[259] Victoria Finlay, Colour: Travels Through the Paintbox[M]. London: Hodder and Stouhton, 1988.

[260] 敦煌研究院. 敦煌石窟全集·第1卷·莫高窟第266-272考古报告 [R]. 北京:文物出版社,2011.

[261] 河北省文物研究所,保定市文物管理处. 五代王处直墓 [R]. 北京:文物出版社,1998.

[262] 河北省文物研究所. 宣化辽墓:1974-1993考古发掘报告 [R]. 北京:文物出版社,2001.

[263] 扬州博物馆. 江苏邗江蔡庄五代墓清理简报 [R]. 文物,1980(8):41-47.

[264] 苏州市文物保管委员会. 苏州虎丘云岩寺塔发现文物内容简报 [R]. 文物参考资料,1957(11):38-45.

[265] 福建省博物馆. 五代闽国刘华墓发掘报告 [R]. 文物,1975(1):62-78.

[266] 松本文三郎. 兜跋毗沙门天考 [J]. 金申,译. 敦煌研究,2003(5).

[267] 包铭新,巢晃,叶菁. 敦煌壁画和雕塑用于中国古代丝绸研究的可行性和方法论 [J]. 敦煌研究,2004(1):49-53.

[268] 陈大为. 唐后期五代宋初敦煌僧寺研究 [D]. 上海:上海师范大学,2008.

[269] 陈菊霞. 敦煌翟氏研究 [D]. 兰州:兰州大学,2008.

[270] 陈菊霞. 归义军节度使夫人翟氏生平事迹考 [J]. 敦煌研究,2013(2):84-92.

[271] 陈丽萍. 理想、女性、习俗:唐宋时期敦煌地区婚姻家庭生活研究 [D]. 北京:首都师范大学,2007.

[272] 陈粟裕. "新样文殊"中的于阗王形象研究 [J]. 艺术设计研究,2014(2):16-23.

[273] 陈粟裕. 敦煌石窟中的于阗守护神图像研究 [J]. 故宫博物院院刊,2012(4):54-74.

[274] 陈粟裕. 唐宋时期敦煌石窟中的于阗因素研究 [D]. 北京:中央美术学院,2012.

[275] 陈粟裕. 五代宋初时期于阗王族的汉化研究:以敦煌石窟中的于阗王族供养像为中心 [J]. 美术研究,2014(3):21-28.

[276] 陈粟裕. 于阗佛教图像的发现与研究 [J]. 美术文献,2014(1):125-128.

[277] 崔圭顺. 中国历代帝王冕服研究 [D]. 上海:东华大学,2006.

[278] 丁鼎,于少飞. "冕无后旒"说考论 [J]. 中国文化研究,2015(春):86-94.

[279] 杜朝晖. 敦煌文献名物研究 [D]. 杭州:浙江大学,2006.

[280] 段文杰. 供养人画像与石窟 [J]. 敦煌研究,1995(3):113-116.

[281] 敦煌文物研究所考古组. 莫高窟发现的唐代丝织物及其他 [J]. 文物,1972(12):55-65.

[282] 范鹏. 曹氏归义军初期敦煌洞窟营建中折射出的价值观:以莫高窟第98窟为例 [J]. 敦煌研究,2016(2):1-7.

[283] 冯培红. 敦煌曹氏族属与曹氏归义军政权 [J]. 历史研究,2001(1):73-86.

[284] 冯培红,孔令梅. 汉宋间敦煌家族史研究回顾与述评(上、中、下)[J]. 敦煌学辑刊,2008(3)(4):31-49;53-74;2010(3):105-119.

[285] 葛志娇. 辽朝紫金鱼袋考论 [J]. 辽宁工程大学学报,2015(1):6-13.

[286] 谷莉. 宋辽夏金装饰纹样研究 [D]. 苏州:苏州大学,2011.

[287] 关友惠. 敦煌壁画中的供养人画像 [J]. 敦煌研究,1989(3):16-20.

[288] 郭小影. 新疆维吾尔族模戳印花布的艺术特征 [J]. 中国国家博物馆馆刊,2014(10):71-84.

[289] 黄剑波. 五代十国壁画研究:以墓室壁画为观察中心 [D]. 上海:上海大学,2015.

[290] 孔令梅. 敦煌大族与佛教 [D]. 苏州:兰州大学,2011.

[291] 李并成,解梅. 敦煌归义军曹氏统治者果为粟特后裔吗:与荣新江、冯培红先生商榷 [J]. 敦煌研究,2006(6):109-115.

[292] 李波. 莫高窟唐五代壁画供养人服饰领型研究 [J]. 敦煌研究,2014(6):48-54.

[293] 李芽. 汉魏时期北方民族耳饰研究 [J]. 南都学坛,2013(4):15-22.

[294] 李芽. 戒指名考 [J]. 服饰导刊,2014(2):14-16.

[295] 李艳华. 敦煌莫高窟供养人画像的时代变迁 [J]. 艺术探索,2016(6):16-17.

[296] 李正宇. 曹仁贵归奉后梁的一组新资料 [J]. 魏晋南北朝隋唐史资料,1991(11):274-281.

[297] 李最雄. 莫高窟壁画中的红色颜料及其变色肌理探讨 [J]. 敦煌研究,1992(3):41-54.

[298] 刘元风. 垂衣裳:敦煌服饰艺术展 [J]. 艺术设计研究,2014(4):30-31.

[299] 卢秀文. 敦煌妇女首饰步摇考 [J]. 敦煌研究,2015(2):22-27.

[300] 卢秀文. 敦煌石窟中的女供养人首饰:发簪 [J]. 敦煌研究,2009(2):23-30.

[301] 卢秀文. 供养人服饰图案与中西文化交流 [J]. 龟兹学研究,2012(5):384-399.

[302] 罗寄梅. 安西榆林窟的壁画 [J]. 中国东亚学术研究计划委员会年报,1964(3):1-42.

[303] 荣新江. 曹议金征甘州回鹘史事表微 [J]. 敦煌研究,1991(2):1-12.

[304] 荣新江. 敦煌归义军曹氏统治者为粟特后裔说 [J]. 历史研究,2001(1):65-72.

[305] 荣新江. 敦煌历史上的曹元忠时代 [J]. 敦煌研究,2006(2):92-96.

[306] 荣新江. 关于曹氏归义军首任节度使的几个问题 [J]. 敦煌研究,1993(2)46-53.

[307] 荣新江. 九、十世纪于阗族属考辨 [J]. 新疆社会科学,1987(4):76-83.

[308] 荣新江. 于阗王国与瓜沙曹氏 [J]. 敦煌研究,1994(2):111-119.

[309] 荣新江,朱丽双.于阗国王李圣天事迹新证 [J].西域研究,2012(2):1-13.

[310] 沙武田.敦煌画中的"色标"资料 [J].敦煌研究,2005(1):57-60.

[311] 沙武田.敦煌美术史资料拾零 [J].山西档案,2013(4):13-22.

[312] 沙武田.敦煌石窟归义军曹氏供养人画像与其族属之判别 [J].西部考古,2012(6):204-234.

[313] 沙武田.敦煌石窟于阗国王"天子窟"考 [J].西域研究,2004(2):60-68.

[314] 沙武田.敦煌石窟于阗国王画像研究 [J].新疆师范大学学报,2006(4):22-30.

[315] 沙武田.敦煌写真邈真画稿研究:兼论敦煌画之写真肖像艺术 [J].敦煌学辑刊,2006(1):43-61.

[316] 沙武田.供养人画像与唐宋敦煌世俗佛教 [J].敦煌研究,2007(4):72-79.

[317] 沙武田.五代宋敦煌石窟回鹘装女供养像与曹氏归义军的民族特征 [J].敦煌研究,2013(2):74-83.

[318] 沙武田,邰惠莉.20世纪敦煌白画研究概述 [J].敦煌研究,2001(1):164-192.

[319] 沙武田,魏迎春.曹氏归义军时期敦煌石窟艺术程式化表现小议 [J].敦煌学辑刊,1999(2):73-77.

[320] 沈雁.回鹘服饰文化研究 [D].上海:东华大学,2008.

[321] 施锜."四时"与"一年景"装饰风尚:《簪花仕女图》年代新论 [J].装饰,2016(2):100-102.

[322] 苏北海,丁谷山.瓜沙曹氏政权与甘州回鹘、于阗回鹘的关系 [J].敦煌研究,1990(3):32-39.

[323] 苏佳."五代闽国刘华墓陪葬陶俑"衣冠服饰小考 [J].文物研究,2015(1):61-64.

[324] 孙机.步摇、步摇冠与摇叶饰片 [J].文物,1991(11):55-64.

[325] 田峰.于阗毗沙门天王信仰研究 [J].西北民族大学学报,2013(4):35-39.

[326] 田俐力,包铭新,曾昭珑.古代壁画临摹与历史服饰图像解读:关于榆林窟第16窟回鹘天公主供养像的案例分析 [J].东华大学学报,2010(1):16-21.

[327] 王婧婧.新疆维吾尔族民间木模印花布艺术特征 [J].装饰,2011(9):108-109.

[328] 王使臻.曹元忠、曹延禄父子两代与于阗政权的联姻 [J].敦煌学辑刊,2015(2):27-42.

[329] 邬文霞.敦煌石窟唐五代官员画像之服饰研究 [D].兰州:兰州大学,2010.

[330] 谢静.敦煌石窟中回鹘天公主服饰研究 [J].西北民族研究,2007(3):12-17.

[331] 谢静.回鹘桃形冠探源 [J].装饰,2009(4):112-113.

[332] 邢捷,张秉午.古文物纹饰中龙的演变与断代初探 [J].文物,1984(1):75-80.

[333] 徐晓丽.曹议金与甘州回鹘天公主结亲时间考:以 P.2915 卷为中心 [J].2001(4):112-118.

[334] 徐晓丽. 敦煌石窟所见天公主考辨 [J]. 敦煌学辑刊, 2002(2) : 76-85.

[335] 薛宗正. 古代于阗与佛法初传 [J]. 西北民族研究, 2005(2) : 17-31.

[336] 杨宝玉, 吴丽娱. 梁唐之际敦煌地方政权与中央关系研究: 以归义军入贡活动为中心 [J]. 敦煌学辑刊, 2010(2) : 65-76.

[337] 叶娇. 唐五代西北平民服饰浅谈 [J]. 求索, 2010(8) : 230-232.

[338] 茵芯. 莫高窟曹氏画院时期贵族妇女服饰 [J]. 浙江纺织服装职业技术学院学报, 2011(6) : 30-36.

[339] 于倩, 卢秀文. 敦煌壁画中的妇女花钿妆 [J]. 敦煌研究, 2006(5) : 63-70.

[340] 张立川. 从《韩熙载夜宴图》看五代服饰 [J]. 装饰, 2007(4) : 37-39.

[341] 张培君. 敦煌藏经洞出土遗画中供养人图像初探 [J]. 敦煌研究, 2007(4) : 91-97.

[342] 张培君. 唐宋时期敦煌社人修建莫高窟的活动: 以供养人图像和题记为中心 [J]. 敦煌学辑刊, 2008(4) : 123-131.

[343] 张先堂. 敦煌石窟供养人服饰艺术图像资料的特色与价值 [J]. 艺术设计研究, 2014(1) : 56-60.

[344] 张先堂. 古代敦煌供养人的造像供养活动 [J]. 敦煌研究, 2007(4) : 64-71.

[345] 张小刚. 敦煌壁画中的于阗装饰佛瑞祥及其相关问题 [J]. 敦煌研究, 2009(2) : 8-15.

[346] 张小刚. 再论敦煌石窟中的于阗国王与皇后及公主画像: 从莫高窟第 4 窟于阗供养人像谈起 [J]. 敦煌研究, 2018(1) : 48-61.

[347] 张小刚, 郭俊叶. 敦煌所见于阗公主画像及其相关问题 [J]. 石河子大学学报, 2016(4) : 6-18.

[348] 张小刚, 杨晓华, 郭俊叶. 于阗曹皇后画像及生平事迹考述 [J]. 西域研究, 2015(1) : 59-68.

[349] 郑炳林. 敦煌写本邈真赞所见真堂及其相关问题研究: 关于莫高窟供养人画像研究之一 [J]. 敦煌研究, 2006(6) : 64-73.

[350] 郑炳林. 敦煌写本相书理论与敦煌石窟供养人画像: 关于敦煌莫高窟供养人画像研究之二 [J]. 敦煌学辑刊, 2006(4) : 1-23.

[351] 郑炳林. 唐五代敦煌手工业研究 [J]. 敦煌学辑刊, 1996(1) : 20-38.

[352] 郑炳林. 晚唐五代敦煌归义军节度使多妻制研究 [J]. 西北第二民族学院学报, 2003(4) : 38-45.

[353] 郑炳林. 晚唐五代归义军政权与佛教教团关系研究 [J]. 敦煌学辑刊, 2005(1) : 1-15.

[354] 郑炳林. 晚唐五代河西地区的居民结构研究 [J]. 兰州大学学报, 2006(2) : 9-21.

[355] 郑炳林, 杜海. 曹议金节度使位继承权之争: 以"国太夫人""尚书"称号为中心 [J]. 敦煌学辑刊, 2014(4) : 1-12.

[356] 郑炳林,徐晓丽. 晚唐五代敦煌归义军节度使多妻制研究 [J]. 西北第二民族学院学报,2003(4) :38-45.

[357] 邹清泉. 敦煌石窟曹元忠与浔阳翟氏画像研究 [J]. 美术学报,2015(3) :5-15.

[358] "国际敦煌项目:丝绸之路在线" 网站 [DB/OL]. http://idp. nlc. cn/.

[359] 刘俊文. 北京爱如生数字化技术研究中心研制. 中国基本古籍库 [DB/OL]. 黄山书社出版.

[360] 中国哲学书电子化计划 [DB/OL]. https://ctext. org/zhs.

[361] 中华电子佛典协会. CBETA 电子佛典集成 [M/CD].

[362] 中华电子佛典协会. 丁福保《佛学大辞典》电子档 [M/CD].

[363] 中华书局. 中华经典古籍库 [DB/OL].

[364] "数字敦煌" 网站 [DB/OL]. https://www. e-dunhuang. com/index. htm.

后　记

　　这本书是基于我的博士论文《敦煌五代时期供养人像服饰图案及应用研究》而整理出版的。自从2007年夏天我陪同常沙娜教授赴敦煌调研开始，我便与这个世界闻名的艺术宝库结下了不解之缘。此后，我所参与的一些项目也都是与敦煌有关的，如敦煌盛唐彩塑再现、《中国敦煌历代装饰图案（续编）》等，这些前期积累为我的写作奠定了良好的研究基础。2015年，我考取北京服装学院攻读博士学位之后，便很快确立了这个选题，并数次赴敦煌以及英国、法国、日本进行相关调研。在写作的过程中，我越来越感受到"供养人"这个概念在历史长河中作为一种精神的永续，对于中国传统文化和艺术的保存是多么重要。而在研究中对于精美异常的服饰图案的解析，也令我开始思考传统服饰文化在当代社会背景下如何进行设计转化和实际应用的问题。带着这些思考和问题，我用三年的时间完成了本书的写作。诚然，书中还有很多不足的地方，但是它代表着我在一段时间内对于这个特定研究对象倾注的热情和执着。

　　当然，出版之际，我最想说的还是感谢。首先，衷心感谢我敬爱的博士导师刘元风教授和郑嵘教授，两位导师在我的研究方向和方法上一直给予我细心的指导和有益的启发。在我困惑时给予解答和梳理，在我迷茫时给予指点和鼓励。同时，两位导师的勤奋、严谨的治学作风也在潜移默化的影响着我，令我在研究过程中时时保持清晰的逻辑思维，注重思想和表达的统一，以及实践对理论的验证。在今后的学术道路上，我也将继续践行导师教授和传递给我的专业理念和研究理想。

　　感谢教育部服务国家特殊需求博士人才培养项目和国家社科基金艺术学重大项目提供卓越的学术平台，感谢前辈学者常沙娜教授一直以来对我的关心和帮助，以及贾荣林教授、刘瑞璞教授、贺阳教授、杨道圣教授、陈芳教授、许平教授、李当岐教授、张夫也教授、王亚蓉教授、郑炳林教授在成文过程中给予的宝贵意见。

　　此外，本书的写作还受到敦煌研究院、香港志莲净苑、英国王储基金会传统艺术学院、大英图书馆、大英博物馆、维多利亚与阿尔伯特博物馆、法国吉美博物馆等机构的热忱帮助，在此一并致谢。

感谢无数前辈学者的研究和积淀，虽然受到时间和空间的隔离，但是我通过各种文献资料受到的间接影响和滋养，令我受益终身。

　　最后，我要特别感谢我的家人，他们给予的无私的支持和包容，是我一直坚持的动力。

崔　岩

2019.4